企业涉税风险控制指南

蔡少优◎著

三十几个涉税制度，三百多个企业涉税制度设计要点及示范条款，两百多个主要业务环节涉税风险控制点，三十多个制度流程图和实用涉税制度范本——为企业提供财务节税制度设计的系统解决方案，构建坚固的税收风险“防火墙”

中国市场出版社
China Market Press

图书在版编目(CIP)数据

企业涉税风险控制指南/蔡少优著. —北京:中国市场出版社,2012.7

ISBN 978-7-5092-0916-5

Ⅰ.①企… Ⅱ.①蔡… Ⅲ.①企业管理—税收管理—风险管理—中国—指南 Ⅳ.①F812.423-62

中国版本图书馆 CIP 数据核字(2012)第 144390 号

书　　名: 企业涉税风险控制指南
作　　者: 蔡少优 著
责任编辑: 胡超平
出版发行: 中国市场出版社
地　　址: 北京市西城区月坛北小街 2 号院 3 号楼 (100837)
电　　话: 编辑部(010)68017344　读者服务部(010)68022950
发行部(010)68021338　68020340　68053489
68024335　68033577　68033539
经　　销: 新华书店
印　　刷: 河北省高碑店市鑫宏源印刷包装有限责任公司
规　　格: 787×1092 毫米　1/16　22.5 印张　390 千字
版　　本: 2012 年 7 月第 1 版
印　　次: 2012 年 7 月第 1 次印刷
书　　号: ISBN 978-7-5092-0916-5
定　　价: 50.00 元

前言
PREFACE

本书缘起——涉税制度的缺失让企业面临巨大的涉税风险

2011年，我国某上市公司在接受税务部门的例行检查时，被指上年度的经营与纳税存在违规情况，税务部门随后对该公司进行了为期3个月的税务稽查。一时间，该公司受到客户和众多股民的质疑，不仅公司的融资计划难以执行，公司股价也在多个交易日持续下跌。近年来，国美、苏宁、创维、娃哈哈、中国平安等诸多国内知名公司都曾先后遭遇税务风险，企业经营和声誉都遭受了不小的损失。

笔者在走访企业的过程中，深切地感受到，导致企业涉税风险的主要因素在于缺乏健全的、切实可行的涉税制度，往往是头痛医头、脚痛医脚，无法从根本上拆除税务风险的定时炸弹。

本书目标——帮助企业建立较为完善的涉税风险控制制度，构筑坚固的税收风险“防火墙”

本书以最新的法律、法规以及国家颁布的各项相关税收政策为基础，探讨了涉税制度设计的意义、性质、对象、任务、原则等问题，讲述了企业涉税制度设计的主要方法、一般程序、具体应用和注意事项，列举了企业税务部门岗位工作职责制度设计、企业所得税台账制度设计等30多个涉税制度、设计提纲和企业主要节点的涉税制度设计例解，所列涉税制度归纳汇总了200多个企业主要业务环节涉税风险点，几乎涵盖了企业日常税务管理与税务危机应对的全部工作任务。所有这些，从创新的视角构造了企业内部涉税控制制度的框架和内容，相信可以有效帮助企业建立较为完善的涉税风险控制制度，构筑坚固的税收风险“防火墙”。

本书特色——通过制度范本诠释企业涉税风险制度，为企业建立完善的内部涉税风险控制制度提供捷径

面对不断出现的涉税风险，企业逐渐意识到建立涉税风险控制制度的重要性，但如何建立切实可行的涉税风险控制制度，许多企业往往一筹莫展，无从下手。笔者深知，一套规范有效的制度范本，可以让企业博采众长、为我所用、少走弯路，建立切合实际的、富有创造性和可持续性的涉税风险控制制度。

有鉴于此，本书提供了数十个制度流程图和实用涉税制度范本，诸如：关联企业涉税制度范本、经济合同涉税管理制度范本、企业票据涉税管理制度范本、企业所得税台账制度范本、企业纳税申报控制制度范本、税收政策应用与执行制度范本、企业往来账涉税制度范本等，并配套以大量的制度应用案例和阅读材料。这些范本是对许多成功的现代企业涉税风险控制制度的总结和提炼，反映了现代企业涉税风险控制制度的新趋势。此类范本均属于业内秘而不公、心照不宣的实用节税法宝。有些图表属于众多企业管理者苦苦思索却又求之不得的工具。在这里，笔者逐一做了剖析与示例。

作者将多年来积累的一些节税制度、设计经验，展现给各位财税界同仁，旨在抛砖引玉，以便为高瞻远瞩的企业和富有企业家精神的人们提供借鉴和启迪。由于水平和时间所限，书中的失误与不足在所难免，恳请读者不吝指正。

本书适合多层次、各行业的企业管理人员、财务工作者以及相关院校师生阅读，既是企业高管、财务总监、税务总监、投资项目负责人、事务所税务师、会计师、律师、纳税筹划师、财税学界专家以及税务机关工作人员等等的首选，同时也可以作为高等院校税收方向研究生以及MBA、EMBA、MPA、MPAcc等课程的案例读本。

蔡少优

2012年6月25日

csy2388@163.com

目录

CONTENTS

第二章 企业涉税制度设计方法

第四章 企业重要涉税制度设计实操

第五章 涉税制度设计综合案例篇

——发票专项检查企业自查制度设计经典案例

第六章 涉税制度范本及案例篇

第一节 税收预警制度指标

第一章
企业涉税风险管控从制度开始

涉税制度设计就是根据一定的理论、原则并结合实际，运用文字、图表等形式对全部涉税事务、税收处理手续、内部税务管理机构以及办税人员的职责进行系统规划的工作，它是财务管理的重要组成部分。根据税收学的基本理论、原则和科学的程序，对各项涉税制度的具体规划，就是涉税制度设计的具体内容。本章探讨了涉税制度设计意义、性质、对象、任务、原则以及设计方式等问题。最后列举了职工借款制度范本，描述备用金借款流程，以体现本书涉税制度设计原理和技巧。

第一节 企业财务管理制度的误区与缺陷

一 当前一些企业财务制度存在的误区和缺陷

某企业通过董事会的表决作出财务内账（1号账）用金碟软件、外账（2号账）用用友软件的“两套账决议”；某有限公司实行差旅费包干制度后不再强调有相关票据就能报销；更有甚者，某企业规定票据报销时按60％支付现金给当事者，40％套现用于发放职工福利（即小金库）。还有并不明智的规定：某著名地产公司集团有制度规定员工对外捐赠每人次不超过10元……所有这些制度上的欠缺和问题都为企业埋下了税务风险的地雷。

不少企业的财务制度、管理制度较为健全，如预算管理制度、会议制度、接待制度、礼仪制度、固定资产管理制度、废物管理制度、对外投资管理制度、包装物押金制度、债权债务管理制度、筹资管理制度、对外担保管理制度等应有尽有、一应俱全。例如，有的企业规定仓库不得用餐、喝水；1985年张瑞敏到海尔任厂长，他规定的第一条纪律竟是“不准在车间大小便”。各种制度应有尽有，唯独涉税管理制度成为企业制度建设中的一大盲区。许多企业预算制度中没有关于税收的规划，费用预算支出中没有税收支付项的考量。可以说，制定制度不考虑或忽略涉税风险控制条款的企业比比皆是。

而实际上，不少税收文件中规定，税前扣除必须以企业相关的制度为前提。如国税函〔2009〕3号文就规定了合理工资税前扣除的条件是企业建立和健全薪酬制度，福利费发放必须建立台账……企业有关制度有必要补充涉税条款如补充协议工资制度等，只有在有关管理制度中嵌入税收元素，只有建立和实施科学的涉税内控制度体系，才能为企业管理“安上放心锁、筑起防火墙、装有安全阀”，才能提升税收风险防范能力，控制企业的纳税成本，降低企业的税收负担，实现企业可持续发展。

二 采购环节“低价购进，高税支出”的案例分析

采购是企业产品生产的先行环节，它不仅牵涉到最终产成品的质量好

坏，对产品成本的影响也非常大，进而对公司整体的效益产生直接影响。目前，公司一般都知道怎样加强采购环节的管理，如采购合同的管理、原料价格的管理、货物运输的管理、货物仓储的管理、出入库手续管理等。为了规范公司的采购行为，还制订了相应的管理制度来保证质量、控制成本、避免一些不必要的损失。

这些管理措施是通过加强对采购过程的控制来规避经营风险，其实对于任何一家企业而言，加强采购过程的管理，对其规避税收风险都同样重要。如果采购部门只是看重所购货物的质量和价格，而不重视采购过程中的税收问题，就可能会造成“低价购进，高税支出”的情况，得不偿失。

财税从业者对以下情景一定不陌生：某企业老板正满面春风地表扬公司采购部门：“我们供应部的员工这个月为公司节省了20多万元成本，原来购入同质量的原料需要花260多万元，而这次只用了240万元。这是其他部门的员工都应该学习的。”财务部门的员工疑惑地问：“老总，这20多万元他们是如何省下的呢?”有人指点迷津：“没要发票……”

这是个极其简单的案例，在中国的某些企业惯用不开发票的办法省钱是其最为常见的操作手段。撇开这种行为的违法性不谈，供应部门的这种行为真的能为公司省下20多万元吗?

从税务角度略加分析就会知道，没要发票意味着不能进成本，不得在税前扣除，因此，企业要为这260万元补交企业所得税（如果在2008年以前是适用33%的税率，则为85.8万元）；如果是适用17%增值税税率的一般纳税人，由于没有发票，更谈不上进项税额抵扣了，因此，公司还要按销售额全额补缴17%的增值税，计37.78万元。

如果不计滞纳金和罚款，单从税款来说，这企业为了供应商20万元的折扣，损失的税款就超过了123万元。这是不是老板所希望的结果呢?而补税罚款的时候，老板往往还会归咎于谁?——当然，板子往往不会打在采购人员身上，板子还是会打在财务人员身上!

财务人员是不是该挨板子?是不是可以跟老板说这完全是采购部门的事?也不对，因为这种现象也从某种程度上说明了，该公司缺乏有效的内部税务控制制度。因此，财务人员要密切跟进公司的制度设计环节，在制度设计过程中不仅要进行成本和其他管理控制，进行税务风险控制也同样重要。

第二节 企业从制度走向成功

一 没有规矩，不成方圆

（一）一则故事

这是一则分粥的故事：有七个人曾经住在一起，每天分一大桶粥。要命的是，粥每天都是不够的。一开始，他们抓阄决定谁来分粥，每天轮一个。于是乎每周下来，他们只有一天是饱的，就是自己分粥的那一天。后来他们开始推选出一个道德高尚的人出来分粥。强权就会产生腐败，大家开始挖空心思去讨好他，贿赂他，搞得整个小团体乌烟瘴气。然后大家开始组成三人的分粥委员会及四人的评选委员会，互相攻击扯皮下来，粥吃到嘴里全是凉的。最后想出来一个方法：轮流分粥，但分粥的人要等其他人都挑完后拿剩下的最后一碗。为了不让自己吃到最少的，每人都尽量分得平均，就算不平，也只能认了。大家快快乐乐，和和气气，日子越过越好。

同样是七个人，不同的分配制度，就会有不同的风气。所以一个单位如果有不好的工作习气，一定是机制问题，一定是没有完全公平、公正、公开，没有严格的奖勤罚懒。如何制定这样一个制度，是每位管理者都需要考虑的问题。

[评论] 中国有句俗话：没有规矩，不成方圆。其意思就是说，没有规则（即制度）的约束，人们的行为就会陷入混乱。这样一个朴素而重要的思想，可能没有人会认为它不正确，但在生活中它却一直被人们忽视了。

（二）两则寓言

一则是：车轮问方向盘：“你为什么老卡住我的自由?”方向盘说：“任你随心所欲，只会滚到邪路上去!”另一则是：玻璃大声宣布：“我最反对条条框框的束缚!”垃圾箱听了哈哈大笑：“那你就到我这儿来自由吧!”现在，我们应该明白，自由和约束是并存的。

[评论] 规矩的制定是组织成员行为能够全体一致的前提和基础。实际

上，任何组织都一样。要使组织成员——从数量上说是从“2到无限多”，能够具有统一的行为，组织者首先需要做的工作就是“建章立制”、确定游戏规则。所以，明智清醒的管理者，其在组织建设上都会把很大精力放到规则的制定上。

换一个角度说，使命和目标是指组织要干什么；而建章立制则主要是指这个组织和组织成员不能干什么。

某些时候，对一个组织来说，“不能干什么”比“能干什么”更重要。

（三）其他实例

1927年9月，毛泽东率领工农革命军从江西遂川县准备向井冈山进发。他向部队指出，如果没有群众的支持，红军是无法生存的，所以，要爱护人民群众。为此，他亲自宣布了红军的“三大纪律”：

第一，行动听指挥；

第二，打土豪款子要归公；

第三，不拿老百姓一个红薯。

此后不久，毛泽东针对红军部队中出现的一些新问题，又宣布了“六项注意”：

第一，上门板；

第二，捆铺草；

第三，说话和气；

第四，买卖公平；

第五，借东西要还；

第六，损坏东西要赔。

红军的“三大纪律、六项注意”赢得了群众的真心信赖。当时流行着这样一首歌谣：“红军纪律真严明，行动听命令；爱护老百姓，到处受欢迎；遇事问群众，买卖讲公平；群众的利益，不损半毫分。”

1929年，毛泽东将“六项注意”改为“八项注意”，增加了“洗澡避女人”和“不搜敌兵腰包”。至此，形成了解放军的“三大纪律、八项注意”的雏形。

1947年，随着解放军成为中国最具有竞争力的武装集团，解放军的大兵团作战对其自身的军事纪律、政治纪律和群众纪律提出了更高的要求。10月10日，毛泽东为中国人民解放军总政治部起草了重新颁布“三大纪律、八项注意”的训令，要求“以此为准，深入教育，严格执行”。

"三大纪律、八项纪律"的重新颁布，对统一全军纪律，加强部队的思想和作风建设，具有重大的意义。可以说，许多中国人对解放军的最初认识，是通过对解放军"三大纪律、八项注意"的了解开始的。

同样地，企业也需要自己的"三大纪律、八项注意"。

1985年，张瑞敏到海尔任厂长，他规定的第一条纪律竟是"不准在车间大小便"。20年后的今天，我们听起来可能感到有些可笑，但事实是，没有"不准在车间大小便"这样的纪律，就不可能有海尔的今天。

联想董事局主席柳传志也是从制定"小"规定开始带领联想启动国际化历程的。柳传志自己讲：由于是知识分子办企业，最初大家没有时间观念，开会经常迟到早退。为此，他规定：谁迟到，谁罚站。但第一个犯规的是柳传志的老朋友、公司副总经理。怎么办？柳传志硬着头皮执行了纪律，自己也吓出了一身汗。

15年后，2004年年底，当联想宣布收购国际著名IT企业IBM的全球PC业务时，尽管有人怀疑这个"蛇吞象"能否消化，但没有人质疑联想已经成为一个国际化的大公司。

［评论］为什么说制度是重要的？因为，人们的一切活动都与制度有关。经济学的一条重要原理就是：人们会对激励作出反应。而不同的制度安排会对一个人产生不同的激励，从而导致他产生不同的行为反应。比如，国家宣布对超生孩子罚款，人们就会少生孩子；国家宣布对科技发明进行重奖，就会有更多的人献身科学研究。

经济学家Sam Peltzman的研究也可以从另一个角度说明这一点：60年代后期，美国国会通过立法要求生产的汽车必须配备安全带。这项法律旨在提高驾车的安全性，但是它也改变了对人们的激励。安全带法律降低了驾驶员生命面临的危险，导致他们可以更放肆地开车，结果是这些法律减少了每次车祸死亡的人数而增加了车祸次数，净结果是驾驶员死亡人数变动很小而行人死亡人数增加了。

二、企业纳税风险最终都可以且应该归结到制度的问题

其实经济运行的一切问题最终都可以且应该归结到体制（制度）的问题。我们常常提及人才外流，譬如高级和优秀的人才到国外、到外企等。一些评论认为那些离去人们失去了爱国热情、缺乏奉献精神，孰不知爱国主义

和奉献精神是有价的。一个优秀的人才愿意留在国内企业工作，十倍的年薪都不足以将他吸引到国外企业，但是如果是二十倍、三十倍、一百倍呢？人才流失显然并不能简单归因于缺乏爱国主义、敬业精神、职业道德，它更与报酬体制相关。同样，企业纳税风险最终都可以且应该归结到制度的问题。列举以下问题为例：如为什么企业会多交税？为什么企业该利用的税收政策没有利用？为什么企业受到严厉的处罚？老总中国企业面临的不仅仅是金融危机下的经营风险，而且是重大的税收风险：老总在决策时忽视了税收；部门签合同时也不考虑税收；财务交税时又没人监管复核税收；员工做业务时不考虑税收……所有这些都可以归咎于涉税制度的缺失与薄弱。

第三节 涉税制度设计的性质、对象和任务

一 涉税制度设计的性质

涉税制度设计作为一种管理活动，和一切经济管理工作一样，具有双重性。

涉税制度设计涉及生产力方面的内容，如台账技术，无论是和自然生产力还是社会生产力的关系，它不受社会制度的影响，都具有自然属性。因而涉税制度设计具有历史发展的继承性和不同社会制度下可以借鉴的技术性。同时，一切社会的生产，都是在一定的生产关系中进行的。因此，任何社会的涉税制度设计工作，都必定同生产关系相联系，从而使涉税制度设计具有社会属性。涉税制度设计必须要体现社会主义生产关系和经济关系的要求，以维护财产的安全和完整性，并通过设计工作，调动各方面的积极性，协调好社会再生产过程的各个环节，争取最大的经济效益。

二 涉税制度设计的对象和任务

（一）涉税制度设计的对象

涉税制度设计是为进行涉税工作制定出准则和规范。为此，就必须针对现实的或将发生的涉税工作中存在的问题，提出解决的原则或办法，并以制

度的形式固定下来，作为日常涉税工作的依据。所以，涉税制度设计作为一种实践活动，其具体对象是涉税工作过程。涉税工作过程就是特定主体通过设置涉税机构（企业税务部）、配备涉税人员（税务经理）、运用涉税制度设计专门的方法和步骤对税收资金运动和税收成本进行核算和监督。正因为如此，涉税制度设计可以理解为，特定涉税主体以国家统一财政税收政策法规规范性文件为依据，研究企业涉税事务处理办法、涉税核算体系和涉税风险识别纳税监控的工作程序及安全策略的一项行为设计活动。

（二）涉税制度设计的任务

涉税工作的主要职能是对社会再生产过程的资金运动进行核算与监督，这也就是涉税工作的任务。为了完成这些任务，特定主体就需要建立起涉税机构，明确涉税人员的职责，并在此基础上，设计一套科学的涉税指标体系，建立一套严密的涉税信息系统和有效的涉税控制系统，作为日常进行涉税工作的依据。建立这些制度，以保证涉税工作任务的完成，这就是涉税制度设计的任务。

（1）明确涉税机构的设置和涉税人员的职责。涉税工作要求对特定主体经济活动进行核算和监督。为保证独立地行使涉税基本职能，不受其他业务部门的干扰，涉税机构应具有一定的独立性。在此前提下，根据特定主体的经济经营规模、内部管理体制及业务量的多少等，确定涉税机构的设置、人员的配置及其内部的分工。

（2）设计一套科学的涉税指标体系。涉税指标是涉税制度设计的"牛鼻子"，是确定涉税报告的种类和项目、设置涉税科目、设置账户、进行涉税分析的依据。设计的涉税指标应当包括三方面：一是为国家宏观调控提供服务的综合性指标，以便国家根据国民经济细胞的汇总综合信息，决定国家的宏观经济政策。二是为特定主体的所有者、贷款者、供应者、潜在的投资者和信贷者、职工、财务分析和咨询人员、经纪人、证券承揽人、律师、证券交易所、经济师、财经报刊、同业协会及社会民众提供服务的指标，以向其外部利害关系人提供有关投资和信贷决策、估量现金流量前景，以及关于特定主体资财、资财上的权利和它们变动情况的信息。三是为特定主体管理当局决策提供服务的指标，以帮助特定主体加强内部管理，提高效益，实现其目标。

（3）建立一套严密的涉税信息系统。涉税信息系统，由涉税指标、涉税科目、原始记录、涉税凭证、涉税账簿、涉税报告等形式和信息的收集、整理、分类、存储、传输等一系列程序所组成。信息组织形式必须严密，信息处理程序必须合理，形成一个完整的信息系统，保证及时、正确地提供涉税信息。

（4）确定一套有效的涉税控制系统。涉税机构、涉税人员对本单位实行涉税监督，是《中华人民共和国会计法》（以下简称《会计法》）规定并受到《会计法》保护的。涉税制度设计的任务之一，就是规划有效的内部控制制度，明确规定所有经办人员在业务分工处理上和凭证手续上的岗位责任，使涉税机构、涉税人员既便于履行法律责任，又能使依法行使监督职权受到法律的保障，同时也利于涉税行为的自我纠正和自我完善，保护资财的安全完整，保证涉税信息的正确性和真实性。

第四节 涉税制度设计的原则

涉税制度设计是涉税管理的一项基本建设，其质量如何直接影响到办税功能的发挥。因此，在设计涉税制度时，必须遵循一定的原则以保证设计的质量。

一 涉税制度的目的性

企业进行涉税制度设计前，应明确自己的目的是什么，想解决什么样的问题，对大型企业集团尤为如此。大型企业集团具有跨地区、跨所有制、跨行业的特点，相当一部分大型国有企业至今尚未执行关联交易管理制度。在进行设计前，企业应考虑制度的适用范围是什么；哪些特殊业务或内部监控需要设置内部科目来体现，使用内部科目需具备什么条件；如何设计内部报表（报告），以及时、全面地得到集团内部企业的财务信息及它们之间交易的情况，并辨别下属企业对集团的依存程度，如资金来源或利润来源。

［案评］有些企业为防控会计人员的操作性风险，制定如下涉税制度：凡因会计人员过错引起的税收罚款，会计人员必须承担自掏腰包支付罚款80％以上的责任。这就体现了目的性原则。

二 涉税制度的合法性

设计企业内部涉税制度必须以国家和地方政府颁布的税收法规为依据，内容上应与相关法律法规，尤其是税法协调一致。企业在设计涉税票据管理制度、税收负担估算分析制度、涉税风险管理制度时，必须充分考虑税法的各项规定，要符合税法中的一般原则，符合涉税要素确认、计量的各项规定。

［案评］某企业通过董事会的表决作出财务内账（1号账）用金碟软件、外账（2号账）用用友软件的“两套账决议”；该决议是不合法的，如果将决议写入企业财务制度将面临重大的税务风险。

三 涉税制度的效益性

设计企业内部涉税制度以提高信息质量、工作效率为手段，最终目的是提高企业的经济效益，财务总监应充分考虑设计成本、运行成本和与之带来的效益之间的投入产出关系。例如对大型企业来讲，划小核算单位能比较有利于控制成本，但相应会增加运营费用和核算环节；向下属单位委派涉税人员可以有效地提高涉税信息质量，但却增加了母公司财务负担，某种意义上削弱了下属单位独立经营、自负盈亏的意识。当然，这些判断并没有一个严格的标准，只能根据企业自身管理的要求进行判断。

［案评］某企业是一家刚成立不久的中小型企业，花费重金请一家财务公司为其量身定作了一套财务制度，但因为该企业日常业务量本身并不大，新制度并未给企业带来多少业绩的增长，反而增加了企业经营成本，加重了企业负担。这说明企业在设计企业内部涉税制度时要充分考虑成本效益原则。

四 涉税制度的可操作性

与国家颁布的《税法》、《企业会计制度》、《会计准则》相比，企业内部涉税制度在表达方式上应该尽量浅显，并与企业日常涉税核算的实务紧密联系，内容上更为全面具体，某种程度上是对涉税法律、涉税政策相关内容的一个细化。对属于国家财税法规中可以选择的涉税政策，应作出明确规定，对未作规定的有关内容、程序、权限等问题作出明确规定，使企业涉税流程的各个方面都有章可循、有序进行。如提取福利费的依据是应发工资还是实发工资，工资中哪些项目不能作为提取的工资基数，福利费的列支范围具体包括哪些事项，超出范围之外应通过什么方式向上级部门汇报，经批准或备案后才能进行处理等，以及企业内部各单位内部科目使用、凭证（票据）交换、涉税账目处理流程等，便于基层财务人员实际操作。

[案评] 某企业的激励制度中有如下一条："对于表现优秀的办税员工，给予适当的奖励"，该制度就不具备可操作性，因为没有对优秀的办税员工进行界定，也未对员工的优秀表现进行细化、量化。此外，"给予适当的奖励"究竟是金钱奖励还是职位晋升也未明确说明，所以这样的制度不具备可操作性。

五 涉税制度的监控性

设计企业内部涉税制度某种意义上是企业内部财务控制思想的体现，应贯彻在企业内部涉税制度设计的始终。对每项重要经济业务都要安排事前、事中、事后的控制方式，便于及时掌握和归集所需要的信息。对涉税账目列示方式、财务报告的披露方式要进行详尽规定。如企业所有者权益非损益性变动、财产盘亏或盘盈、递延资产，预提费用科目的使用，重大资产处置、投资等事项，在财务处理前所必须履行的审批手续，需要的支持文件等。必要时，可在公司计财部门设置内部科目与下属单位的固定资产、在建工程等资本性支出项目建立起对应关系，使下属单位的资本性支出项目支出始终受到有效监控。

[案评] 在企业日常经营活动中，一笔款项要支付出去，通常要走以下程序：经办人填写款项支付申请单（注明付款缘由和提供相关材料）——会计审核签字——分管领导审批签字，这在财务制度中就体现了监控性原则，通过程序，会计和分管领导对支付的资金进行监控，确保每笔款项支付不会多付少付以及制止贪污行为的发生。

六 涉税制度的利益协调原则

利益协调原则是指设计企业财务制度时，应正确处理企业内外各种利益主体之间的财务关系，以使财务活动能够顺利进行，财务目标能够顺利实现。需要协调好的财务关系主要包括：

（1）企业与股东之间的财务关系；

（2）企业与债权人之间的财务关系；

（3）企业与财政、税务之间的财务关系；

（4）企业与客户之间的财务关系；

（5）股东会、董事会、监事会与经营层之间的财务关系；

（6）企业与员工之间的财务关系；

（7）企业总部与各分支机构及各职能部门之间的财务关系；

（8）内部各部门之间的财务关系；等等。

协调好上述不同利益主体之间的财务关系，对于企业财务活动的顺利进行和财务目标的最终实现具有十分重要的作用。而协调好各种财务关系的关键是处理好各利益主体的责、权、利关系，贯彻以责任为中心、权力为保证、利益为手段的企业内部经济责任制。在体现利益协调原则上，首先应落实承担责任，然后赋予责任人相应的管理权限，并按照履行责任的情况给予应有的物质利益。

［案例］

以往真实案例对股东知情权的保护及由此引发的思考

在广东省珠海市中级人民法院一审、省高院二审的珠海真科感光材料制作有限公司与香港富光国际投资有限公司股东权益纠纷一案中，富光公司作为真科公司的股东，因股东知情权问题起诉真科公司，其一审的诉讼请求之一是“请求法院委派审计人员审计真科公司的财务报告、公司账簿等经营状况的信息资料，保护富光公司的股东知情权”，一审判决真科公司5日内向富光公司或者其指定的审计事务所提交财务报告、公司账簿等反映公司经营状况的资料。真科公司认为一审的此项判决超出原告的诉讼请求，原告取得账簿凭证之后拒不返还，或泄露公司的商业秘密，会严重危害真科公司的利益，遂提出上诉，二审认为一审的此项判决没有超出富光公司的诉讼请求，遂判决驳回真科公司的上诉，维持原判。

［案评］1. 保护股东的知情权，是全面保护股东权益的首要环节，股东知情权的核心是股东的财务信息知情权。

2. 新《公司法》第三十四条在实现股东知情权的问题上陷入一个两难境地，于是采取回避问题的保守做法：不明确查阅账簿是否包括原始凭证。

3. 因股东知情权产生纠纷时，司法审计是实现股东知情权同时又兼顾公司利益，限制股东滥用或恶意行使知情权的最佳选择。

4. 在制定《公司章程》时，可对股东行使司法审计请求权的具体程序作出规定并给予适当限制，使公司利益与股东知情权取得平衡。

案例中，法院判真科公司向股东提供财务会计报告、账簿和凭证，具体表现为保护股东的账簿查阅权，以实现股东的知情权。这种判决充分保护了股东的知情权，但也似有考虑不周全之嫌。若原告确实取得账簿凭证之后拒不返还，或泄露公司的商业秘密，会严重危害真科公司的利益，所以在公司的司法审计制度设计时，如何协调公司利益与股东知情权的平衡是一个值得思考的问题。同样，在设计企业涉税制度时也将会面临类似的问题。

第五节 制度设计基本理念

一 流程化的理念

（一）流程是对涉税管理制度在操作层面上的细化

流程是对涉税管理制度在操作层面的细化，是一种行为引导。流程用来指导员工如何办成一件事情，或者遇到问题如何处理，就像高速公路上的指示牌，为人指点迷津，有一点“用户手册”的味道。例如，很多新员工刚进公司的时候，不知道如何申请办公用品，电脑、网络有问题不知道找谁处理，公司的办公用品申请流程、设备申请流程就能指引员工，教导员工一步步处理。即使对于老员工，很多流程一样有重要意义。例如，公司需要加强对职工借贷方面问题的处理和控制，就可以针对职工借贷方面存在的问题改进流程，老员工只要遵照新的流程就能迅速改变工作方式而不会茫然失措。同样，在公司日常管理中，提前制定好的立项流程、变更流程、沟通流程、文档管理流程等也能避免管理中的混乱。很多公司和机构喜欢开个大会，宣布一项决定，以此作为更改管理制度的方式，却没有在流程中体现，这就导致员工或者按照各自的理解行事，或者无所适从，影响了决策的贯彻执行。所以，行为引导作用是流程里面最具积极意义的部分，因为它促进而不是阻碍了工作的开展。

（二）流程可以描述相关部门和角色的权力和职责

流程可以描述相关部门和角色的权力和职责。因为流程里面都会有清晰的审批人（权力）和执行人（职责），这样就在操作层面明晰了相关部门的权力与职责的界限。例如采购流程里，申请人的领导考虑申请人是不是工作需要，财务要评估申请人部门有没有预算，采购部门要评估所要采购的设备是否合理。

不过在很多流程里，虽然列出了一些审批人，但是没有说明各人从什么角度、用什么依据审批，容易造成审批者擅自扩充权力。例如，财务部门质问申请人："你需要购买这个设备吗?"这就超出了财务部门的权力和职责范围。

"权力和职责"界定的负面作用是：流程只能明确部分工作职责，而在工作中，存在大量灰色、无法界定的工作。对这类工作，大家多是基于某些共识、惯例、默契来划分权力和职责。对于这些没有涉及的职责，或者本身就模棱两可的职责，如果相关员工不敢或不愿承担，就可能以流程没有规定来推诿，导致官僚作风。而一个进取的公司，其员工一定会争抢着做灰色地带、界限不明确的工作，让职责和职责之间没有空隙，减少有事却无人做的情况。但如果公司领导处理不当，就会让流程在一定程度上限制员工的此类积极性，因而这个副作用需要良好的企业文化和进取的领导来平衡。

（三）流程具有防范相关事项风险的作用

流程具有防范风险的作用。公司规模大了之后，不再一味图快，而要稳健发展，防止内部风险给公司造成大的损失。这在财务部门体现得最明显，包括前面说的采购流程。实现这个作用最常见的方法就是增加控制环节，做一件事情，一定要N个环节审批，增加事情的透明度，同时用人海战术来降低可能的风险。在实际中，银行等金融机构的流程十分典型。

既然流程有这些作用，那我们应该如何建立流程呢？我们经常听到类似的新闻，某公司想改善管理，规范流程，于是将一些著名、先进企业作为模板，学习和复制他们的管理流程。但是他们在考察学习的过程中，往往只注重流程本身，却忽视了这些流程产生的历史背景、企业文化、经营性质等重要信息。实际上，不同行业、不同的业务、不同文化、不同的员工素质，流程都不一样。同时，流程的建立也要注重成本和效益。例如，小公司就不可能像大公司那样设立十分完善的流程，否则管理成本太高，而且降低了效率和灵活性这一小公司最大的优势。即使是大公司，如果为了减少每月 100 元的办公用品浪费，就要求每次领签字笔的时候都要领导签字，各级员工花在申请和审批上的时间可能就价值上万元。当然，浪费问题也不能忽视，但流程不是唯一的途径。

流程的建设不是一锤子买卖，正如前面所说，流程有其历史背景、企业文化背景等，因而任何流程都有其时效性，是动态的，需要根据周围环境的变化而变化。这就要求流程的制定者不断监控和评估流程的执行情况，观察流程制定时的依据是否还存在，不能觉得流程制定推行完毕就万事大吉。流程是活的，是实现企业目标的一个工具，只有摸透了流程的本质，运用起来才会得心应手。

［案例］

遗失领购的普通销售发票处理指引

以下是遗失领购的普通销售发票处理指引，该指引在制定过程上充分考虑了流程化理念。

标题	遗失领购的普通销售发票处理指引	版本	第 版
		版次	第 次修改
		编号	
编制/日期	审核/日期	批准/日期	

适合对象：财务管理岗位和发票保管岗位

财务部门向税务机关报告公司名称、丢失专用发票的份数、字轨号码、盖章与否等情况，向发票管理机构报失

↓

接受税务机关处罚

↓

财务部门到本市市级报刊上刊登发票的“遗失声明”

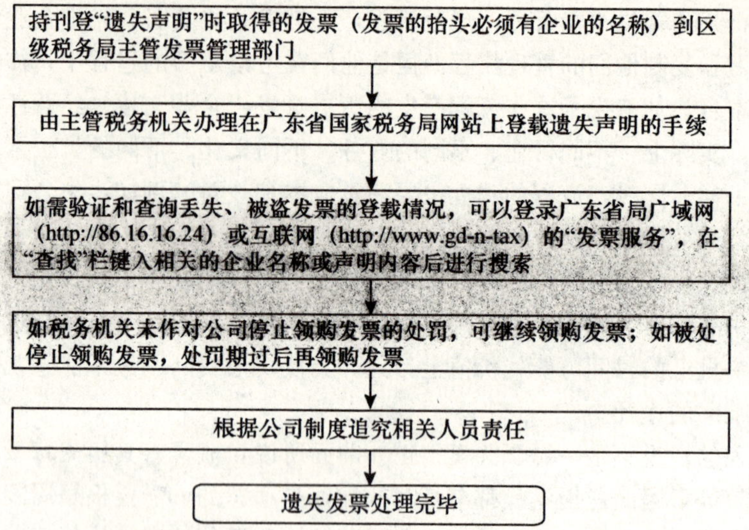

二、表格化的理念

（一）表格化管理是提高管理效率的好方式

所谓表格化运营管理体系，是采用系统思维的创新管理方法，通过运营体系建设，深入分析和辨识“职能”和“职责”的关系，杜绝职能分配的管理“真空”。运用流程控制的工作方法，规范职能运作，理顺业务流程，消灭管理“盲区”和“死角”。在涉税制度设计过程中以表格为载体，用表格化工作语言固化职能、优化流程、提高工作效率，实现管理创新。

（二）表格化是管理循环最直观的表达

表格是管理的书面表现，也是管理的工具。管理学上有一个著名的PDCA循环：

P—Plan 计划

D—Do 执行

C—Check 检查

A—Action 改善

有效的管理，必须完整包含这几个步骤，而表格，就是PDCA管理循环最直观的表达。将纷繁复杂的管理工作分门别类，会让我们的思想条理清晰，避免无序造成的时间和费用的浪费。表格是行动的指南，各种表格及其中的栏目，其实是在告诉你，这些栏目都是你必须要做好的工作。表格是业绩的体现，通过表格可以反映每个人的业绩。业绩，其实只是一个结果，结果的好坏是如何得来的，返回头又可以通过研究表格得出结论。表格条理非常清楚，体现着管理的精神。

（三）表格化是落实制度的重要途径

所谓管理表格化，是企业规范化管理的主要实施途径。把制度转化为表格，表格化是落实制度的重要途径。其具备简洁、明了、易操作的特点，易把制度化的东西转化为可实际操作的东西。用表格化工作语言固化职能、优化流程、提高效率，实现公司管理规范化目标。表格化制度设计理念，务实地把公司的人力、物力、财力以及时间等因素作为资源，揉和成表格，以可靠、通畅、严谨的流程化形式承接出来，以此为切入点，谋求企业内外协调发展，实现管理规范化的目标。

表格应用首先应让员工和有关人员理解表格内涵，教会如何应用表格进行涉税管理，如有关所得税台账表格应用。如果对表格化管理的作用和意义理解不透彻，盲人摸象，在应用上就会出现片面化的偏差，达不到预期的管理效果。表格设置要简单务实：不能完全照抄其他公司的全套报表，要根据公司的实际情况设计，简洁而不繁杂，务实而不空洞。防止表格千篇一律和自相矛盾，没有逻辑关系。

［案例］

房地产开发企业各环节报送资料登记卡

日常经营活动中，房地产开发企业必须按规定依照开发项目的各个环节报送涉税资料，下列《房地产开发企业各环节报送资料登记卡》范本正是表格化理念在工作活动中的实际应用。

房地产开发企业各环节报送资料登记卡

企业名称：　　　　　　企业编码：　　　　　　项目名称：

开发用地和土地储备资料	1. 土地转让（出让）合同或协议	
	2. 合作建房合同或协议	
	3. 联合（投资）开发合同或协议	
	4. 支付土地款项而取得收款方开具的发票或法定凭证	
	5.《土地所有权证》及其他土地权属证明文件	
	6. 土地管理部门已代征税费的纳税（费）证明	

房屋拆迁和补偿安置资料	1. 与被拆迁人签订的补偿安置协议	
	2. 与拆迁施工单位签订的委托拆迁合同	
	3. 支付拆迁款项而取得收款方开具的发票	
项目开发的前期工程项目资料	1. 规划	(1) 与提供开发项目规划服务的单位签订的合同
		(2) 支付服务款项而取得收款方开具的发票
		(3) 经有权部门审核通过的开发项目规划图纸
	2. 设计	(1) 与提供开发项目设计服务的单位签订的合同
		(2) 支付设计款项而取得收款方开具的发票
		(3) 经有权部门审核通过的开发项目设计图纸
	3. 勘探	(1) 与提供开发项目勘探服务的单位签订的合同
		(2) 支付服务款项而取得收款方开具的发票
	4. 测绘	(1) 与提供开发项目测绘服务的单位签订的合同
		(2) 支付服务款项而取得收款方开具的发票
项目开发的前期工程项目资料	5. 监理	(1) 与提供开发项目监理服务的单位签订的合同
		(2) 支付服务款项取得收款方开具的发票
	6. 供电	(1) 与供电部门签订的电力工程服务合同
		(2) 支付工程款项而取得收款方开具的发票
	7. 供水	(1) 与供水部门签订的电力工程服务合同
		(2) 支付工程款项而取得收款方开具的发票
	8. 供气	(1) 与供气部门签订的供气工程服务合同
		(2) 支付工程款项而取得收款方开具的发票
	9. 广告	(1) 与广告合作单位签订的广告服务合同
		(2) 支付广告款项而取得收款方开具的发票
	10. 土地平整	(1) 与提供开发项目土地平整的施工单位签订的合同
		(2) 支付施工款项而取得收款方开具的发票
开发项目主体工程建设资料	1. 建筑工程的施工许可证	
	2. 与施工单位签订的建筑安装合同	
	3. 建筑工程的预概算书、竣工结算书	
	4. 自行采购材料结算单	
	5. 代施工单位支付水电费的结算单	
	6. 支付工程款项而取得收款方开具的发票	
	7. 开发项目竣工后应报送《已竣工商品房明细表》	

开发项目配套工程建设资料	1. 消防	（1）与施工单位签订的消防工程施工合同	
		（2）支付工程款项而取得收款方开具的发票	
	2. 绿化	（1）与施工单位签订的开发项目绿化合同	
		（2）支付工程款项而取得收款方开具的发票	
	3. 安防	（1）与施工单位签订的安防工程施工合同	
		（2）支付工程款项而取得收款方开具的发票	
	4. 环保	（1）与施工单位签订的环保工程施工合同	
		（2）支付工程款项而取得收款方开具的发票	
	5. 通信网络	（1）与网络通信运营商签订的通信工程施工合同	
		（2）支付工程款项而取得收款方开具的发票	
	6. 道路桥梁	（1）与施工单位签订的建筑安装合同	
		（2）支付工程款项而取得收款方开具的发票	
	7. 内外装饰	（1）与施工单位签订的装饰工程合同	
		（2）支付工程款项而取得收款方开具的发票	
	8. 排洪排污	（1）与施工单位签订的建筑安装合同	
		（2）支付工程款项而取得收款方开具的发票	
商品房销售情况资料	1.《商品房预售许可证》		
	2.《总房产证》		
	3. 商品房预售总平面图		
	4.《预售商品房明细表》		
	5.《商品房买卖合同》		
	6. 委托房地产中介机构或专业营销机构代理销售的委托合同		
	7. 支付手续费而取得收款方开具的发票		
	8. 非销售转让商品房与受让方签订的合同或协议		
	9. 与金融部门签订的按揭贷款协议书		
应按月申报的月报资料	1.《商品房销售汇总月报表》		
	2.《商品房销售（预收款）统一票据使用月报表》		
	3.《发票领用存月报表》		
	4.《销售合同签订情况月报表》		
	5.《个人购房按揭情况月报表》		
其他应报送的资料	1.		
	2.		
	3.		

［说明］上述资料不仅是企业建立涉税档案的需要，也是纳税评估举证的需要。通过表格化的描述使涉税档案一目了然。实践中税务机关也会按以下要求报送涉税资料。

1. 纳税人未按规定时间向主管税务机关报送上述涉税资料，经主管税务机关限期改正仍未改正的，主管税务机关可以根据《中华人民共和国税收征收管理法》第六十二条规定予以罚款。

2. 房地产开发企业具有税收违章违法行为且拒不接受税务机关处理的，主管税务机关可根据《中华人民共和国税收征收管理法》第七十二条规定，收缴其发票或者暂缓供应（包括代开票）其发票。

3. 房地产开发企业报送上述涉税资料以加盖公章的复印件为据，并提拱资料原件给主管税务机关核对。

二 数据化的理念

（一）数据演示了工作要素的可识别性和可重复性

100年前，泰勒提出科学行为管理，强调精细化、标准化和数量化。但在21世纪的今天，我们很多企业却还没有走出原始管理的圈子，蔑视数字，对数字的认知如同盲人摸象，一知半解或不知其用，存在很多的盲点。这就是我们管理落后的根源。

俗话说“好记性不如烂笔头”。在企业小的时候，人员少，生产简单，没有众多复杂的机械设备，凭借个人经验和直觉，就可以判断或毛估出有关数据；但是，在企业稍微发展到一定的规模后，再好的个人记忆也无法记录和判断各种众多繁杂的数据，这就需要数字化管理。

在我们的企业管理中，数字化有两个概念，一个是数字化（数据化）概念，一个是信息化概念，今天我们阐述的重点是数据化管理的数字化概念。

数字化是规范化管理中最核心的部分。数字是起点也是终点，数字确定了目标的也反映了结果，是验证我们管理成效的基本依据。西方管理学界有句名言：“无法量化，就无法管理。”这是一个很容易理解的事实。当一项模糊性的工作被分解成若干可以量化的数字指标后，看起来就一目了然。一些凭借个人直觉和经验而无法察觉的缺陷与不足，就会在清晰的数字下显现出来。

我们很多企业，非常重视个人的商业智慧和人际关系处理能力，认为用“数字”来衡量和管理员工的业绩，是站不住脚的。因为很多企业的老板基本是靠个人经验和直觉来管理企业的，没有数据概念，缺乏对于“数字”最基本的尊重。其主要原因：一是传统文化的历史延续，忽视“数字”作用；二是对数字化管理重要性认知的浅薄，使企业无法重视数字化管理。如：在我们的传统中，企业几十甚至上百位员工一个月赚取的利润，根本不如老板（或某个人）依靠亲友或官员的资源赚取的利润。这一对比，就意味着“效率"失去了管理的价值，一个官员一纸批文能够带来巨额暴利，我又为什么要费尽力气的在企业内部挖掘效率呢？因此，在这些人眼里，"数字"管理在企业中就变得没有多少意义。

在很多管理者看来，用"数字"来衡量和管理一个人的业绩，是不合适的，因为"数字"本身既无法衡量一个人的奉献精神、也无法判断其是否具有忠诚的品德。殊不知，判断一个人的忠诚与奸诈、奉献与偷懒等是属于道德范畴的价值标准，是需要管理技巧和方法来改变的。而业绩是靠数字来衡量的。

（二）管理活动时刻离不开数据

请看数据化管理在我们管理活动中的作用：

（1）为我们提供清晰的管理依据。数据化有助于我们理清管理思路，固化管理指令、程序、措施等系列管理行为。使我们的工作目标和计划一目了然，使企业各类经营指标可以在管理活动中快速传递。企业指令的发出者或接收者清晰明白，减少传达和理解的失误。

（2）数据可以在企业中广泛运用。数据化促使我们在管理活动中去记录、分析、存档数据，使我们积累更多的经验和养成良好的习惯。数据是丰富的资料，是企业的一种资源，为企业进一步作业提供真实依据，为企业改进与创新提供第一手资料。

（3）数据化是管理细化的基本标准。数据化管理推崇以事实为依据，从基本层面上杜绝或减少管理失误。同时也适宜于企业各个层面的量化管理，可以优化流程，建立标准，改善结构。数据同时也是最能说明管理状况，是各种管理结果的基本依据。

（4）便于企业进行绩效考核。数据化管理为企业进行考评与激励以及制定惩罚措施、实施绩效管理，为我们评价管理效率高与低，产品质量优与劣、好与坏，员工工作的好与差等诸多方面设定了一个标准，为我们提供最直接、最真实的依据，便于我们在管理中更好地建立一个公平、规范的管理机制。

（5）数据提升我们的管理成效。重视数据管理就会加强过程管理。如企业的库存是否合理、财务是否健康、销售网络是否正常、生产流程是否顺利、售后网络是否完善，只要用图表数据反映出来，必定促使企业去找根本原因，企业的管理水平可以借此进一步得到提高。

（6）可以推进企业信息化建设。今天企业必须面对"信息化管理"的浪潮，而信息化管理正是以数据化管理为基础建立起来的。许多企业实施信息化结果的差强人意和扭曲变形，其中一个重要原因，就是企业岗位、职能和流程的“数字化”程度不高，从而直接导致了岗位或流程的“可重复性”缺失，而不能复制或重复的岗位或流程，则成为了个人凭借经验随意性工作导致管理不够规范的罪魁祸首。

（三）数据是决策的重要依据

对于企业作出的一些重要决策或投资活动，无论采用什么程序和方法，数据都是最好的判断标准。只有数据采集是真实的，我们的研究、分析和论证才有说服力，才能作出最优的判断。

实际上，只要我们企业重视数据化管理，在数据化管理上下功夫，数据化管理的作用远不止这些。我们今天管理活动时时刻刻都离不开数据化管理，从我们的工作要产生何种结果、由谁来完成、在何处完成、何时完成以及完成程度，都需要信息和数据来帮着处理。数据化管理对于内容管理、竞争情报、知识管理、商业智能、数据仓储，分析成本收益，归纳和分析各个业务子系统的信息，运用统计学的一些方法来细分消费者等各个方面，都是最直接、最行之有效的方法。

事实上，假如我们企业重视或愿意的话，几乎绝大部分的管理要素、模块和结果，都可以进行数字化设计和管理。

[案例]

财务部量化考核方案

在企业日常管理中经常要对财务部门工作绩效进行考核，通过相关数据及数据指标量化财务部门的整体绩效，是绩效考核的一种重要方法。以下以财务部量化考核方案为例说明。

财务部量化考核方案

指标维度	量化指标	权重	绩效目标值	考核频率	数据来源	考核得分
财务	财务管理费用	10%	预算范围内	季度/年度	财务部	
内部运营	财务报告提交及时率	10%	达到100%	月度/季度/年度	业务部、财务部	
	账务处理差错次数	15%	0次	月度/季度/年度	业务部、财务部	
	预算执行偏差率	5%	±____%	月度/季度/年度	业务部、财务部	

续表

指标维度	量化指标	权重	绩效目标值	考核频率	数据来源	考核得分
内部运营	资金利用率	10%	达到______%	季度/年度	财务部	
	资金周转率	10%	______次	季度/年度	财务部	
	投融资计划完成率	10%	达到______%	季度/年度	财务部	
	审计计划完成率	10%	达到100%	月度/季度/年度	财务部	
客户	外部相关部门投诉次数	10%	0次	月度/季度/年度	综合管理部	
学习发展	部门员工考核达标率	5%	达到______%	月度/季度/年度	人力资源部	
	培训计划完成率	5%	达到100%	月度/季度/年度	人力资源部	
量化考核得分合计						
指标说明	资金利用率$=\frac{\text{年利润总额}}{\text{资本总额}}\times 100\%$					
权重说明	预算执行是以各部门业务工作计划为前提，财务部门主要负责加强预算执行的管理，因此在表中设置的权重不是太高					
核算说明						
考核关键问题说明						

第六节 企业涉税制度设计的方式

企业涉税制度设计是一项复杂的系统工程。从本质上讲，一个科学、合理、有效、实用的企业涉税制度是理论与实践活动相结合的产物，是管理方法与操作经验的结晶，它的字里行间无不凝聚着设计者的智慧和汗水。仅就理论而言，制度设计者除了要熟悉现代财务活动的一般规律、程序、方法外，还必须掌握社会哲学、政治经济学以及系统论、信息论和控制论等现代理论和技术等，它们能够为涉税制度的设计提供理论和一般方法指导，确保制度设计的科学、有效。就实践而言，主要体现在制度设计者是否具备如下客观条件：

一是掌握了解国家财税法规以及经济发展状况；

二是熟悉、理解企业的生产经营特点和管理要求；

三是精通财务管理和涉税核算，具有丰富的财务与涉税实务经验；

四是熟悉现代审计理论和方法；

五是熟悉内部控制理论和方法；

六是了解计算机理论和应用方法；

七是有较强的逻辑思维、抽象思维和理解、判断能力；

八是有较强的语言表达能力和文字能力。

实际上，能够完全具备上述条件的专家并不多。现实的做法是：根据制度设计的范围、内容、难易程度等具体情况决定制度设计的组织形式。例如，较大范围的财务制度设计应该成立一个制度设计组，单个制度设计可以由一至二人负责。同时，企业应根据本企业财务人员的业务素质、理论知识水平等客观情况决定选择恰当的制度设计方式。一般而言，企业涉税制度的设计方式主要有自行设计、委托设计和联合设计三种。

一 自行设计

自行设计是指由企业自己的财务人员组织和独立进行的制度设计。这种方式的优点是：设计人员了解企业的基本情况和业务流程；掌握企业的管理需要；便于上下左右部门和人员的沟通；节省制度设计费用。缺点是：内部设计人员往往囿于成说，创新不足，保守有余，难以在制度创新上取得突破；如果同时设计全部财务制度，则时间上不能保证；假若设计人员的学识水平达不到要求，则很难保证财务制度的设计质量，最终导致制度成本提高。自行设计方式适用于企业单项财务制度的设计或本企业拥有高水平制度设计团队的情况。

二 委托设计

委托设计是指企业委托、聘请社会上的财务咨询服务机构或其他财务专家为企业设计财务制度。这种方式的优点是：设计人员一般为理论水平、技术水平较高的专家，知识面宽、创新意识强、无后顾之忧，且了解国内外业内情况，可以设计出水平较高的财务制度，有利于企业财务管理水平的提高。缺点是：外部设计人员需要花费较长的调研时间了解企业的基本情况、业务流程和管理需要；设计成本较高；如果设计人员实践经验不足，就会造成重形式、轻内容的设计风格，使设计的财务制度缺乏实用价值。委托设计方式适用于企业全面财务制度体系设计或本企业缺乏高水平制度设计团队的情况，特别是新建企业、改制企业和发展较快的企业更适合委托设计方式。

三 联合设计

联合设计是指以企业的财务人员为基础，同时聘请有关专家进行指导，共同设计企业财务制度。这种方式综合了自行设计和委托设计的优点，有效规避了两者的缺点，使企业的设计人员和外部设计人员相互配合、取长补短、相得益彰，设计的财务制度往往比较科学和实用。特别是企业财务人员通过和制度设计专家一起工作，可以有效提升自身业务技术素质，提高企业的财务管理水平。联合设计方式适用于各类企业、各种情况下的企业财务制度设计。

第七节 古今中外优秀制度借鉴

一 古代中国法制史的启示举要

（一）先秦时期“刑”、“法”、“律”中的制度智慧

中国古代法典的名称，大体经历了“刑”、“法”和“律”三个阶段。法典的内容与名称之间究竟存在着什么关系？对此学术界有很多争议。一些学者从文献学、训诂学等不同角度对这些问题加以讨论，提出不少精辟见解。这里主要从传世文献中提到的和经考古发现的法律文书本身入手，谈一谈自己的看法。

“刑”：在中国古代，“礼”规定了人们的日常行为规范，而“刑”则规定了对违反礼制者的惩罚措施。“刑”是从另一个方面对“礼”所作的规定。

“法”：晋国赵盾制定的“常法”不仅有正刑定罪方面的内容，还有改良政治、选拔人才、维护礼制等方面的内容，这后一部分内容是刑书所不具备的。

在赵盾之前，晋文公曾“作执秩之官，为被庐之法”，杜预注：“（鲁）僖二十七年，文公蒐被庐，修唐叔之法。”“蒐”是古代带有军事检阅性质的一种礼仪活动，借以顺少长、明贵贱，因此“被庐之法”主要是强调礼制，维护尊卑等级。银雀山汉简的出土，使我们有机会了解战国时期齐国法律的部分内容。从这批竹简中可知，齐国法律也以“法”命名，如《守法》、《库法》、《市法》、《田法》等。这些“法”有科罪量刑的内容，最典型的就是

“公人”制度。

“律”：长期用于指音律，而音律是要求与度量衡一样精确严密的。“律”也很早就与“法”有联系。《左传·宣公十二年》载“师出以律”。杜预注：“律，法。”《左传·哀公十六年》载“尼父，无自律”。杜预注：“律，法也。言丧尼父，无以自为法。”因此，强调“明法”、主张信赏必罚的法家，一方面为了与传统的礼、刑相区别，另一方面也希望法律能像音律一样精确严密而为人们所信奉，于是便以“律”名“法”。商鞅改法为律，也只能从这一意义上理解，实不能过分夸大。

（二）秦律的制度借鉴

秦朝的建立，在中国历史上具有划时代的意义。它存在的时间虽然很短，但由此开始的政治、经济制度在以后二千多年的封建社会中，都存在极为深远的影响。秦律，即秦代法律的总称。公元前356年，商鞅变法时曾采用李悝的《法经》，并改法为律，颁行秦国。公元前221年秦始皇统一中国后，将秦律修订，作为全国统一的法律颁行各地。秦二世即位后，又修订了秦朝的律令。《秦律》的律文涉及政治、经济、军事、文化、思想、生活等各个方面，使各行各业各个领域“皆有法式”。据1975年12月在湖北云梦睡虎地出土的《云梦秦简》所载，秦律不仅有《法经》六篇的内容，而且还有《田律》、《效律》、《置吏律》、《仓律》、《工律》、《金布律》等内容。秦律有调整封建经济的作用，并且基本上是镇压农民的反抗，巩固地主阶级专政的工具。秦律为以后的汉律所继承。

秦律主要内容是保护封建基础，维护统一的专制主义中央集权封建国家的经济制度；维护地主阶级对农民的政治压迫，镇压农民的反抗活动；保护官府和私人占有奴隶；保护官僚地主特权的诉讼制度和监狱管理制度。秦律中的刑罚有：死刑，主要有弃市和磔；肉刑，有斩足、宫、劓、黥等肢体刑；徒刑，将犯人拘禁起来，并使服苦役；迁刑，即将犯人流放边地；笞刑，即鞭笞之刑；赀罚，让罪人向官府交纳财物或提供劳役以达到惩罚的目的。

二、罗伯特议事规则

美国是一个崇尚自由的国家，我们可能不会想到美国竟有规定会议怎么进行的规则。

说到开会，我们中国人可以毫不夸张地说是开会“大国”，有些年可以说是天天开，甚至是一天到晚开。大会小会，什么样的会都开过。有一种说法是“旧社会税多，新社会会多”。美国人是会少，不仅少，而且短；工作中的碰头会之类的，常常是站着开。

美国人崇尚自由，但美国人对待开会却是严肃认真的，美国人是会少规矩多。说到开会的规矩，世界上恐怕没有人比得上美国人的规矩大了。他们有一本厚厚的开会规则——《罗伯特议事规则》(Roberts Rules of Order)。这在世界上是独一无二的。这部由亨利·马丁·罗伯特撰写的《议事规则袖珍手册》(Pocket Manual of Rules of Order) 于 1876 年出版，几经修改后于 1990 年出了第九版。

罗伯特议事规则的内容非常详细，包罗万象，有专门讲主持会议的主席的规则，有针对会议秘书的规则，当然大量内容是有关普通与会者的规则，有针对不同意见的提出和表达的规则，也有有关辩论的规则，还有非常重要的、不同情况下的表决规则。

有一些细节规则后面的逻辑原则是十分有意思的。比如，有关动议、附议、反对和表决的一些规则是为了避免争执。原则上，现在在美国的国会、法院和大大小小的会议上，在规范的制约下，是不允许争执的。如果一个人对某动议有不同意见，怎么办呢？他首先必须想到的是，按照规则是不是还有他的发言时间以及是什么时候。其次，当他表达自己的不同意见时，要向会议主持者说话，而不能向意见不同的对手说话。在不同意见的对手之间的你来我往的对话，是规则所禁止的。

在国会辩论的时候就是这样。说是辩论，不同意见的议员在规定的时间里，名义上是在向主持的议长或委员会主席说话，而不能向自己的对手“叫板”。自己发言的时候拖堂延时，或者强行要求发言，或者在别人发言的时候插嘴打断，都是不允许的。

在美国的法庭上也是这样，当事双方的律师是不能直接对话的，因为一对话必吵无疑，法庭就会变成吵架的场所。规则规定，律师只能和法官对话，向陪审团呈示证据；而陪审团按照规则自始至终是“哑巴”。不同观点和不同利益之间的针锋相对，就是这样在规则的约束下，间接地实现的。

像议事规则这样的技术细节，对于美国这样的多元化而又强调个人自由、人人平等的国家是非常重要的，是民主得以实现的必要条件。否则的话，如果发生分歧就互不相让，各持己见，争吵得不亦乐乎，很可能永远达不成统一的决议，什么事也办不成。即使能够得出可行的结果，效率也将十分低下。罗伯特议事规则，就像一部设计良好的机器，能够有条不紊地让各种意见得以表达，用规则来压制各自内心私利的膨胀冲动，求同存异，然后按照规则表决。这种规则及所设计的操作程序，既保障了民主，也保障了效率。

罗伯特议事规则是在洞彻人性的基础上，经过精心琢磨而设计的。正是这种对细节把握得精致完美的规则，才最大化地实现了公平与效率。

所以，任何真正成熟的管理，无论是社会管理，还是经济管理，必然是靠在精确把握细节的基础上制定的规则来运行的。管理离不开规则和标准，而规则和标准正是精致的完美表现。

厦门航空公司曾经发生过一起飞行事故，飞机升空后起落架无法收回。问题处理过后，厦门航空公司写下了第一张 SOP，就是所谓的标准作业规范。其中还说明了如何不要忘记起落架上面的插销，因为那次事故就是插销没有拔的缘故。飞机机身有任何地方在维修，都要系上一条红丝带。另外插销要怎么拔，拔了以后要后退几步，手要怎么举起，飞行员怎么看到，大家怎么打手势等都有十分详细的标准。如此一来，再出现任何问题就可以查阅 SOP，找出问题的所在。

阅读材料

科学管理就是力图使每一道管理环节数据化

过去，人是第一位的；将来，制度是第一位的。在企业的管理中，对细节的追求是无止境的。但对细节追求是可以衡量的，衡量的尺度，就是制定出的相应的标准和规范。我认为，标准和规范，就是对细节的量化，是重视细节、完善细节的最高表现。一个没有规则、没有标准的企业肯定是管理不到位的。正是基于这一认识，我所在的公司在召开经销商大会的时候，光规范文件就出台了 32 份，几乎涉及了会议程序、会议内容、如何接待客人、怎样对待家属、怎样发放礼品、怎样送客回去等每一个细节，同时派专人负责各项工作的落实。细节完美是整体完美的前提，由于各项细节做得非常到位，使会议开得非常成功，极大地提升了我公司的形象，极大地鼓舞了经销商对我公司的信心。

说到管理中的细节，觉得中国企业还有很多工作要做。比如在日本，河豚被奉为“国粹”，与浮世绘一样深受日本人的推崇。河豚肉质细腻，味道极佳，但这种鱼味道虽美，却毒性极强，处理稍有不慎就有可能致人死命。在中国，羡美味而“拼死吃河豚”的人，每年中毒、死亡者都达上千人。但同样是吃河豚，在日本却鲜有因此而中毒、死亡的事情发生。问题出在哪呢？

在日本，河豚加工程序是十分严格的，一名上岗的河豚厨师至少要接受两年的严格培训，考试合格以后才能领取执照，开张营业。在实际操作中，每条河豚的加工去毒需要经过30道工序，一个熟练厨师也要花20分钟才能完成。但在中国，加工河豚就跟做其他海鲜一样，加工过程随随便便，烹饪过程也没有经过太多的工序，其后果可想而知。

加工河豚为什么需要30道工序而不是29道？我想这30道工序绝不是平白无故地杜撰出来的，一定是经过精细的科学实验测试出来的（即便没有什么科学根据，就是从营销的意义上讲，这种宣传也会增加可信度），人家没有因吃河豚而中毒就是明证。可能经过20道工序的处理也不一定会死人，但粗糙的工序只能带来粗糙的感觉。从这一点来说，凡是精细的管理，一定是标准化的管理，一定是经过严格程序化的管理。

麦当劳规定：牛肉饼烤出20分钟，没有卖掉就要丢掉，这就是量化细节。按照一般的粗放式的管理，别说20分钟，恐怕过了2个小时也不肯扔掉。这就是麦当劳之成为麦当劳的原因。烤牛肉饼烤出20分钟内就要消费，这就是标准。你想想，要达到这样一条看来是很简单的标准，背后需要做多少细致的工作！比如，客人多而要的又多时，现烤来不及，要让客人等——这是最让顾客头疼的事；而客人少，而烤得多时，又只好扔掉——这会大大增加经营成本。所以，既要不让客人等，又要避免多烤而扔掉，一定要对顾客需求作详细的纪录，找到客人数量与烤肉数量的一个合理的比例，这样才能保证两者不误。这单单是烤肉一样，其他食品以及服务还有相应的标准要去执行，可以想见这其中的细节是多么复杂了。

现在，适应加入世界贸易组织的需要，我们的企业也常常讲SOP——标准作业规范，但给人的感觉是大多数过于粗糙，缺乏细节的量化。

在企业的标准化管理中，我们可以从ISO管理系统中看到中德企业细节上的差距。

严谨、严格、认真是产品、质量认证的信条，中国和德国企业在ISO管理过程中，企业行为有着明显的不同。

如在企业的ISO管理中，有一个要求是：企业与客户的合同必须经过评审。审核时，审核员发现客户已经在合同上签名，而没有本公司销售经理的签名。按照程序文件的要求，合同必须要有销售经理签名，所以这是一个不合格项。如果这是一家中资企业，审核员发现问题后，可能会在“纠正措施”上填写：没有签名的地方补上签名。接下来的过程是销售经理补上签名，再由审核员去验证。这件事情就算完了。

但这种事情发生在德国企业，处理方法就完全不同：发现没有签名，不是简单地让责任人补上签名，而是去查找没有签名的原因是什么，并进行分析。通过分析发现：程序文件上写的是要求销售经理签名，而销售经理经常出差，但合同又不能不签。说明程序文件不具备可操作性，应该修改程序文件为：当销售经理不在时，要授权给代理人。然后填写纠正措施：更改编号为××的程序文件。

同样一件事情，由于思维和处理的方式不一样，得出的结果完全不同。前者的责任人是销售经理，后者的责任人是程序文件编写者。前者只是就事论事地作整改，后者却在修改完程序文件之后，还要检查另外有无类似情况的程序文件；如果没有，这个事件才算结束。德国企业就是凭着这种审慎严谨、一丝不苟的做事风格和擅长逻辑分析的特长，成就了戴姆勒、西门子、大众等世界级企业巨头，以及一大批对产品精益求精、有超强竞争力的中小企业，同时也打造了“德国制造”这个几乎成为产品品质保证代名词的品牌。这一案例表现了中国企业就事论事与德国企业追本溯源的不同，其实说到底，就是对事情认真的态度和对细节追究的精神不同。

我们知道德意志民族是一个认真、严谨、精细的民族，在法律体系中以及在企业管理中重视程序的精神，就说明了这一点。

资料来源：汪中求：《细节决定成败》，新华出版社，2009。

第八节 制度建设案例分析及流程图范本

一 制度建设的案例分析

（一）案例

［案例一］

员工借款管理规定

第一章 总 则

第一条 为加强员工借款管理，减少资金占用，更好地服务于企业生产经营，特制定本规定，本规定适用于公司各部门及所属分公司。

第二章　员工借款的审批和额度

第二条　员工借款审批。

（一）公司员工因公出差、零星采购、工程周转金、工程协调费借款及办理其他零星支付业务，根据需要可借用现金。

（二）公司员工借支现金需填写“借款单”，经部门负责人批准，财务主管审核后，报总经理签批。现金借支 2 万元以上的，要提前 1 个工作日通知财务部。

（三）临时工和试用期的员工不能借支现金，有出差任务时，由同行人员借支现金。

（四）现金借支人应亲自到财务部门支取现金并在现金支付凭证上签字，委托他人支取的，必须由受托人在现金支付凭证上签字。

第三条　员工借款额度。

（一）为了更准确地掌握现金的收支，原则上 800 元以下的现金支出不予办理借款。

（二）员工借支现金前必须预计合理的借支额度，部门负责人应进行额度的审核，超出合理范围的员工借款，财务部门不予借支。

（三）对不同级别的员工设置最高借款限额，未还借款超过限额时，财务部不再向其借款，公司工程部工程周转金和协调费借款的人员可上浮一个级次，特殊情况下，由借款人提出借款事由，经总经理批准后，方可办理借款。

级别	额度
副总裁级	100 000 元
总经理级	80 000 元
副总经理级	40 000 元
经理级	10 000 元
其他人员	5 000 元

（四）财务部对部分频繁进行现金支付的员工，可核定每人不超过 2 000 元的借支额度作为周转使用。

第三章　员工借款管理

第四条　禁止白条抵现，对于符合规定的员工“借款单”，财务部要及时进行账务处理。

第五条 员工借款的报销应取得合法的报销票据，部门负责人审核其业务合理性后，财务部审核票据的合法性，并经总经理核准后，进行会计处理。

第六条 员工报销款项应首先用于偿还借款。有工作任务需支出现金时，需再次履行借款日批手续，财务部门不得直接支付现金。

第七条 工程周转金借款，实行“前账不清，后款不借”原则。报销还款时，必须取得合法的报销票据符合《公司拨付工程款规定》，按报销规定程序报销。

第八条 工程协调费借款（应有协议或合同等），对于能够取得合法的报销票据，应在1个月内报销还款；对于不能够取得合法的报销票据，应取得对方盖有公章的收据或按有手印的收条，并有经办人、证明人和批准人签名，在3日内交财务部，由财务部统一办理代开发票，然后由经办人按照规定报销程序报销还款，对于属于特项支出的业务，还要填写“特项业务申请表”，按规定程序进行审批。

第九条 财务部要严格控制员工借款总量，准确掌握员工现金借支、报销和还款的情况，及时清理借支，对借款期限超过2个月的员工，财务部应下发“员工借款清欠通知单”（见附件）催收。财务部每季度要对员工借款进行一次全面清理。

第十条 对于员工逾期借款且接到“员工借款清欠通知单”10日内仍未还清借款的员工，执行“前账不清，后账不借”的原则，并会同人事部门从借款人工资中逐月扣还。

第十一条 人事部门对于有辞退意向和调出意向的员工，应事先通知财务部，待其还清所有借款后，再履行相关手续。

第四章 附 则

第十二条 部门负责人对下属员工现金借支审核不慎造成坏账损失的，部门负责人负责解决。

第十三条 本规定由财务部负责解释修订。

第十四条 本规定自下发之日起执行。

附件：

员工借款清欠通知单

×××财清字______号

______部门______同志：

截至______年______月______日您逾期借支的现金余额为______元，按照公司员工借款管理规定，请您在10日之内到财务部核对清理，报销并归还所借款，如逾期未办，将依据有关规定执行。

此致

敬礼

公司财务部

______年______月______日

［案例二］

职工借款管理制度

为了规范公司财务行为，加强职工借款的管理和核算，减少不合理的资金占用，特制定本制度。

一、借款的范围

（一）职工因公出差需要借支的款项；

（二）业务员零星采购所需的款项；

（三）经财务部门核准可周转使用的周转金、备用金；

（四）其他因业务需要必须预借现金的款项。

二、借款的限额

（一）因公出差人员借款限额，按预计出差天数及标准核定：

1. 车船票、飞机票按预计金额借款；

2. 住宿费、补助费按每人每天100元借款；

3. 如有特殊原因需增加款项时，应在借款单上阐明理由。

（二）零星物资采购，按计划金额借款。

（三）周转金、备用金的限额，按财务部核定的数额借款。

（四）其他借款应根据实际情况填写借款单，不得多借。

三、借款的程序

（一）职工借款需办理如下手续：

1. 借款人按借款限额填写“现金借款单”（见附件），并签名、盖章；

2. 借款人所在部门负责人签署意见；

3. 公司分管总经理批示；

4. 财务负责人审批。

（二）借款人员根据签字手续齐全的“现金借款单”到财务部门办理借款，经审核人员审核后由出纳员支付现金。

（三）职工借款必须按规定办理借款手续，并严格按限额借款，否则，财务部门不得付款。

（四）财务部门对已支付的借款作如下处理：

1.“现金借款单”为增加应收款的凭证；

2.“现金借款单”存根由出纳人员留存，作为催收借款和还款时的依据。

四、借款的归还

（一）职工出差返回及零星采购结束后，必须及时到财务部门办理报销手续，并结清欠款。

（二）会计人员应根据借款申请严格审核报销凭单，对不符合借款申请用途的票据不予报销，一切后果由责任人承担。

（三）职工借款的归还期限如下：

1. 出差借款自最后一天的住宿日期或回公司所在地的车船票日期算起，在十日内，到财务部门办理报销及还款手续；

2. 零星采购以购货发票日期为准，在十日内，到财务部门办理报销及还款手续。

（四）职工借款的归还实行逐笔结清的办法，已发生借款尚未结清者，一律不准再发生新的借款。具体还款程序如下：

1. 借款人将手续齐全的现金报销单据交财务部门，由稽核员审核无误后交现金出纳办理现金付讫手续；

2. 借款人足额归还借款时，出纳员将现金清点无误与借款单存根核对相符后，开具现金收讫凭证作为借款人归还借款的依据。同时，将借款单存根和现金收据一并交借款人存查。

（五）实行备用金制度的，借款人报销时，由财务部门付讫现金，借款滚动使用。借款人调离原部门后，应立即归还所借的备用金。

五、借款违章的处罚

职工借款后，不按本制度规定办理还款手续的，一律视为挪用公款，并按以下办法给予处罚：

（一）超过购货发票日期及超过最后一天住宿日期或回本地车船票日期十天，未还清借款的，从第十一天开始，按日计收1‰的罚息。由财务部门出具收据，从借款人工资或报销的费用中扣回。罚息计算公式如下：

罚息数额＝借款金额×1‰×超期天数

（二）职工出差回本地后超过一个月未到财务部门办理结算手续的，除执行罚款外，取消其享受出差补助费的资格。

六、附则

（一）本制度由财务部制定、解释和修改。

（二）本制度自颁布之日起施行。

现金借款单存根

工作部门	
借款人	
借款金额（元）	
开支项目：	
1. 车船费	
2. 住宿补助	
3. 其他	

借款人		预计还款日期	年　月　日
借款事由			
借款金额	人民币（大写）		¥______
财务负责人审批		分管总经理批示	部门负责人意见
备注：老借款未清者，一律不准发生新借款			借款人签章

预计还款日期　　　年　月　日　忠告：借款人必须按规定期限归还借款，超期按日计收1‰的罚息。

［案例三］

用公司的盈余公积转增资本的涉税处理

张某是江苏省南京市吉祥机械制造有限责任公司老总，同时张某亦是该公司三个自然人股东之一。2008年初，张某准备参加一个投标项目，但因企业的注册资本不够，企业需增资1 000万元才有资格参加招标。张某决定在正式投标之前增加自己的注册资本1 000万元。张某及其他两位股东一时拿不出1 000万元的现金出资，某会计师事务所建议张某用公司的盈余公积1 000万元转增资本。

根据《关于转增注册资本征收个人所得税问题的批复》（国税函〔1998〕333号）规定："《关于青岛路邦石油化工有限公司公积金转增资本缴纳个人所得税问题的请示（青地税四字〔1998〕12号）收悉，经研究，现批复如下：青岛路邦石油化工有限公司将从税后利润中提取的法定公积金和任意公积金转增注册资本，实际上是该公司将盈余公积金向股东分配了股息、红利，股东再以分得的股息、红利增加注册资本。因此，依据《国家税务总局关于股份制企业转增股本和派发红股征免个人所得税的通知》（国税发〔1997〕198号）精神，对属于个人股东分得并再投入公司（转增注册资本）的部分应按照'利息、股息、红利所得'项目征收个人所得税，税款由股份有限公司在有关部门批准增资、公司股东会决议通过后代扣代缴。"自然人股东需缴纳200万元的个税款。

为节约个税款200万元，给出了纳税筹划方案：

由股东张某及其他两位股东各自按投资比例借款，总金额为1 000万元，后再由股东向公司现金增资即可。

股东现金借款，不属于个人所得税征税范围，没有个税问题。

纳税筹划效果：节约个税200万元。

（二）思考题

结合以上三个案例，请思考案例一中的以下问题：

1. 该制度从形式和内容方面考察有何缺陷？
2. 员工借款涉及哪些税收及相关法律问题？
3. 如让你来修改完善，你会增加哪些内容？

（三）案例分析与评论

1. 制度的形式和内容方面缺陷分析

我们通过以上案例二比较分析加以回答。

[评论] 案例二《职工借款管理制度》至少有三大特点：一是章法结构清晰合理，逻辑性强；二是制度严谨、规范、精细，如还款期限规定出差借款自最后一天的住宿日期或回公司所在地的车船票日期算起，在十日内，到财务部门办理报销及还款手续；三是设定了“管制度的制度”条款，如借款违章的处罚规定：职工出差回本地后超过一个月未到财务部门办理结算手续的，除执行罚款外，取消其享受出差补助费的资格。

2. 员工借款涉及哪些税收及相关法律问题分析

我们通过案例三——股东借款涉及税法、工商法规、银行法规及刑法的问题加以分析。

（1）涉税风险分析：

1）个人所得税：根据《关于规范个人投资者个人所得税征收管理的通知》（财税〔2003〕158号）第二条规定：“关于个人投资者从其投资的企业（个人独资企业、合伙企业除外）借款长期不还的处理问题。纳税年度内个人投资者从其投资企业（个人独资企业、合伙企业除外）借款，在该纳税年度终了后既不归还，又未用于企业生产经营的，其未归还的借款可视为企业对个人投资者的红利分配，依照‘利息、股息、红利所得’项目计征个人所得税。”可知：上述三位股东在2008年12月31日不能归还借款的情况下，仍需负担200万元的个税款。

2）印花税：根据印花税的相关文件，借款合同双方按借款金额的十万分之五的税率缴纳印花税。双方税负和为1 000万元×2×0.000 05＝1 000元。（注意：印花税采取正列举，无列举不征税，民间借贷不属正列举不征税）。

3）营业税：根据《税收征收管理法》（2001年第九届全国人民代表大会常务委员会第二十一次会议修订）第三十五条第六款“纳税人申报的计税依据明显偏低，又无正当理由的，税务机关有权核定其应纳税额”的规定可知，公司应该按正常情况收取利息。若不收取利息或收取的利息明显偏低的，主管税务机关有权核定征收。

依据《关于财政资金增值收入征收营业税问题的批复》（国税函〔2001〕1007号）第一条：“根据《国家税务总局关于印发〈营业税问题解答（之一）的通知〉》（国税函发〔1995〕156号）第十条的规定，不论金融机构还是其他单位，只要是发生将资金贷与他人使用的行为，均应视为发生贷款行为，按‘金融保险业’税目征收营业税。因此，对投资公司将财政资金贷与他人使用而取得的贷款利息收入，应按规定征收营业税。”可知，公司借出款项所收取的利息应该征收营业税。如果借款利率为8%，企业每年应纳营业税及附加为1 000×8%×5.5%=4.4（万元）。

4）企业所得税：根据《企业所得税法》第四十一条：企业与其关联方之间的业务往来，不符合独立交易原则而减少企业或者其关联方应纳税收入或者所得额的，税务机关有权按照合理方法调整。《企业所得税法实施条例》第一百零九条规定："企业所得税法第四十一条所称关联方，是指与企业有下列关联关系之一的企业、其他组织或者个人。"由此可知：新企业所得税法将个人与公司之间的特别关系亦纳入到关联方的范围。

企业每年增加的应纳企业所得税=(1 000×8%－4.4－0.1)×25%=18.875(万元)

总税负=200+4.4+0.1+18.6=223.375(万元)

(2) 涉及工商行政处罚：

根据《国家工商行政管理总局关于股东借款是否属于抽逃出资行为问题的答复》（工商企字〔2002〕第180号）规定："依照《公司法》的有关规定，公司享有股东投资形成的全部法人财产权。股东以出资方式将有关财产投入到公司后，该财产的所有权发生转移，成为公司的财产，公司依法对其财产享有占有、使用、收益和处分的权利。公司借款给股东，是公司依法享有其财产所有权的体现，股东与公司之间的这种关系属于借贷关系，合法的借贷关系受法律保护，公司对合法借出的资金依法享有相应的债权，借款的股东依法承担相应的债务。因此，在没有充分证据的情况下，仅凭股东向公司借款就认定为股东抽逃出资缺乏法律依据。如果在借款活动中违反了有关金融管理、财务制度等规定，应由有关部门予以查处。"根据《国家工商行政管理总局关于山东省大同宏业投资有限公司是否构成抽逃出资行为问题的答复》（工商企字〔2003〕第63号）第一条："借、贷业务是金融行为，依法只有金融机构可以经营。工商企字〔2002〕第180号文所指股东与公司之间合法借贷关系，是以出借方必须是银行或非银行金融机构（如信托投资公司或财务公司）为前提的。非金融机构的一般企业借贷自有资金只能委托金融机构进行，否则，就是违法借贷行为。非金融机构的股东与公司之间如以借贷为名，抽逃出资，可依法查处。"第二条："公司以自有资产进行投资，并以投资作为主要经营业务。接受委托并以委托人名义，以委托人资产进行的投资属于信托投资的范畴。从事信托业务应经人民银行或证监会批准，未经批准、未经登记注册，不得以各种形式从事信托活动。在其股东未取得信托投资经营范围的情况下，公司以委托其股东从事投资业务的名义，将股东的出资全额划入股东账户，此种行为可以认定为变相抽逃出资行为。”

由上述规定可知：张某及其他两位股东从非金融企业借款，此种行为可以认定为变相抽逃出资行为。按《公司法》第二百零一条规定：“公司的发起人、股东在公司成立后，抽逃其出资的，由公司登记机关责令改正，处以所抽逃出资金额百分之五以上百分之十五以下的罚款。”张某及其他两位股东可能被工商处以 50 万元至 150 万元的罚款。

（3）违反金融法规定：

根据《贷款通则》（中国人民银行令 1996 年 2 号）第五章第二十一条规定：“贷款人必须经中国人民银行批准经营贷款业务，持有中国人民银行颁发的《金融机构法人许可证》或《金融机构营业许可证》，并经工商行政管理部门核准登记。”和第七十三条：“行政部门、企事业单位、股份合作经济组织、供销合作社、农村合作基金会和其他基金会擅自发放贷款的；企业之间擅自办理借贷或者变相借贷的，由中国人民银行对出借方按违规收入处以 1 倍以上至 5 倍以下罚款，并由中国人民银行予以取缔。”由上述规定可知：

上述吉祥公司不具备贷款的资格，可以由中国人民银行对出借方按违规收入处以 1 倍以上至 5 倍以下罚款。

（4）涉及刑法规定及风险分析：

根据《刑法》（主席令 1997 年第 83 号）第二百七十二条规定：“公司、企业或者其他单位的工作人员，利用职务上的便利，挪用本单位资金归个人使用或者借贷给他人，数额较大、超过三个月未还的，或者虽未超过三个月，但数额较大、进行营利活动的，或者进行非法活动的，处三年以下有期徒刑或者拘役；挪用本单位资金数额巨大的，或者数额较大不退还的，处三年以上十年以下有期徒刑。”《关于办理违反公司法受贿、侵出、挪用等刑事案件适用法律若干问题的解释》规定：“挪用本单位资金一万元至三万元以上的，为数额较大。”以及《最高人民法院关于如何理解刑法第二百七十二条规定的“挪用本单位资金归个人使用或者借贷给他人”问题的批复》（最高人民法院审判委员会第 1121 次会议）规定：“公司、企业或者其他单位的非国家工作人员，利用职务上的便利，挪用本单位资金归本人或者其他自然人使用，或者挪用人以个人名义将所挪用的资金借给其他自然人和单位，构成犯罪的，应当依照刑法第二百七十二条第一款的规定定罪处罚。”

由上述规定可知，该公司三位股东挪用本单位资金归个人使用，数额较大、超过三个月未还的，数额较大、进行营利活动或非法活动的，会受到刑事处罚，处三年以上十年以下有期徒刑。

综合上述规定可知：企业借款给股东，无论从税法还是工商管理和金融法规的角度，甚至是刑法的角度，都有重大的风险，企业很可能要承担行政责任和刑事责任。因此企业必须在经营过程中遵纪守法，避免不必要的风险，其根本对策就是要加强涉税制度的建设。

（四）制度完善修订分析

从以上分析可知，涉税制度设计是一个复杂、高难度的系统工程。尽管案例二所示的《职工借款管理制度》是一个较为完善的财务制度，但从税收管控角度分析它仍然存在欠缺。企业应从以下三方面加以完善：一是制度的表达方式上应尽可能的流程化、表格化；二是财务制度要充分考虑税收因素，嵌入税收元素；三是制度不仅要规定该怎么做，不该怎么做，还应尽可能考虑违反规定处罚条款。

二 流程图案例

［案例］

备用金借款流程

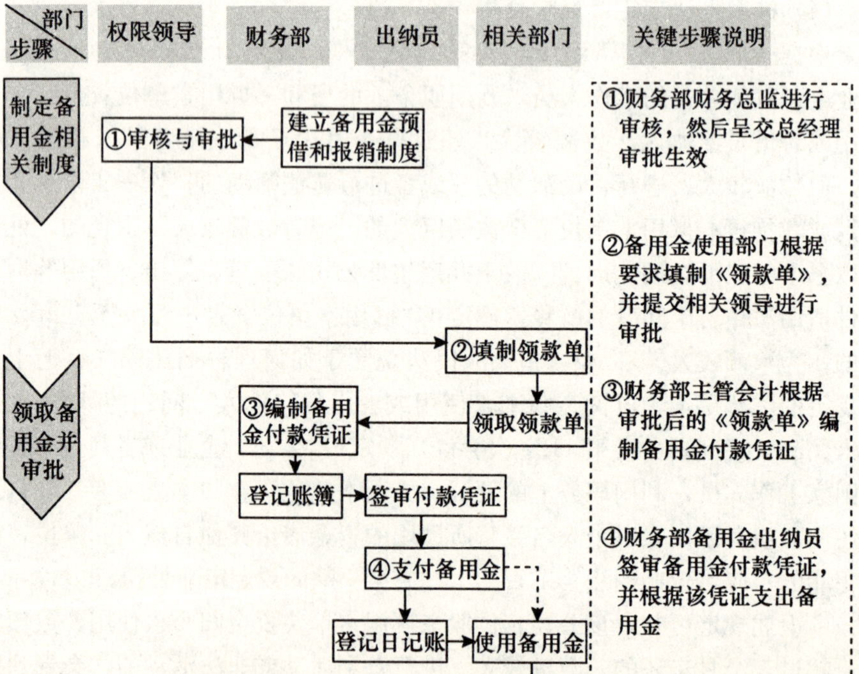

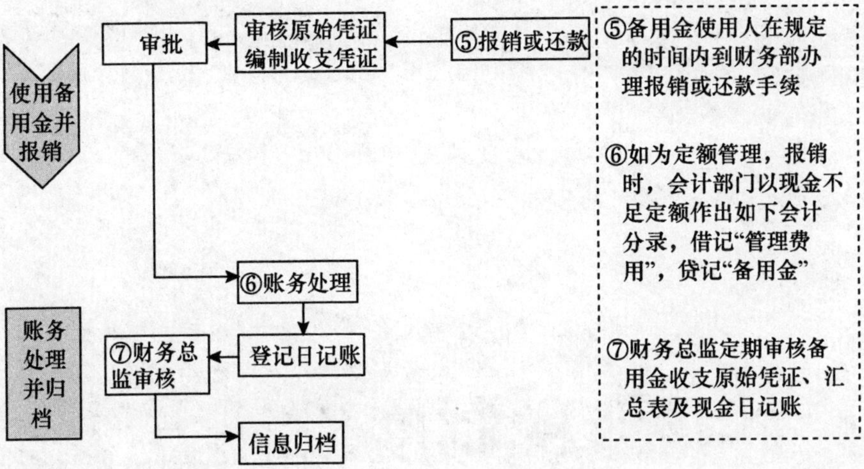
使用备用金并报销
审批
审核原始凭证
编制收支凭证
⑤报销或还款
⑤备用金使用人在规定的时间内到财务部办理报销或还款手续
⑥如为定额管理，报销时，会计部门以现金不足定额作出如下会计分录，借记“管理费用”，贷记“备用金”
⑥账务处理
账务处理并归档
⑦财务总监审核
登记日记账
⑦财务总监定期审核备用金收支原始凭证、汇总表及现金日记账
信息归档

第二章
企业涉税制度设计方法

本章讲述企业涉税制度设计主要方法，包括税收负担度量与纳税测算法、税收策划法、税收元素嵌入法、财务指标和比率预警法等，通过若干代表性的典型示例，进一步阐述涉税制度设计方法的具体应用内容和注意事项。

第一节
税收负担度量与纳税测算法

在美国财经杂志《福布斯》公布的税负排行榜上，中国人的“税负痛苦指数”2005年与2009年间两度在全世界排名第二，仅次于法国。企业在一定时期实现的财务成果是一定的，国家多收，企业就少得；企业多留，则国家就少拿。企业降低税负是纳税人永恒的诉求。

自税务机关实施纳税评估以来，税负率成了财务人员最熟悉的词汇，税务机关经常会对企业提出税负率的质疑，税负率与企业纳税之间有什么关系？企业的税负率处于什么水平才是合理的？如何正确评价分析企业的税负率？税收负担度量与测算就成为涉税制度设计的一种主要方法。本章以大量的案例和统计数据，为企业财务人员掌握税负率的评估和分析方法提供辅导与培训。

一 税负率的内涵及企业税负的计算方法

（一）税负率的内涵

税收负担，简称“税负”，是指国家通过法律规定要求纳税人承担的税款数额。它是纳税人因履行纳税义务而承受的一种经济负担。一般表明纳税人或征税对象对于国家课税的承受状况，反映国家和纳税人在社会资源或财富分配上量的关系。国家征税的多少决定纳税人对社会资源或财富占有的份额。用相对数表示，是税额占税基数量的比重，即税收负担率。用绝对数表示，是税收负担额。从不同的考虑角度和层次看，税收负担分为社会总税负和纳税人个别税负；名义税负和实际税负；直接税负和间接税负等。税收负担具体体现国家的税收政策，是税收的核心和灵魂，它直接关系着社会利益的分配格局，是发挥税收经济杠杆作用的着力点。国家征税多，纳税人占有和支配的就少；国家征税少，纳税人占有和支配的就多。这“一多一少”表示国家收入的多少和人民负担的轻重，它是几千年来未能解决的税收矛盾，是国家和人民最为关心的问题。税收负担是税收制度的核心，在社会主义现代化建设的今天，它仍然是我们需要研究和解决的重要课题。

（二）企业税负的计算方法

企业税负是指税收与税基的比例关系。

如：

$$增值税税收负担率=\frac{本期累计应纳税额}{本期累计应税销售额}\times 100\%$$

企业所得税税收负担率＝应纳所得税额÷利润总额×100％

$$\frac{资源税}{税收负担率}=\frac{应纳}{税额}\div\frac{主营业务收入}{（产品销售收入）}\times 100\%$$

印花税税收负担率＝应纳税额÷计税收入×100％

分析企业税负的高低通常有两种比较方法。一是与历史同期比较；二是与同行业比较。

用公式表示如下：

$$税负差异率=\frac{税收负担率-行业平均税负率(或上年同期税负率)}{行业平均税负率(或上年同期税负率)}\times 100\%$$

无论是与历史同期比较，还是与同行业比较，应当注意剔除不可比因素。通过税负比较，分析税负增减变化的原因，采取有效措施，加强税收风险管理。

［示例一］ 甲企业百万元销售收入纳税5万元，税负5％；乙企业百万元销售收入纳税4万元，税负4％；丙企业百万元销售收入纳税3万元，税负3％。现在三个企业各缴纳了1万元的税款，问平均税负是多少？

$$\overline{X}=\frac{n}{\sum\frac{1}{X}}\times 100\%=\frac{3}{\frac{1}{5\%}+\frac{1}{4\%}+\frac{1}{3\%}}\times 100\%=\frac{3}{78.3}\times 100\%$$

$$=3.8\%$$

分子3代表三万元税款，分母78.3代表三个企业的总销售收入78.3万元，三个企业平均销售收入税收负担率为3.8％。

［示例二］ 明晰广告公司将其位于市中心的一套原值为150 000元的门面房出租给五鑫公司，按照协议规定，年租金收入30 000元。按照现行税法规定，明晰广告公司的税率将高达27.68％。计算过程如下：

(1) 应纳营业税＝30 000×5％＝1 500（元）

（2）应纳城市维护建设税及教育费附加＝1 500×（7%＋3%）＝150（元）

（3）应纳印花税＝30 000×0.1%＝30（元）

（4）应纳房产税＝30 000×12%＝3 600（元）

（5）应纳企业所得税＝[30 000－（1 500＋150＋30＋3 600）]×25%
＝6 180（元）

（6）应纳税总额＝1 500＋150＋30＋3 600＋6 180＝11 460（元）

（7）实际税后收益＝30 000－11 460＝18 540（元）

（8）税负率＝18 540/30 000×100%＝38.2%

通过计算，不难看出，出租房屋不仅缴纳的税种多，而且税赋率也高得惊人。那么，明晰广告公司应当如何筹划才能降低税负呢？（请见本节因素分析）

[示例三] 某企业6月批了暂认定为一般纳税人，现在正在申请三个行政许可，要求提供一份全年增值税税负率资料。该企业每月的产值是97万元，全年为1 164万元。假定实现销售收入占全部产量即产值的90%，主要原材料占现价商品产值或销售收入的比率假定为80%，耗用的这些主要原材料都是当前购进的，都取得了进项税发票。假设消耗的辅助材料、低值易耗品、水电费、运费等直接取得进项税额5元。请计算增值税税负率为多少？

答：（1）每月的产值为97万元，全年为1 164万元。产值尤其是现价产值是指工业企业在一定时期内（月、季、年）生产的产品用货币表示的价值总量。在现行制度下，这些产品有三个去处：一是当月实现的销售，指开发票实现的销售收入；二是在托收承付结算方式下的发出商品；三是库存商品。假定实现销售收入占全部产量即产值的90%，即销售收入为1 048万元（1 164×90%），销项税额为152.3万元（1 048÷1.17×17%）。

（2）主要原材料占现价商品产值或销售收入的比率假定为80%，耗用的这些主要原材料都是当前购进的，都取得了进项专业发票。所以主要原材料消耗为838万元（1 048×80%），进项税额为121.8万元（838/1.17×17%）。

（3）假设消耗的辅助材料、低值易耗品、水电费、运费等直接取得进项税额5元。

（4）应交增值税＝152.3－121.8－5＝25.5（万元）。

（5）增值税税负＝25.5/1 048×100%＝2.43%。

二、税负估算的数理方法

下面介绍评价税负率的不同模型与方法。

（一）税负率分析模型

1. 企业与行业税负率模型

$$税负率=\frac{\sum 当期应纳税额}{\sum 当期按适用税率征税货物与劳务销售额}\times 100\%$$

主体指标，主要包括应税销售收入、应纳税额等指标。辅助指标，主要包括免抵退办法出口货物销售额、免抵退货物应免抵额、免抵退货物应退税额、销项税额、进项税额、进项税额转出、期初留抵税额、期末留抵税额、各类进项抵扣税额结构情况等指标。财务指标，主要包括期初、期末存货等指标。

例如，造纸行业主体指标是用来衡量企业税负率与造纸及纸制品行业大类、小类税负率及其差异情况，辅助指标是用来衡量税收政策和构成税负的各项要素变动对企业税负的影响程度，财务指标用来衡量企业税负变动的内在财务因素。

对税负疑点企业进行深入分析。通过辅助指标和财务指标进一步分析税负疑点的具体特征，确定疑点方向。对涉及进项税额的疑点问题，针对造纸行业“农产品收购凭证与普通发票、废旧物资发票、运费发票、海关完税凭证”等“四小票”用量较大的实际情况，依托票表比对系统、增值税其他抵扣凭证审核检查系统，深入查证有无虚开、虚抵“四小票”问题；对涉及销项税额的疑点问题，应侧重查证有无账外经营、瞒报、迟报计税销售额、混淆征免界限等问题。

2. 税负率与增值率分析模型

（1）税负率与增值率模型

$$税负率=\frac{\begin{matrix}当期\\销售额\end{matrix}\times\begin{matrix}销项\\平均税率\end{matrix}-\begin{matrix}当期进项抵扣\\项目金额\end{matrix}\times\begin{matrix}进项\\平均税率\end{matrix}}{当期销售额}\times 100\%$$

$$=\begin{matrix}销项\\平均税率\end{matrix}-\begin{matrix}进项\\平均税率\end{matrix}\times\frac{当期进项抵扣项目金额}{当期销售额}\times 100\%$$

$$=销项平均税率-进项平均税率\times(1-销售增值率)$$

$$=\left(\begin{matrix}销项\\平均税率\end{matrix}-\begin{matrix}进项\\平均税率\end{matrix}\right)+\begin{matrix}进项\\平均税率\end{matrix}\times\begin{matrix}销售\\增值率\end{matrix}$$

① $销项平均税率=\frac{\sum(当期销售额\times销项税率)}{\sum当期销售额}\times100\%$

② $进项平均税率=\frac{\sum(当期进项抵扣项目金额\times进项税率)}{\sum当期进项抵扣项目金额}\times100\%$

③ $销售增值率=\frac{当期销售增值额}{当期销售额}\times100\%$

$$\begin{matrix}销售\\增值额\end{matrix}=\begin{matrix}当期\\销售额\end{matrix}-\begin{matrix}当期进项\\抵扣项目金额\end{matrix}+\sum存货增减额\times\begin{matrix}存货成本抵扣\\项目比率\end{matrix}$$

$$\begin{matrix}销售\\增值额\end{matrix}=\begin{matrix}当期\\销售额\end{matrix}-\begin{matrix}当期进项抵扣项目金额\alpha\\（理论值，适用于当期进销完全平衡状态）\end{matrix}$$

或：

$$\begin{matrix}销售\\增值额\end{matrix}=增加值（工资+折旧+税金+营业利润）+\begin{matrix}其他非进项抵扣\\项目费用金额\end{matrix}$$

$$存货成本抵扣项目比率=\frac{某类存货成本包含的抵扣项目金额}{该类存货成本总额}\times100\%$$

$$\begin{matrix}存货增减额\\影响税负率\end{matrix}=\frac{\sum存货增减额\times存货成本抵扣项目比率\times进项税率}{当期销售额}$$

分析造纸行业税负率的特征。通过对税负率计算公式进行相对数换算，可以直观地看到影响税负率的因素，主要有销项税率、进项税率、销售增值率等因素。一般纳税人增值税税负率与销售增值率成正比例关系；销项税率与进项税率的差异情况也直接制约着税负率水平。造纸行业税负率的规律性特征，在于进项平均税率低于销项税率，形成政策性较高税负。造纸及纸制品业在未兼营其他产品的情况下，其销项税率为17%的单一税率；但进项税率比较复杂，主要有增值税专用发票与海关完税凭证的17%、13%税率，农产品14.94%税率（由含税税率13%换算），废旧物资发票11.11%税率，（由含税税率10%换算），运费发票7.53%税率（由含税税率7%换算），以及少量的代开专用发票6%、4%税率（现行为3%）等。

以农产品为主要原材料的造纸企业，进项平均税率低于销项税率1个百分点左右；以废纸为主要原材料的造纸企业，进项平均税率低于销项税率3个百分点左右。加之造纸行业属于资金密集型与技术密集型行业，生产工艺比较复杂，销售增值水平较高，因此，造纸行业的税负率水平应当较高。

（二）工业增加值审计模型

1. 应纳税额与工业增加值弹性模型

$$应纳税额与工业增加值弹性系数=\frac{应纳税额增长率}{工业增加值增长率}$$

$$应纳税额增长率=\frac{当期应纳税额-基期应纳税额}{基期应纳税额}\times100\%$$

$$工业增加值增长率=\frac{当期工业增加值-基期工业增加值}{基期工业增加值}\times100\%$$

其中：工业增加值是指工资、利润、折旧、税金的合计。一般情况下，应纳税额与工业增加值弹性系数为1；对弹性系数<1的，可根据造纸行业一定时期的发展状况，确定一定区间作为预警值。弹性系数小于预警值，则企业可能有少缴税金的问题。应通过其他相关纳税指标与方法，并结合纳税人生产经营的实际情况进一步分析，对其申报真实性进行审计。

2. 工业增加值税负模型

$$工业增加值税负差异率=\frac{本企业工业增加值税负}{同行业工业增加值税负}\times100\%$$

其中：

本企业工业增加值税负＝本企业应纳税额÷本企业工业增加值

同行业工业增加值税负＝同行业应纳税额总额÷同行业工业增加值

应用该指标分析本企业工业增加值税负与同行业工业增加值税负的差异，如低于同行业工业增加值平均税负，则企业可能存在隐瞒收入、少缴税款等问题，应结合其他相关指标和方法进一步分析，对其申报真实性进行审查。

二 企业税收负担率的测算分析

（一）企业税收负担率的测算分析

$$税负率差异幅度=\left[企业税负率-\frac{本地区同行业平均税负率}{（或上年同期税负率）}\right]\div\frac{本地区同行业平均税负率}{（或上年同期税负率）}\times100\%$$

将测算的企业税负率与上年同期、同行业平均税负率相比，如税负率差异幅度低于±30%，则该企业申报异常。

（二）企业销售额变动率的测算分析

$$\text{当月应税销售额变动率}=\left(\text{当月应税销售额}-\text{上月应税销售额}\right)\div\text{上月应税销售额}\times100\%$$

$$\text{累计应税销售额变动率}=\left(\text{本期累计应税销售额}-\text{上年同期应税销售额}\right)\div\text{上年同期应税销售额}\times100\%$$

累计应税销售额变动率或当月应税销售额变动率超过50%或低于－50%，应将应税销售额和应纳税额进行配比分析，以确定该企业申报是否异常。

（三）企业销售成本变动率与销售额变动率的配比分析

$$\text{销售成本变动率}=\left(\text{本期累计销售成本}-\text{上年同期累计销售成本}\right)\div\text{上年同期累计销售成本}\times100\%$$

$$\text{销售额变动率}=\left(\text{本期累计销售额}-\text{上年同期累计销售额}\right)\div\text{上年同期累计销售额}\times100\%$$

$$\text{企业销售成本变动率与销售额变动率的差异额}=\text{销售成本变动率}-\text{销售额变动率}$$

如果企业销售成本变动率与销售额变动率的差异幅度超过各地设定的正常峰值，该企业申报异常。

（四）企业零负申报异常情况分析（考虑留抵税额增长比例）

（五）进项税额构成比例分析

$$\text{进项税额构成比例}=\text{当期非增值税专用发票抵扣凭证抵扣进项税额}\div\text{当期抵扣的全部进项税额}\times100\%$$

利用上述公式测算的结果如果连续两个月大于60%（特殊行业除外），该企业申报异常。

（六）增值税专用发票开具金额变化分析

$$\text{专用发票开具金额变动率}=\text{当期申报的专用发票开具金额}\div\text{上期申报的专用发票开具金额}\times100\%$$

利用上述公式测算的结果如果大于1.5或小于0.5，该企业申报异常。

对小规模纳税人来说，税负率就是征收率：3%；而对一般纳税人来说，由于可以抵扣进项税额，税负率就不是17%或13%，而是远远低于该比例，具体计算：

税负率＝当期应纳增值税÷当期应税销售收入×100%

当期应纳增值税＝当期销项税额－实际抵扣进项税额

实际抵扣进项税额＝期初留抵进项税额＋本期进项税额－进项转出－出口退税－期末留抵进项税额

注：(1) 对实行“免抵退”的生产企业而言，应纳增值税包括了出口抵减内销产品应纳税额。

(2) 通常情况下，当期应纳增值税＝应纳增值税明细账“转出未交增值税”累计数＋“出口抵减内销产品应纳税额”累计数。

为了便于理解，必须将税负率的计算公式进行一下转化，主要针对当期实际入库增值税税款的变化：

销售成本＝本期存货增加＋期初库存－期末库存

本期存货增加＝销售成本－(期初库存－期末库存)

本期实际纳税＝销项税额－进项税额

＝本期销项－本期进项－上期留抵

＝本期销售收入×17%－本期存货增加×17%－杂项抵扣－上期留抵

＝本期销售收入×17%－[销售成本－(期初库存－期末库存)]×17%－杂项抵扣－上期留抵

＝本期销售毛利×17%＋(期初库存－期末库存)×17%－杂项抵扣－上期留抵

其中杂项抵扣主要指运费抵扣、低值易耗品抵扣、劳保用品抵扣等，评估过程中，企业面对的问题一般都会是税负率差异这个结论，特别是税负率低，如何来理解呢?

1. 税负异常是必然的

由于目前税负率同比同行业税负率是通过采集全国重点税源户管理系统的数据采集而来的，同时由于采集计算需要一个时间过程，所以在时间上有一定的滞后，由于对比的企业在行业的地位和时间滞后，所以比较有一定的狭隘性，结合企业在市场的地位、企业经营的规模、产品差异性等情况的存在，各企业存在天然的税负差异性，即税负率差异是必然的。同时，由于市场会出现波动，所以税负率在周期上有一定的波折，也就是税负存在周期性的变化。

2. 税负正确的基础是会计核算正确

税负计算依据会计资料，由于借贷记账方法的核算优势，企业的税负计算都是正确的，除非其会计核算错误，税负低的情况通过检查会计资料便能够找到理由。

通过上面的分析我们得出结论，纯粹的税负率比较低都是正常的，是不是税负率一点用处没有呢？如果仅靠税负率的评价，确实无法进行认定，有效的纳税评估必须结合企业的其他资料，如会计核算资料进行判断。这里又提到了税负率的计算基础，即会计核算资料，所以会计核算资料的正确性，成为泄露天机的重要突破口。

通过一定的模式、分析方法，可以对企业真实的经营情况进行认定，从而对税负低的背后的真实经营情况有一定的判断，由于评估的职能局限性，一般主要从以下两个方面进行：

一方面，通过对包括会计报表，审计报告等会计报告资料分析；另一方面，税务人员会结合询问，采用倒算的模式对企业的纳税情况进行判断，即以支定收的模式，比如从不涉及抵扣支出项目出发，包括房租、人员工资、招待费用等，这些项目必须以毛利进行补偿，而毛利直接关系到当期税收。

通过上面的分析，企业如果要真正面对纳税评估对税负的评价，必须加强会计核算，人为地税负率控制反而欲盖弥彰。

四 影响税收负担的因素分析

从政府征税的角度考量，即宏观税负，影响宏观税收负担的因素主要有三类：

一是经济因素。包括社会经济发展水平，如生产规模、增长速度、经济效益与人均国民收入等；国家与企业的分配体制；国家的财政政策和收支状况等。

二是税制因素。包括税率的高低、计税依据的确定、减税与免税、加成与加倍征收等规定。

三是其他因素。包括征收管理水平、纳税人的守法程度等。

税收负担最终取决于国家需要的财政资金数量与经济发展水平所决定的承受能力。

从企业的角度考量，即微观税负，微观税收负担则是针对某纳税人、某税种，或者某项业务的应纳税收与其税基的比例关系。影响微观税收负担的因素主要有四个：经营状况、税收政策、纳税遵从、税收筹划等。

可以看出，一家企业的税收负担受到产品结构、管理效益、税收政策和纳税遵从等较多因素的影响。对企业而言，经营者关心的是整体税负，因为企业整体税负与企业盈利此消彼长。马克思把商品价值构成用公式表示为：$W=C+V+M$。在这个公式中，W 代表商品（或产品）的价值；C 代表生产过程中消耗掉的各种生产资料的转移价值（包括原材料、辅助材料、燃料等劳动对象以及厂房机器设备等劳动手段磨损部分的价值，也就是物化劳动的转移价值）；V 代表劳动者为个人需要所创造的必要产品的价值（相当于以工资形式支付给劳动者的劳动报酬），也就是生产过程中或劳动耗费所创造的价值；M 代表劳动者为社会需要所创造的价值，也就是社会纯收入，或企业盈利。这个公式在企业家看来是不适用的，起码对微观企业不适用，因为他忽略了国家税收和股东投入资本承担风险的必要回报。如果 C 代表与本期收入相关的物耗、水电费、利息等；V 代表向本企业职工以及其他单位或个人提供劳务、技术支付的报酬；T 代表本期应纳的各项税收；W 代表公司提供商品或劳务的含税价格；M 表示企业的税后利润（股东权益）。不考虑企业的其他利得（投资收益、营业外收入），调整后的公式如下：$W=C+V+T+M$，商品的价格（W）是受市场供求关系决定的，而 C、V、T 都是企业必须要支付的成本，因此企业的盈利（或亏损）只能由 W、C、V、T 四个因素决定，即：$M=W-(C+V+T)$。为了提高企业的盈利水平，企业应当不断加强技术研发，降低物耗，提高产品和服务质量，扩大销售网络，提高产品市场占用率；通过兼并重组，强强联合、优势互补，减少恶性竞争，实现合作共赢；通过实施品牌战略，创造终端价格（带名牌的价格）等一系列管理措施来提升企业的竞争力。

企业税收负担是经营状况、税收政策、纳税遵从、税收筹划等因素综合作用的结果，因此，企业应当通过对本企业税负与历史同期及同行业税负比较，剔除税收政策影响因素，分析税负差异的原因，进一步提高纳税遵从度，改善经营状况，优化纳税方案，使公司税负趋于合理，同时防范纳税风险。

（一）经营状况

1. 增值税税负分析

通常情况下，不同行业的增值税税负不同，例如采掘业、制药业的税负要远远高于商品零售企业；但就同行业而言，税负差异率很小。同行业税负差异率大的主要原因在于企业的管理水平不同，经营状况好的企业增值税税负率通常会高于同行业其他企业。由于“价外税”的特有属性，增值税税负高，反映了企业的毛利率也高。例如，企业通过改善生产工艺，提高产品合格率，就会减少原材料、燃料、动力能耗，生产同样数量的产品，发生的进项税额和耗用的原材料就会降低；同样，受品牌效应影响，产品的价格会高于市场同类产品，与同行相比，销售同样数量的产品，其收入和销项税都会增大。例如，浙江新和成股份有限公司主营产品维生素 E（化学药品原料药）在国际市场具有绝对竞争优势，2008 年度销售收入 202 103.96 万元，而主营业务成本只有 45 383.6 万元，营业利润 156 720.36 万元，毛利率高达 77.54%，该公司当年增值税税负跃居同行业前列。此外，由于增值税采取购进扣税法，期末原材料库存与期初库存的差额如果与历史同期存在差异，必然产生税负差异率，而实现“零库存”的企业，虽然纳税时间提前，但由于减少了资金结压，可以节约更多的财务费用。

2. 消费税税负分析

由于消费税采取从价、从量或从价兼从量计征方式，因此经营状况通常只会影响消费税绝对额，并不影响税负比率。但对于用外购或委托加工的已税消费品用于连续生产应税消费品允许抵扣已纳消费税的企业来说，如果税负低于同行业，可能是产品合格率偏低所致。

3. 营业税税负分析

由于营业税的税基是指销售不动产、转让无形资产或者提供应税劳务的收入额，因此，营业税税负一般不受经营状况的影响，但对于以“差额”作为税基的企业来说，如果税负低于同行业或者历史同期水平，则意味着毛利率水平低于同行业或历史同期水平。例如，旅游企业以旅游收入扣除为旅游者支付的交通、餐饮、住宿、门票等成本作为营业税税基，如果收费低，成本高，会导致税负偏低。企业需要通过加强经营管理，提高税负，增加盈利。

4. 企业所得税税负分析

企业的经营状况对所得税税负的影响是不言而喻的。经营状况对流转税税负的影响也同时作用于企业所得税，但应考虑投资收益和营业外收支。无论是与历史同期相比，还是与同行业相比，任何利得或损失都应作为不可比因素对待。

例如，甲公司2009年度营业利润为零。甲公司持有M公司30%的股权，采用权益法核算该项投资，年末根据被投资方实现的净利润确认投资收益300万元，营业外收支为零。甲公司当年会计利润总额为300万元，但投资收益不征企业所得税，应纳税所得额为零。企业所得税税收负担率=应纳所得税额÷利润总额×100%=0，这样的税收负担率是没有意义的。甲公司在分析企业所得税税负时，应将上式中的利润总额调整为“应纳税的利润总额0”。

又如，乙公司2009年度营业利润为300万元，本年度发生公益性捐赠1 000万元，会计利润总额为−700万元。根据税法规定，亏损企业发生的公益性捐赠不得税前扣除，应纳企业所得税=300×25%=75万元。企业所得税税收负担率=应纳所得税额÷利润总额×100%=75/(−700)=−10.714%。企业应当在盈利较好的年度多捐赠，在微亏损的年度即使有再好的现金流也应控制捐赠额度，降低税收成本，增强发展的后劲，永续回报社会。

（二）税收政策直接影响企业税负

一般而言，税收政策调整会导致企业税负与历史同期相比存在差异率。比如《增值税暂行条例》规定，从2009年1月1日起，固定资产的进项税允许抵扣。这一规定使得当年购进固定资产的企业税负低于历史同期水平，又如，《关于金属矿、非金属矿采选产品增值税税率的通知》（财税〔2008〕171号）规定，从2009年1月1日起，金属矿采选产品、非金属矿采选产品增值税税率由13%恢复到17%。这一规定又使金属矿采选产品、非金属矿采选产品增值税税负高于历史同期水平。税收优惠会导致同行业税负存在较大差异。例如，同样是机械生产企业，企业所得税基本税率为25%，而高新技术企业适用企业所得税税率为15%。这一规定，使得高新技术企业所得税税负低于非高新技术企业。基于税收政策对企业税负的影响，纳税人应关注税收政策导向，争取税收优惠，降低成本。

（三）纳税遵从对税负的影响

主要表现在以下方面：

（1）我国税制复杂，且政策调整频繁，纳税人应及时关注税收政策变化，并从立法宗旨、出台背景、执行时间、新旧政策衔接、税法与会计差异等方面吃透政策精神，正确履行纳税义务，反之就会错申报、少申报，导致税负不合理。

（2）纳税管理薄弱，人为放弃权益，导致多缴税款。例如，增值税进项税额未在规定的期限内认证，导致多缴增值税；财产损失、税收优惠未按主管税务机关的要求在规定的期限内审批或备案，导致多缴企业所得税。又如，企业购买工程物资取得增值税普通发票，结余物资转售时需缴纳销项税，而进项税得不到抵扣。增值税实行“购进扣税法”，纳税人购买工程物资也应取得增值税专用发票并抵扣进项税额，按照在建工程实际领用的工程物资金额计算进项税额转出，就可以避免进项税损失。

（3）存在侥幸心理，故意偷逃税收。纳税人主观故意的偷逃税收主要是存在侥幸心理：本企业经营规模小，税务机关人手少，不会被检查；做假水平高，税务机关历次检查都未被查出；如果被检查出，找人说情，通过关系“摆平”。侥幸心理的存在，给企业埋下了巨大的税收隐患。基于纳税遵从对税负的影响，纳税人应正确认识企业安全的重要性，增强“健康长寿”的发展理念，树立企业家的责任感，不断地规范企业纳税行为，为企业做大做强夯实基础。

五 典型案例

[案例一]

计税关系与财务数据的联系

2009 年国家税务总局将《国家税务总局关于印发〈进一步加强税收征管若干具体措施〉的通知》（国税发〔2009〕114 号）作为特急文件下发，文中明确各级税务机关要进一步统一思想，坚定信心。既要看到完成全年税收收入增长预期目标的严峻形势，也要看到国民经济运行持续企稳向好，完成今年收入任务具备的有利条件。要始终坚持依法治税和优化服务，越是收入形势严峻，越要坚决贯彻组织收入原则，越要优化纳税服务，越要公平、公正、文明、规范执法。要在认真落实结构性减税政策的同时，积极采取措施堵塞收入流失的漏洞，努力做到应收尽收。要切实加强领导，对税务总局加强征管、堵漏增收相关文件落实情况抓紧进行自查，税务总局将适时组织督查。

海南省某大型企业按当地税务机关的通知要求开展自查工作，递交“无问题”结论的自查报告，半个月后国家税务总局督查小组来到海南组织督查工作，通过报表中以下一组简单的数据进行计税关系与财务数据的联系的逻辑分析，便发现企业偷逃增值税的疑点和问题。

计税关系与财务数据的联系

项目数据	金额（万元）	
增值税	775	
计税增值空间		4 558.824
折旧	300	
工资	484	
税及附加	69.7	
期间费用	1 036	
差额	2 669.124	
申报利润	513	
弥补亏损	529	

问：有这样逻辑关系的报表企业敢不敢送税务局？

答：资产＝负债＋所有者权益（实收资本＋公益金＋未分配利润）或资产＝负债＋资本＋（收入－成本－税金）。不同财务报表之间、同一财务报表不同项目之间，财务报表与纳税申报表之间都存在着方方面面的钩稽关系，企业一旦做假账，很难从报表上做到滴水不漏。税务人员通过报表反映增值税 775 万元数据除以 17%倒推计税增值空间 4 558.824 万元，而后根据[折旧＋工资＋税及附加＋(申报利润＋弥补亏损)]（工业增加值的原理）进行逻辑核对，暴露企业尚有 2 669.124 万元的差额不能自圆其说。督查小组要求企业进一步自查补税。

[案例二]

关于企业存货税金和实际税收负担率的测算

企业的存货核算正确与否不仅直接影响到企业流动资产和成本的核算，而且直接关系到增值税税收负担率的测算和企业所得税的征收。

1. 企业存货及其已抵扣进项税金的测算

所谓存货是指企业在生产经营过程中为销售或耗用而储备的各种物资。

资产负债表中的存货栏目，应反映企业期末在库、在途和正在加工中的各项存货的实际成本，包括原材料、包装物、低值易耗品、半成品、产成品、分期收款发出商品等。存货主要来自外购、自制、委托加工、接受投资、接受捐赠等途径。

在工作实践中笔者发现，企业在存货核算中经常出现的问题有：

(1) 会计科目应用错误。如企业接受外来原材料加工制造的代制品和为外单位加工修理的代修品，制造或修理完工验收入库后，应视同企业的产成品核算其收入和支出，而不能列其他科目核算。可以降价出售的不合格产品，应在产成品科目核算，只是与合格产品分开记账，但不能放在“待处理财产损溢”科目核算。对已完成销售手续，但购买方尚未提取的产成品，应作代管品处理，单独设置代管品备查簿，不放在产成品科目核算。对于实行分期收款的发出商品，因其尚未完成销售手续进行申报纳税，故仍列存货中核算。在以上诸类情况的会计处理上，常常因为认识上的误区，而导致科目应用错误，存货核算失实。

(2) 任意结转成本。有些企业为了应付税务检查或增值税一般纳税人年检，提高税收负担率，往往少转成本，虚增存货。但为了偷逃所得税，减少利润总额，或为了办理注销税务登记手续，又往往虚增成本，少列存货，甚至把存货全部转光。此类情况屡见不鲜，实属明知故犯，恶意而为。

税务机关在纳税评估、管理性检查，或者审核企业申报资料时，常用以下恒等式检验其存货正确与否：

期末存货＝期初存货＋当期增加数－当期转出数

在运用这个等式时应正确把握各项的内涵。

(1) 等式中的期初存货是由上期期末存货结转而来。该笔存货数正确与否可运用此等式采用逐月溯推法加以验证。即检验当月期初存货就是计算上月期末存货；检验上月期初存货就是计算再上月期末存货……依此类推。如有一个月出现差错，以后各月就会出现连锁差错，需要逐月加以调整。

(2) 当期增加数主要包括当期采购、接受投资、接受捐赠等。当期采购数包括取得增值税专用发票、普通发票以及未取得发票的外购材料，主要有原辅材料、包装物、低值易耗品、半成品等。企业会计准则规定，各种存货应当按取得时的实际成本核算，即包括买价、运杂费、途中合理损耗、入库前整理挑选费等。材料发出时，可视实际情况，采用先进先出法、加权平均法、移动平均法、个别计价法等方法确定其实际成本。但计价方法一经选定，年内不得随意变动，以确保其核算的连贯性、一致性。

(3)工业企业存货的流向主要有三条渠道：一是生产产品所耗用；二是其他业务收入中的原材料销售；三是损溢。因此，当期转出数应包含以下三个科目的内容：一是主营业务成本。它又包含产品销售成本中的直接材料、直接工资和制造费用，以及工业性加工成本。二是其他业务支出。该科目核算企业除产品销售以外的其他销售或者其他非工业性劳务所发生的支出。发生时，其会计分录为：借其他业务支出，贷：原材料、包装物、生产成本、应付工资等。可见，该科目直接影响到企业存货的变化，在平时清查存货时，务必引起重视。三是待处理财产损溢。企业存货当月转出数不外乎在上述三个会计科目中反映。

《增值税暂行条例》规定，增值税一般纳税人购进货物或者接受应税劳务，所支付或负担的进项税额凭有效扣税凭证准予抵扣。那么如何计算存货中已抵扣的进项税金呢？从理论上讲，存货已抵扣进项税金等于存货中的产成品、原材料、包装物、低值易耗品等已抵扣进项税金之和。但是，由于企业存货的种类较多，购进时间有先有后，购进情况又不尽相同，有的开专用发票，有的开普通发票，还有少数不开发票的，因而有的有进项抵扣，有的则没有。要准确剥离划分既麻烦又难操作，我们推导出以下计算公式，比较简便科学，税企双方都能接受。

$$\text{期末存货已抵扣额}=\text{期末存货}\times\frac{\text{期末已抵扣进项税额}}{\text{期末实际增加总额}} \quad (A)$$

公式(A)中的期末实际增加总额含实际采购、接受投资、捐赠等。它既包括准予抵扣进项税额的，也包括不予抵扣或没有进项税的货物。用这种加权平均法计算存货已抵扣进项税额，既方便又合理。

2. 增值税实际税收负担率的测算

实际税收负担率是进行纳税评估和税收稽查的一个重要参数。我们发现，不少人把某个时间或区间的应交税金与销售额之比当作税收负担率，这是不正确的。因为按上述方法求得的百分数是征收率，而不是实际税收负担率。测算实际税收负担率必然牵涉到存货中已抵扣的进项税金，因为现行《增值税暂行条例》规定，外购货物的进项税金允许一次性抵扣，而外购货物往往一部分已用于销售的产品中，一部分仍在存货中。测算某个时间区间的实际税收负担率应考虑在这一时间区间已作销售的产品的进项税金，而不是进项税金总额。如果我们把时间区间定为一个纳税年度，且没有原材料销售和非正常损失，则该年度的实际税收负担率可以通过下列公式测算：

年均实际税收负担率

$$=\frac{\text{年销项税额}-\text{年销售货物已抵扣进项税金}}{\text{年销售总额}}\times 100\%$$

$$=\frac{\text{年销项税额}-\left(\text{年进项税总额}-\begin{array}{c}\text{年末存货已}\\\text{抵扣进项税额}\end{array}\right)}{\text{年销售总额}}\times 100\% \qquad \text{(B)}$$

$$=\frac{\text{年应交税额}+\text{年末存货已抵扣进项税额}}{\text{年销售总额}}\times 100\%$$

根据公式（B）可以得出以下两个结论：

（1）企业实际税收负担率与销售额、应交税金和存货这三个参数密切相关。现以某工业企业为例，该企业为增值税一般纳税人，2003 年度销售总额为 1 200 万元，应交增值税 42 万元，年末存货 120 万元，当年外购材料总额 1 000 万元，已抵扣进项税金 150 万元，试求该企业 2003 年度实际税收负担率。

先根据公式（A）求年末存货已抵扣进项税金：

$$120\times\frac{150}{1\,000}=18(\text{万元})$$

再根据公式（B）求年实际税收负担率：

$$\frac{42+18}{1\,200}\times 100\%=5\%$$

（2）实际税收负担率是一个动态概念，它随着三个参数的变动而变动。就一个企业而言，在一个纳税年度内各月的税收负担率是不尽相同的。仍以该工业企业为例，经测算 2003 年度逐月税收负担率列表如下：

月份	1	2	3	4	5	6	7	8	9	10	11	12	年均
税收负担率%	2.5	2.9	4.0	3.8	4.5	5.1	5.5	5.6	6.1	6.3	6.8	6.0	5.0

3. 所得税类

（1）企业所得税税负分析；（2）个人所得税代扣代缴税额数量分析。

在经济生活中存在这样一种现象，即纳税义务人并不是税收负担者，纳税人可以通过种种方式来转移税收负担。所谓税负转嫁就是纳税人不实际负担政府课于他们的税收，而通过购入或卖出产品价格的变动，将全部或部分税收转移给他人承担的过程。税负归宿是税收转嫁过程的终点，是指税收负担者无法将其负担再转嫁到其他人身上，而最后由自己来负担的状况。税负归宿理论描述了税收负担的最终分布，研究谁承担了税收的最终负担。

4. 其他税种类

（1）房产税；（2）土地增值税；（3）土地使用税。

[案例三]

房地产税负及税收分析

问：假设某房地产项目开发成本为每平方米1 000元，地价为每平方米1 500元，每平方米费用300元，销售价为每平方米5 000元。请计算该企业的税收贡献为多少？房地产行业平均税负为多少？

答：

毛利率＝2 200÷5 000×100％＝44％

应纳的流转税：5 000×5％×(1＋7％＋3％)＝275（元）

土地增值税扣除额：(1 000＋1 500)×(1＋10％＋20％)＋275＝3 525（元）

土地增值税增值额：5 000－3 250－275＝1 475（元）

土地增值税增值额占扣除项目比例＝1 475÷3 525×100％＝41.84％

应纳土地增值税额：1 475×30％＝442.5（元）

应纳企业所得税额：5 000－1 000－1 500－300－275－442.5＝1 482.5（元）

应纳企业所得税：1 482.5×25％＝489.225（元）

企业每平方米净利：1 482.5－489.225＝993.275（元）

每平方米税收贡献：275＋442＋489.225＝1 206.225（元）

税收占收入的比例：1 206.225÷5 000×100％＝24.124 5％

纯利占收入的比例：993.225÷5 000×100％＝19.86％

税收与净利的比例：1 206.225÷993.275＝1.214 9：1

税收占毛利的比例：1 206.225÷2 200×100％＝54.85％

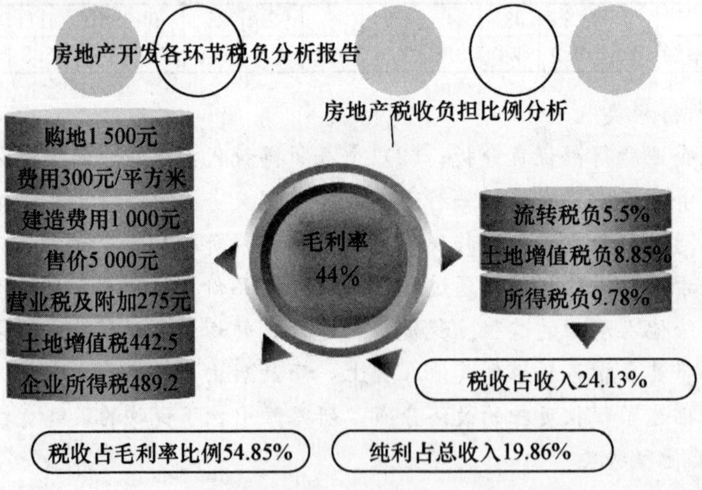

第二节 税收筹划法

税收筹划，也称税收规划，是指纳税人在符合国家法律及税收法规的前提下，按照税收政策法规的导向，事前选择税收利益最大化的纳税方案处理自己的生产、经营和投资、理财活动的一种企业筹划行为。国家税务总局鼓励企业进行税收筹划。《大企业税收风险管理指引（试行）》（国税发〔2009〕90号）第一章第二条明确指出，税收风险管理的目标包括企业经营决策和日常经营活动应考虑税收因素的影响，在符合税法规定的前提下，开展具有合理商业目的的税收规划。税收筹划是财务管理的一项重要工作。税收筹划的直接作用就是降低税负，增强企业发展的后劲，企业发展了才能给国家贡献更多的税收。

企业应纳税额的大小是由企业的生产经营情况决定的。纳税主体、税种、税目、税率、计税依据、税收优惠等决定应纳税额大小的税收要素是由经营主体、经营方式、经营地点、交易金额等因素决定的，这就是经营决策的税收模式。调整经营模式可以改变应纳税额，这就是税收筹划的原理。

税收规划的目的：一是安全，二是节税。在涉税制度的设计与建设中，应用税收规划法应把握税收规划的思维、思想，规划程序以及工具与方法。

一 税收筹划的思维、思想

科学思维方法是进行科学探索、科学实践、科学研究的一般方法。它是对只适用于某一门具体科学的专门方法的概括与总结，是具体科学思维方法和哲学思维方法之间的中介层次的方法。如数学方法、信息方法、控制方法、系统方法、结构功能方法、模型方法等。一般科学思维方法具有跨学科的特征。尽管一般科学思维方法只是从某一角度或侧面来审视世界，但由于它具有较高的概括力和较大的适用范围，因而能够同时应用于不同的学科。这种方法的客观基础是科学研究对象和科学本身存在着共同的属性与规律，这些共同的属性与规律通过客体向主体、客观向主观的转化，形成了各门科学通用的思维规则和手段，即各门科学共同的方法。因此，利用科学思维方法进行税收规划具有重要意义。

（一）菱镜思维

菱镜思维即发散思维，又称“辐射思维”、“放射思维”、“多向思维”、“扩散思维”或“求异思维”，是指从一个目标出发，沿着各种不同的途径去思考，探求多种答案的思维，与聚合思维相对。具体而言，就是从不同方面思考同一问题，如“一题多解”、“一事多写”、“一物多用”等方式。

发散思维具有如下作用：

（1）核心性作用。想象是人脑创新活动的源泉，联想使源泉汇合，而发散思维就为这个源泉的流淌提供了广阔的通道。

（2）基础性作用。创新思维的技巧性方法中，有许多都是与发散思维有密切关系的。

（3）保障性作用。发散思维的主要功能就是为随后的收敛思维提供尽可能多的解题方案。这些方案不可能每一个都十分正确、有价值，但是一定要在数量上有足够的保证。

［案例］

税收筹划过程中发散思维

在一次人才选拔中，一个梳子公司要求其业务员向和尚推销梳子，共有三个人向和尚推销了梳子。推销员甲跑了三座寺院但空手而归。推销员乙则去了一座名山古寺，他发现由于山高风大，前去进香的善男信女的头发都被风吹乱了，于是他找到住持，说：“蓬头垢面对佛不敬的，应该在每座香案前放把梳子，供善男信女梳头。”住持认为有道理，于是从他的手里买了10把梳子。最厉害的是推销员丙，他来到一座香火极旺的大寺庙，对方丈说：“凡进香者，多有一颗虔诚的心，宝刹应有所回赠，保佑平安吉祥，鼓励多行善事。我有一批梳子，您的书法超群，可刻上‘积善梳’三字，然后作为赠品。”方丈听罢大喜，立刻买下了1 000把梳子。

“把梳子卖给和尚”这个经典案例在营销学或管理学上已被多次提及。营销员丙为什么能成功地把1 000把梳子推销给了寺庙？因为他运用了发散思维。第一个营销员空手而归，理由是到了庙里，和尚说没头发不需要梳子，所以一把都没有卖掉，推销员甲的单向思维使得他没卖出一把梳子。而第二个推销员虽然比第一个多销了十来把，却并不比他强多少，因为他的意识和思维仍然停留在单向思维的巢臼中，目光只盯着梳子的物理功用。第三个推销员最为高明，因为他完全摆脱了梳子——头发——和尚的线性思维模式，成功地运用了发散思维。最为关键的是他给梳子赋予了精神价值！“积善梳”保佑游客平安吉祥，鼓励其多行善事，梳子的功用由物理功能上升为精神功能，使得推销员丙向和尚卖出了 1 000 把梳子，这就是发散思维创造的奇迹！

财务人员在税收筹划过程中对涉税风险点的分析和策划方案的设计经常需要运用到发散思维，因此研究和认识发散思维对财务人员具有重要意义。

（二）流程思想

流程再造，是指从根本上考虑和彻底地设计企业的流程，使其在成本、质量、服务和速度等关键指标上取得显著提高的工作设计模式。在企业税收规划中引入流程思想，就是充分利用业务流程及流程再造改变企业纳税结构，在税制的刚性约束之下寻求节税空间。

下面两例子，可能对你有些启发：

[案例]

收费模式与流程再造

鼓浪屿位于厦门岛西南，与厦门市区隔海（500 余米）相望。它像一块晶莹的碧玉，镶嵌在厦门岛外碧波万顷的海面上，被誉为“东南亚的一颗海上明珠”。可以说，去鼓浪屿旅游的旅客是络绎不绝，不过旅客在进岛前须坐一段路程的轮渡才能到达，过去轮渡对旅客的收费模式一直是入岛 3 元、出岛 3 元，即在岛内、岛外各设一个售票处售票，面对巨大的客流量，售票处常常是人满为患，这不仅给售票处的工作人员带来巨大压力，也给来往的旅客带来诸多不便。后来相关管理人员对轮渡的收费模式进行了流程再造，因为入岛的人员多是旅客，所以将轮渡的收费模式改成，上船时不需购票，从鼓浪屿返回厦门时购票，每票 8 元。这样虽然票价上调，但方便了旅客进岛，有助于吸引更多的旅客，更重要的是，在一定程度上降低了轮渡物流公司的营运成本。

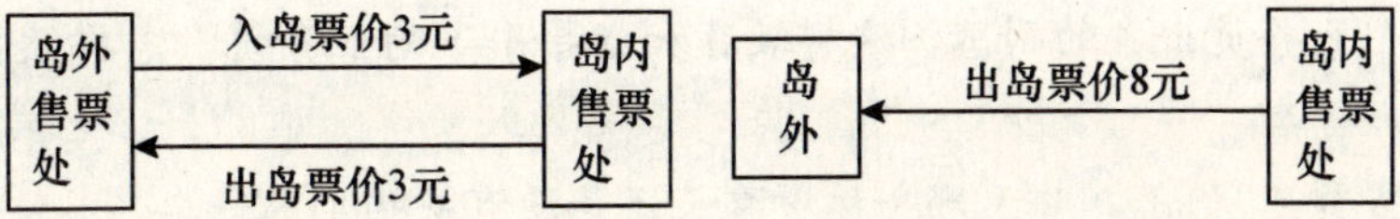

［案例］

税怎么缴不是看账怎么做，而是看业务怎么做

今年全球的油价不断上涨，节源已成为每一个国家的要任务。我们国家对汽车消费税进行了调整，3.0以下排气量汽车，按9%缴纳消费税。3.0以上（含3.0）排气量汽车，按14%缴纳消费税。上海通用别克商务车排气量，大家都知道为3.0。如果公司生产的此款车就是3.0排气量，公司财务就应该按14%缴纳消费税。但是，商务车的说明书里标明的排气量为2.98，说明实际的排气量为2.98，达不到3.0排气，因此，财务就应该按9%缴纳消费税。按什么交税，是依据业务部门所做的业务过程来判断的。所以说，“税怎么缴，不是看账怎么做，而是看业务怎么做”。假如：业务部门生产的汽车就是3.0排气量，我们想让财务按9%缴纳消费税，财务在账面上处理，来达到按9%交税的目的。这叫什么？就是偷税。从这个例子我们可以看出，流程再造在企业进行税收筹划过程中具有重要作用。

（三）切割原理

切割原理，是来源于发达国家的一种思维方式。它的基本原理来自于系统论、控制论、信息论等综合科学。其精粹是思维精细、精确、细致、深入，不是大而化之的粗放式思维，而是抓住问题的切入点，有针对性地把一个整体分解成为若干部分，而后逐个加以研究。其步骤是：

首先，从心灵深处形成精细思考问题的思维定势；

其次，设定精细的推行策略；

最后，评估绩效结果。

循环往复养成一种工作习惯，无论什么时候做什么事情都将其作为自觉行动指南。下面两个例子，可能对你有些启发：

［案例］

林老板的卖车经

一个业务员出身的副总，这样教育和指导手下的业务员，怎样做好销售工作：

业务员：“魏总，昨天那个林董事长还是没有买咱们的汽车。”

魏总：“小杜，以后你回来不要跟我说，林老板又没有买车。这样下去

你很难有进步，我希望你下次回来时能跟我说，你这一次比上一次进步了哪些！”

业务员：“可是我真的不知道该怎么去做。”

魏总：“小杜，要让对方买一辆车子，应该是把它分成五个阶段。

第一步，要想方设法让林老板看到你，意识到你的存在，很简单，比如说下班的时候堵在他的车子旁边直到他看见你。

第二步，你无论如何要请林老板喝一杯咖啡，必要的话，你自己带着两包去当场泡，一杯给他一杯给自己。

第三步，你一定要让林老板知道，咱们公司卖哪些车，比如日本车、美国车、欧洲车、排气量是多少，1 600、1 800、2 000、2 200……

第四步，想办法了解林老板对车子的所有偏好。你要想办法让他亲口告诉你，他喜欢欧洲车、美国车、日本车、还是国产车，他喜欢黄色、白色、绿色、红色还是黑色，他喜欢四门还是五门掀背……总要有一个说法。

第五步，就是确认林老板要不要签约。假设林老板不签。

然后第六步，探求可能的原因。我们偷偷打听出来的结果是，他太太叫他不要买，林老板又不好意思讲。于是我们就可以搞一个假定单给他。

林老板只要把我们这张假定单带回家放到他的抽屉里，就肯定会常常拿出来看。他就会每天下班偷偷地从我们的大厅门口路过，顺便来看看那部车子。寄予这种心理上的压力，最后他可能会买下我们的车子。”

[案例]

哪个部门决定公司的税收

某化妆品生产企业A的销售人员将企业的产品销售给客户B，根据客户B的要求，此次A企业的产品应为“套装产品”，“套装产品”包括：香水、护肤品、化妆工具。将不同的化妆品包装在一起销售，并签订销售合同。合同规定：B公司购买A公司“套装产品”100套，单价为120元，货到付款。根据税法的规定：成套的化妆品税率为30%，香水税率为30%，护肤品税率为8%，化妆工具不交消费税。由于销售人员不了解税收政策，盲目与B公司签订销售合同导致A公司全额按30%的税率缴纳消费税。

应交消费税=100套×120元/套×30%=3 600元

假如销售人员了解税收政策，他就不会签订“套装产品”合同，完全可以将“套装”分解为单一产品销售。如合同规定：销售香水100瓶，单价50元；护肤品100瓶，单价60元；化妆工具100个，单价8元；包装盒100个，单价2元等。通过分解产品，分解价格来达到分别交税的目的。实现了合理交税，避免多交税的发生。那么：

应交消费税=100×50×30%+100×60×8%=1 500+480=1 980(元)

可以为企业节省消费税1 620元（3 600－1 980）

一 税收策划的具体工具

税制要素包括纳税主体、课税对象、税率、税基、纳税环节、纳税期限和纳税地点等。税收策划以税制的六大要素为工具，其基本思路是：每个税制要素都会对企业应纳税额产生影响，因此有必要研究每个税种的基本要素和规定，找出筹划节税的空间。

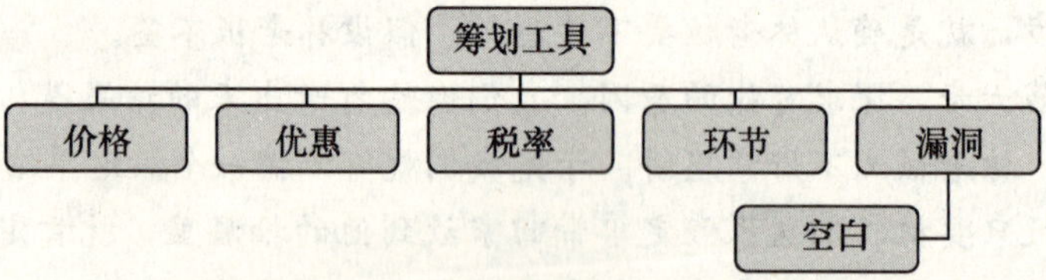

图 2-1 税收筹划工具

如税率要素工具，税法规定中的诸多“临界点”，包括税基临界点、优惠临界点等，是税收政策从“量变”到“质变”的具体体现，利用这一工具着眼点在于寻找临界点，利用临界点控制税负。房地产企业政策规定普通住宅的增值率不超过20%的免征土地增值税，企业可以通过降低售价或追加成本将增值率控制在临界点20%以内，充分享受税收优惠待遇。

二 税收策划的具体方法

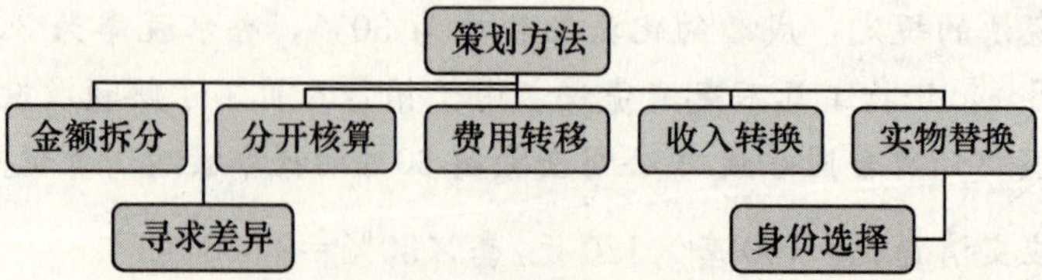

图 2-2 税收筹划方法

下面略举几点加以说明：

（1）寻求差异策划。基本思路：现实经济生活存在着各种差异性，税制也反映和认同这种差异的存在。纳税人可以主动寻求差异避重就轻，降低自身的税负。包括地域差异策划、行业差异策划、企业性质差异策划。

（2）组织形式策划。基本思路：组织形式及其产权关系决定着企业边界及资源配置方式，对不同组织形式的选择，将极大地影响企业的税收。适时变化组织形式，适应税制变迁和税收政策的调整，可以合理降低或免除税收负担。包括：组织延伸策划、企业合并策划、企业分立策划。

（3）税负转嫁策划。基本思路：利用价格浮动、价格分解来转移或规避税收负担。筹划成功与否的关键在于商品供给弹性和需求弹性的大小。包括上游转嫁策划、下游转嫁策划。

（4）特定条款策划。基本思路：特定条款往往蕴涵着特殊性，特殊性往往孕育着较大的筹划空间。寻找并应用税制结构及税收政策中的特定性特殊性条款，可以降低企业税负。包括选择性条款策划、鼓励性条款策划、缺陷性条款策划。

四 策划案例

［案例一］

租赁业务经营模式对税收的影响

方案一：甲公司将一台设备租赁给乙公司，收取租金 10 万元，乙公司转租给丙 12 万元。

甲公司应纳营业税＝100 000×5％＝5 000（元）

乙公司应纳营业税＝120 000×5％＝6 000（元）

方案二：甲公司委托乙公司将设备租给丙公司，收取租金 12 万元，甲公司向乙公司支付手续费 2 万元。

甲公司应纳营业税＝120 000×5％＝6 000（元）

乙公司应纳营业税＝20 000×5％＝1 000（元）

方案三：丙公司委托乙承租设备，向甲公司支付佣金 10 万元，向乙公司支付手续费 2 万元。

甲公司应纳营业税＝100 000×5％＝5 000（元）

乙公司应纳营业税＝20 000×35％＝1 000（元）

[案例二]

投资主体选择对税收的影响

方案一：甲公司由张先生、李先生出资建成。甲公司于2006年出资2 000万元成立全资房地产开发子公司M。2009年9月30日，甲公司将持有M公司100%的股权全部转让给乙公司，转让价6 000万元。不考虑其他因素，上述股权转让业务甲公司应纳企业所得税=(6 000－2 000)×25%=1 000万元。如果甲公司将税后利润全部分配给张先生和李先生，仍需缴纳个人所得税：3 000×20%=600万元。

方案二：如果M公司由张先生、李先生个人出资，则张先生、李先生将M公司股权转让给乙公司时，只需缴纳个人所得税：4 000×20%=800万元。

通过比较可以看出，不同的经营主体和经营方式决定着应纳税额的大小。在收入额不变的前提下，税负越低，收益越高。税收筹划的方法正是根据各种经营模式对税收的影响进行投资、制定经营决策。

[案例三]

收入转换筹划

明晰广告公司将其位于市中心的一套原值为150 000元的门面房出租给五鑫公司，按照协议规定，年租金收入30 000元。按照现行税法规定，明晰广告公司的税率将高达38.2%。计算过程如下：

(1) 应纳营业税=30 000×5%=1 500（元）

(2) 应纳城市维护建设税及教育费附加=1 500×(7%+3%)=150（元）

(3) 应纳印花税=30 000×0.1%=30（元）

(4) 应纳房产税=30 000×12%=3 600（元）

(5) 应纳企业所得税=30 000－(1 500+150+30+3 600)×25%
=6 180（元）

(6) 应纳税总额=1 500+150+30+3 600+6 180=11 460（元）

(7) 实际税后收益=30 000－11 460=18 540（元）

(8) 税负率=11 460/30 000×100%=38.2%

通过计算，不难看出，出租房屋不仅缴纳的税种多，而且税赋率也高得惊人。那么，明晰广告公司应当如何筹划才能降低税负呢？

根据《中华人民共和国房产税暂行条例》规定，自用房屋的房产税是依据房产原值计算缴纳，税率为1.2%；房屋出租的房产税是依据房屋租金计算缴纳，税率为12%。出租房屋的房产税税率是自用房屋的10倍，且12%的房产税税率高于5%的营业税税率。因此，部分房屋出租人对房屋出租过程中如何合理进行税收筹划相当关注。如下将简单介绍房屋出租过程中房产税税收筹划的要点，及其相关的筹划风险。

方案一　正确划分房屋和非房屋租赁的价款

根据（87）财税字第003号的规定，“房产”是以房屋形态表现的财产。房屋是指有屋面和围护结构可供人们在其中生产、工作、学习、娱乐、居住或储存物资的场所。独立于房屋之外的建筑物，如围墙、烟囱、水塔、变电塔、油池、油柜、酒窖菜窖、酒精池、糖蜜池、室外游泳池、玻璃暖房、砖瓦石灰以及各种油气灌等，不属于房产。

（1）筹划要点：出租人在签订房产出租合同时，对出租标的物中不属于房产的部分应单独标明，从而达到少缴房产税的目的，如出租人既出租房屋又出租场地，既出租房屋又出租机器设备。如果出租人在租赁合同中能分别列明房屋租赁价款和非房屋租赁价款的，则仅需就房屋租赁价款部分按12%缴纳房产税。

（2）筹划风险：纳税人如实进行价款划分，并属于正当的税收筹划行为的，因此不存在风险。但出租人可能从少缴房产税的目的出发，提高非房屋出租的价款，压低房屋出租的价款，从而达到少缴房产税的目的。对此，部分地方税务机关已联合物价、房产部门根据地段出台房屋最低租金计税价格，如果出租人房屋租金明显偏低且无正当理由的，必须按照地税机关的最低租金计税价格缴纳房产税。

方案二　出租变仓储

房屋出租是指在约定的时间内将房屋转让他人使用的业务。仓储是指利用仓库、货场或其他场所代客储放、保管货物的业务。房屋出租由出租人按租金缴纳房产税。仓储由保管人员按房产原值缴纳房产税。

（1）筹划要点：在房产税从价计征的税负明显低于从租计征情况下，出租人可以变房屋出租为仓储保管合同，从而达到少缴房产税的目的。但这种筹划是有前提条件的，即承租人租赁房产的目的是用来堆放、储存物品，若不是这个目的，该筹划方案将不可行。

(2) 筹划风险：该筹划从税务的角度来看，出租人是不存在风险的，但从出租变仓储的角度来看，就为出租人带来了新的经营风险，即出租人在仓储合同下必须承担货物的保管责任，发生损失要承担赔偿责任。因此，在一般承租人拟储存的货物属于易保管且价值较低的情况下，该筹划才可行。如果仓储的货物价值量高，发生盗损的可能性较大，则该筹划方案风险大，并不可行。

方案三　变出租为提供服务加出租

由于目前出现了很多专门从事房屋租赁的公司，既出租房屋也负责为出租房屋提供物业管理服务。因此，利用物业管理合同规避房产税的现象比较普遍。

(1) 筹划要点：出租人可以通过提高物业服务的收费，降低房屋租赁的价格，从而达到少交房产税的目的。但这种筹划有一定的前提条件，即出租方一般应具有从事物业管理服务的经营范围，且确实在出租房屋的同时也提供物业管理服务。

(2) 筹划风险：合理地利用物业管理服务收费来筹划出租房产税是合理的，但关键是这种方法在实际中通常会被出租人滥用，导致恶意避税行为的发生。由此将产生的风险有以下几个方面：

一是税务机关可能存在的最低租金计税标准是筹划的一个障碍；

二是正规的公司提供物业管理服务的收费是必须取得物价部门的收费许可的，价格也必须通过审批，因此，出租方抬高物业管理服务价格，不仅得不到税务机关认可，还可能由于不按收费许可证收费而受到物价部门的处罚；

三是如果出租方纯粹从逃避房产税的角度出发，没有提供物业管理服务而和承租方签订房屋租赁合同和物业管理服务合同的，在发生纠纷时将处于不利地位。

方案四　利用转租筹划租赁房产税

由于转租地方不是房屋产权所有人，因此，转租方转租房屋时，只需按转租价款缴纳营业税，不需要缴纳房产税。

(1) 筹划要点：利用转租进行租赁房产税筹划，这与烟酒生产企业通过成立销售公司筹划消费税的案例相似，出租人可以成立一个资产管理公司，将拟出租的房产先以较低的价格（假设 M）出租给该资产管理公司，然后由该资产管理公司统一按市场价格（假设 H）出租房产。这里由于转租烟酒销售的增值税可以差额征税，而转租仍需要全额缴纳营业税，因此，该方案多出一项营业税 M×5%，节省一项房产税（H－M）×12%，只有当 H＞1.42M 时，该筹划方案才可行。

（2）筹划风险：由于出租房和资产管理公司是关联企业，他们之间的出租行为是关联交易，将受到税务机关的房屋出租最低租金计税价格的制约，若当地税务机关没有这个标准，由于是关联交易，税务机关将会进行调整，即 M 的值会发生变化，这将带来很大的不确定性风险。若出租人是准备对拟出租房屋进行翻新、装修改造后重新出租，出租人可以将未改造的房屋先出租给资产管理公司，然后由资产管理公司对出租人的房产进行装修改造后再进行转租，这种筹划方案是比较合理的。

第三节 税收元素嵌入法

税收元素嵌入法是指在税务风险识别与诊断的基础上，研究税收安全及防控策略，把税收安全的具体措施对策写入制度。落在制度层面、固化在制度里面，从而达到彻底消除和转移或防控税收风险、降低企业税负的目的。

下面以某企业集团薪酬管理制度为例，分析其存在的缺陷，应用税收元素嵌入法加以修改和完善，以达到税收风险控制的目的。

一、薪酬管理制度范本

［案例］

某集团薪酬管理制度

第一章　总　则

第一条　为了完善公司薪酬分配体系，规范员工工资的确定与调整，发挥薪酬的保健和激励功能，依据中华人民共和国有关法律法规和公司企业文化及董事会有关决议，特制定本办法。

第二条　薪酬管理程序：1. 制定薪酬原则与战略；2. 岗位分析与评价；3. 地区行业薪酬调查；4. 薪资制度结构确定；5. 薪酬等级与标准；

6. 执行薪酬制度、控制和调整；

第三条 原则：

1. 在保障员工最低生活水准的前提下奖勤罚懒，按贡献分配，兼顾企业发展与实际现状的需要；

2. 公平合理，充分体现价值和责任；

3. 员工收入与个人工作业绩和公司整体经济效益相联系；

4. 妥善处理积累与消费、长期利益与短期利益的关系，形成企业经营持续发展，员工生活不断改善的良性循环；

5. 参照劳动力市场工资指导价位合理确定岗位工资标准和工资差距，工资向高职位、高技术人才倾斜。

第四条 公司董事会负责批准年度利润分配方案，根据公司战略及劳动力市场工资确定年度工资方案调整或工资增长幅度。

第五条 在本制度规定工资种类和工资范围内，公司各级主管可依照各自权限，根据员工的学历、专业职称、业务知识和岗位技能、贡献与业绩核定员工职等和工资职级，或决定晋级和晋等。

第六条 本办法适用于公司在职在岗员工，生产工人、业务人员若实行计件制或佣金制等其他奖酬办法，可参照执行，公司聘请顾问、兼职人员、外借人员工资按有关协议办理。

第二章 薪酬结构

工资结构：基本工资＋岗位工资＋奖金＋工龄工资＋地区补贴。

第一条 基本工资（基本生活费）：是为保障员工最低生活需要而支付的工资，数值上接近公司所在地区最低工资标准。

第二条 岗位工资：根据员工岗位工作性质、学历要求、所需专业知识、技能、工作难度及行为对公司的影响程度和贡献而支付的工资。

第三条 奖金：是根据员工工作业绩的优良程度和公司经济效益状况而支付的工资，用于鼓励员工提高工作质量和效率，既与企业效益有关，又与个人绩效有关。

1. 月绩效奖金于每月随同月工资发放

$$月绩效奖金\ J_m = X \times Km/Rm \times Em/(P \times N)$$

其中：Jm 为月绩效奖金；X 为员工岗位工资值，Em 为公司（或部门）可分配的月效益工资总额，由公司董事会依据总净利润和战略政策决定奖金所占比例；Km 为员工月绩效考核得分；Rm 为公司的月标准考核分；P 为公司（或部门）员工平均岗位工资值；N 为公司员工总人数。未实行员工绩效考核的单位或部门，人均按 $K/R=75\%$ 计算。

2. 年绩效奖金于每年春节发放

$$年绩效奖金\ Jy=X\times K_y/Ry\times W\times Ey/12(P\times N)$$

其中，Jy 为年绩效奖（年终奖）；Ky 员工年终考核得分；Ry 为年度标准考核分；W 为员工当年实际工作月数；Ey 为公司（或部门）可分配的年绩效奖金总额，由公司董事会依据总净利润和战略政策决定奖金所占比例；X、P、N 同第 1 条。

3. 其他奖金

除绩效奖金外，公司视业绩增长及个人贡献程度而实施非例行奖励，如目标奖、季度奖、特殊贡献奖、项目浮动奖、先进奖、优惠选购股份等，届时由公司董事会或总裁办公会议决定。

第四条 工龄工资：员工在公司工作每满 1 年增加工龄工资 10 元，最多不超过 100 元。

第五条 地区补贴：公司为平衡不同地区物价水平、生活水准差异而支付的补贴。

单位：元

职务地区	总裁（副）级	总经理（副）级	经理（副）级	职员级
一类地区	210	180	150	120
二类地区	175	150	125	100
三类地区	120	105	90	75
四类地区	100	75	60	45

地区类别划分标准同《差旅费用报销管理》。

第三章 职级划分

第一条 根据员工岗位工作性质、学历要求、所需专业知识、技能、所任职位难度及责任和贡献及工作行为对公司的影响程度，结合劳动力市场，将公司所有职位划分为 9 等 33 级，各级职位岗位工资范围见下表。

职等	职级	岗位工资	岗 位
A 等（900 元/级）	A1	8 530	总裁
	A2	7 630	
	A3	6 730	
	A4	5 830	

续表

职等	职级	岗位工资	岗位
B等（600元/级）	B1	5 830	副总裁、总裁助理、总会计师、总审计师、总经济师、总工程师、总畜牧师、总兽医师、人力资源总监
	B2	5 230	
	B3	4 630	
	B4	4 030	
C等（400元/级）	C1	4 030	部长、分公司总经理
	C2	3 630	
	C3	3 230	
	C4	2 830	
D等（300元/级）	D1	2 830	副部长、部长助理、分公司副总经理、总经理助理、博士毕业生
	D2	2 530	
	D3	2 230	
	D4	1 930	
E等（180元/级）	E1	1 930	分公司部门经理、高级工程师、高级畜牧师、高级会计师、高级人力资源管理师
	E2	1 750	
	E3	1 570	
	E4	1 390	
	E5	1 210	
F等（110元/级）	F1	1 210	总裁办秘书、分公司部门副经理、经理助理、会计师、畜牧师、工程师、人力资源管理师、高级技师、高级厨师、硕士毕业生
	F2	1 100	
	F3	990	
	F4	880	
	F5	770	
G等（80元/级）	G1	770	科长（主办）、分公司总经理秘书、车间主任、片区经理、工段长、班长、助理工程师、助理会计师、助理人力资源管理师、助理政工师、助理畜牧师、技师、厨师
	G2	680	
	G3	590	
	G4	510	
	G5	430	
H等（60元/级）	H1	430	工程技术员（机械、工艺、品管）、业务代表、一般行政职员（人事、总务、会计员、出纳、统计、开票、文员、内勤、外勤）、司机、技术工人（总控、机修、电工、水处理、锅炉工、制粒）、保管、地磅、保安、大学毕业生等
	H2	370	
	H3	310	
	H4	250	
	H5	190	
I等（40元/级）	I1	190	一般操作工、饲养员、清洁工、炊事员、园林工、服务员、勤杂工、中专毕业生等
	I2	150	
	I3	110	
	I4	70	
	I5	30	

第二条 员工职等依据员工的岗位、职务、学历就高不就低，岗位新手或职务新任原则上都定在对应职等的最低职级，若员工在学历、同等职位工作经验、专业知识、业务水平等方面较为突出，可依下表按有关条款计算浮动级数，累计浮动级数之和大于0.7，可在对应职等范围内上浮1个职级。

1. 责任大小：指该岗位相对于此职等的其他岗位对所属部门的负责程度及其对公司安全、管理、经营、效率的影响程度。

提级程度＼项目	负责程度	安全	管理	经营
高	0.5	0.5	0.5	0.5
较高	0.3	0.3	0.3	0.3
稍高	0.1	0.1	0.1	0.1
一般	0.0	0.0	0.0	0.0

2. 工作难度：指该岗位相对于此职等其他岗位对上岗人员能力素质要求，工作协调处理难度。

提级程度＼项目	专业知识广度	专业知识深度	需协调内部岗位多少	需协调外部岗位多少
高	0.5	0.5	0.5	0.5
较高	0.3	0.3	0.3	0.3
稍高	0.1	0.1	0.1	0.1
一般	0.0	0.0	0.0	0.0

3. 学历、经历、综合素质：指上岗人员相对于所属职等其他岗位的学历、综合素质及相对于同岗位的专业水平。

提级程度＼项目	学历	工作经验	综合技能	专业技能
高	0.5	0.5（5年以上）	0.5	0.5
较高	0.3	0.3（2年以上）	0.3	0.3
稍高	0.1	0.1（1年以上）	0.1	0.1
一般	0.0	0.0	0.0	0.0

第四章 工资管理与支付

第一条 日工资（一周工作5天半，每日工作7.5小时），年工作日277天，日工资＝月工资（元）/23.08（天），时工资＝日工资（元）/7.5（时）。

第二条 确定岗位的试用员工月工资按所定职级享受基本工资＋岗位工

资十地区补贴，不享受绩效工资；未定岗位的试用员工（储备）享受基本工资十岗位工资×50%十地区补贴；实习生只发放基本生活费。

第三条 员工在法定工作时间内依法参加社会活动，公司当视同其提供了正常劳动而支付工资。

第四条 员工依法享受年休假、探亲假、婚假、丧假期间，公司按劳动合同规定的标准支付员工工资。

第五条 员工加班、夜班补贴、因病、工伤、事假、迟到、早退、旷工、产假期间工资按公司考勤管理制度计发。

第六条 因工作岗位变动而发生工资变动的员工，15日前变动当月按变动后工资计发，15日后变动当月工资按变动前工资计发。

第七条 按照统核统发的办法，全体员工月工资由公司行政人事部统一管理，每月5日前由行政人事部按员工考核情况、出勤情况造表交财务部复核后呈总经理批准；单独以其他形式计发工资的部门，由部门专人造工资表，交行政人事部和财务部复核后呈总经理核准。

第八条 工资计算时总额若有未达元之尾数，一律四舍五入为整元。

第九条 公司财务部（可委托银行）于每月8日前以法定货币形式（人民币）支付员工本人上月工资，若遇节假日或休息日，则应提前在最近的工作日支付。员工本人因故不能领取工资时，可由其亲属或委托他人代领。

第十条 工资发放书面记录（员工姓名、工资数额、时间、领取者姓名及签字）须保存3年以上备查。

第十一条 为利于公司高层管理人员的相对稳定，A、B等高级职员每月支付其工资总额的70%，其余30%于年底支付或于合同期满时一并支付。

第十二条 对完成一次性临时劳动或某项具体工作的临时用工，可按有关协议或合同规定在其完成任务后支付工资，工作时间超过1个月的，按上款时间支付工资。

第十三条 非常给付：员工或依靠员工收入赖以维持生计之家属，遇生产、受伤、疾病、死亡、结婚等非常状况时可以员工已出勤工资为限申请预领工资。

第十四条 特别给付：员工死亡、劳动关系双方依法解除或终止劳动合同时，应在劳动关系解除或终止时一次性付清员工工资。

第十五条 公司可以在发放员工工资时代扣代缴个人所得税、由员工负担的各项社会保险费用及其他法律法规规定可以从工资中扣除的其他费用。

第十六条 因计算错误或业务过失而造成工资错发时，可立即结算差额部分，也可在下一个支薪日纠正差额。

第十七条 员工对工资产生疑义时，可于当月提出书面申请或到行政人事部查询，逾期视为弃权。

第五章 福 利

第一条 公司除为员工提供法定保险、培训、节日、初婚、抚恤、带薪休假等福利项目外，将视其经济效益，临时增设其他福利。

第二条 本章各项福利，不得以同一事故而重复给付。如因战争或其他不可抗拒的天灾等变故或自杀、犯罪致残或死亡，均不适用于本章所列各事项的给付规定。

第三条 公司按国家有关法律法规，为员工办理社会基本保险，具体按公司有关规定执行。

第四条 公司为员工提供培训和发展，包括在职辅导、公司内脱产培训、公费外派培训或学费赞助、报刊订阅，它代表了学习与自我发展的一种思维方式，旨在为公司及员工提供帮助，所有员工都有接受培训的权利和义务，公司希望透过培训和发展，所有员工能茁壮成长。

第五条 法定节假日、员工结婚、生育、因病、因事、亲属死亡，可按规定休假，休假期间薪资给付按公司考勤管理制度执行。

第六条 公司为员工提供符合国家规定的劳动安全卫生条件和必要的劳动保护用品，对从事有职业危害作业的员工定期进行健康检查。

第七条 公司为当班员工提供免费工作餐、茶水或防暑降温用品。

第八条 员工在公司服务 1 年以上，可享受 3 天全薪年假，3 年以上可享受 5 天全薪年假，5 年以上可享受 7 天全薪年假。

第九条 公司提供交通车接送员工上下班，必要时为有关人员配备交通工具。

第十条 公司在新年、春节、劳动节、中秋节、国庆节以及厂庆分别给付员工过节费以示庆贺，具体金额界时确定。

第十一条 公司为员工提供免费单身宿舍、夜班宿舍或住房租赁补贴，具体按住宿有关规定执行。

第十二条 在公司服务 2 年以上的正式员工初婚，公司将给予 200 元贺金（员工须出示结婚证）。

第十三条 公司员工病故或因工伤、残、亡，其供养直系亲属或本人可享受伤残补助金或一次性抚恤金。

1. 员工病故，工龄在5年以下，发给3个月基本工资，工龄在5年以上，每超过1年，加发1个月基本工资，最高不超过18个月基本工资。

2. 员工执行公务或因工伤、残、亡，伤残补助金或抚恤金按国家有关工伤法律、法规办理。

3. 员工意外死亡，凡由公司为其办理人身保险者，其抚恤金等费用首先由保险公司赔偿金额中支付，差额由公司补足。

4. 工龄在2年以上的员工之父母或配偶死亡，一次性给予200元慰问金。

第六章　附　则

第一条　本制度解释权归公司行政人事部。

第二条　本制度经董事会批准后从颁布之日起执行。

薪酬管理制度范本风险点分析

上述薪酬管理制度总体来说是一份要素齐全、比较完整的制度，它涵盖了薪酬方案设计的原则、职位评价、企业内部各类人员工资的设定、福利方案等要素，但从税收风险角度考察，存在以下不足：

(1) 上述薪酬管理制度范本中，缺少设计合理的工资收入曲线和薪资调整程序。

(2) 薪酬水准在本地区和同行业中所处水平缺乏描述。

(3) 其中第四章第十条“工资发放书面记录（员工姓名、工资数额、时间、领取者姓名及签字）须保存3年以上备查”之规定不符合税法5年的最低保管期限。

(4) 第四章第十一条“为利于公司高层管理人员的相对稳定，A、B等高级职员每月支付其工资总额的70%，其余30%于年底支付或于合同期满时一并支付”，其未支付的工资总额按照国税发〔2009〕31号规定，税前不能扣除。

(5) 未规定代扣代缴个人所得税。

(6) 职工福利费未按规定建立台账。

(7) 食堂采购为了控制无票的税收风险，应规定原则上应到超市或正规的农贸市场采购。

二 嵌入工资薪酬纳税成本控制要点

按照嵌入法的原理，根据《国家税务总局关于企业工资薪金及职工福利费扣除问题的通知》（国税函〔2009〕3号），该集团薪酬管理制度应嵌入以下内容的条款。

1. 补充调整范围、原则和程序。

工资的调整

第××条 若公司经营情况发生变化，公司将根据实际情况调整工资结构中的某一部分或某几部分的标准，报董事会审议通过后实施。

第××条 凡在公司工作满半年，并于统计年度终结前一个月转正的员工，均参加当年度业绩考评，公司依据考核结果确定其效益工资等事项。

第××条 员工岗位发生变动时，自调令生效之日起，其岗位工资也相应发生变动。

第××条 员工薪资调整程序：

部门填写调资申请表；

行政人事部复核；

总经理批准；

行政人事部通知财务部和员工本人；

行政人事部存档；

部门经理以上人员的工资调整按职位说明书所述权限办理。

2. 增加协议工资条款。

第××条 协议工资适用于以下人员：

（一）公司急需的各类招聘人才，个人不愿意执行年薪工资、结构工资、计件工资的，经公司研究可实行协议工资；

（二）试用期员工实行协议工资。

第××条 协议工资数额的确定原则是：由公司与应聘者在公司相应工资标准的基础上，在上下浮动50%的幅度内协商确定，特殊情况一人一议。

第××条 协议（试用）期3～12个月，协议（试用）期结束后根据具体情况执行相应工资制度。

3. 增加单位聘用员工须与个人签订劳动合同的规定。

未能签订劳动合同的“雇佣”，则被税法认定为“非雇佣”。从实质上说，具有雇佣关系的劳动所得，其取得的收入在性质上是属于工薪所得；而非雇佣关系的劳动所得，其取得的收入纯粹是一种劳务报酬。

4. 增加要履行代扣税的法定义务的规定。

5. 增加发放工资详细清单，聘用合同等证明资料，手续要完备。

6. 增加职工福利费按规定建立台账的条款。

附：

国家税务总局关于企业工资薪金及职工福利费扣除问题的通知

（国税函〔2009〕3号）

各省、自治区、直辖市和计划单列市国家税务局、地方税务局：

为有效贯彻落实《中华人民共和国企业所得税法实施条例》（以下简称《实施条例》），现就企业工资薪金和职工福利费扣除有关问题通知如下：

一、关于合理工资薪金问题

《实施条例》第三十四条所称的“合理工资薪金”，是指企业按照股东大会、董事会、薪酬委员会或相关管理机构制订的工资薪金制度规定实际发放给员工的工资薪金。税务机关在对工资薪金进行合理性确认时，可按以下原则掌握：

（一）企业制订了较为规范的员工工资薪金制度；

（二）企业所制订的工资薪金制度符合行业及地区水平；

（三）企业在一定时期所发放的工资薪金是相对固定的，工资薪金的调整是有序进行的；

（四）企业对实际发放的工资薪金，已依法履行了代扣代缴个人所得税义务；

（五）有关工资薪金的安排，不以减少或逃避税款为目的。

二、关于工资薪金总额问题

《实施条例》第四十、四十一、四十二条所称的“工资薪金总额”，是指企业按照本通知第一条规定实际发放的工资薪金总和，不包括企业的职工福利费、职工教育经费、工会经费以及养老保险费、医疗保险费、失业保险费、工伤保险费、生育保险费等社会保险费和住房公积金。属于国有性质的企业，其工资薪金，不得超过政府有关部门给予的限定数额；超过部分，不得计入企业工资薪金总额，也不得在计算企业应纳税所得额时扣除。

三、关于职工福利费扣除问题

《实施条例》第四十条规定的企业职工福利费，包括以下内容：

（一）尚未实行分离办社会职能的企业，其内设福利部门所发生的设备、设施和人员费用，包括职工食堂、职工浴室、理发室、医务所、托儿所、疗养院等集体福利部门的设备、设施及维修保养费用和福利部门工作人员的工资薪金、社会保险费、住房公积金、劳务费等。

（二）为职工卫生保健、生活、住房、交通等所发放的各项补贴和非货币性福利，包括企业向职工发放的因公外地就医费用、未实行医疗统筹企业职工医疗费用、职工供养直系亲属医疗补贴、供暖费补贴、职工防暑降温费、职工困难补贴、救济费、职工食堂经费补贴、职工交通补贴等。

（三）按照其他规定发生的其他职工福利费，包括丧葬补助费、抚恤费、安家费、探亲假路费等。

四、关于职工福利费核算问题

企业发生的职工福利费，应该单独设置账册，进行准确核算。没有单独设置账册准确核算的，税务机关应责令企业在规定的期限内进行改正。逾期仍未改正的，税务机关可对企业发生的职工福利费进行合理的核定。

五、本通知自 2008 年 1 月 1 日起执行。

2009 年 1 月 4 日

第四节 税收风险预警法

税务风险存在于企业日常经营活动之中，有着极大的危害性，轻则无法实现企业价值目标，重则将导致企业破产清算，甚至可能导致灭顶之灾。不论国内还是国外，税务风险已经成为企业领导和财务人员难以回避的重要财税课题。对待税务风险的最好办法是：描述税务风险控制环境，识别税务风险、评估涉税风险，防范税务风险。并采取消除税务风险、转移税务风险、降低税务风险、保留税务风险等安全策略。

一 描述纳税风险控制环境

近几年来，企业管理层发现，税收方面的麻烦问题越来越频繁地在公司会议讨论内容中被提及。来自社会和投资者的压力也越来越大，社会公众和舆论越来越关注企业的偷税行为，投资者从关心自己投资的安全角度而不允许企业在税收方面犯错误。税务机关的检查结果和企业预料的情况经常存在较大差别，随着税收征管环境越来越严格，税务机关内部责任落实逐步明晰，检查后的协调工作也越来越难做。以往仅仅依靠和政府、税务机关搞好关系来处理税收问题的思路似乎已经不合时宜。面对繁杂、专业的税收政策，企业管理层处理税收问题时经常感觉到力不从心。企业做大做强以后，该交的税交足了没有？以后会不会因偷税被罚款？该用的优惠政策用足了没有？有没有多交税？企业管理层开始考虑评估税收对企业利润和未来经营目标的影响。安然事件之后，美国通过了萨班斯—奥克斯利（Sarbanes Oxley）法案，对上市公司制定了许多严厉的法律措施。随着越来越多国家的效仿，新法案的出台已经成为市场经济国家公司治理行为日趋严谨的标志性事件。国外公司为了顺应这种趋势，逐步加强了风险管理和内部控制。作为公司商业风险的一类，有效管理企业税收风险问题已经被广泛接受。而在我国，由于多年计划经济体制的影响，加之纳税意识的匮乏，企业对于税收风险问题的认识刚刚处于萌芽状态。对涉税风险的预警分析，应当从环境描述等工作开始。

二 定期进行风险识别与检测

（一）企业应对税务稽查风险的自我检测

应对税务稽查风险，企业可以进行以下自我检测：

（1）您是否对公司主要税种的税负率认真测算过？

（2）公司在招聘会计人员时，是否测试其办税能力？

（3）您对所从事行业的相关税收优惠政策是否了解？

(4) 公司是否对采购人员索要发票事项进行过培训?

(5) 对外签订相关经济合同是否考虑过对纳税影响?

(6) 租赁、融资、购房或投资时，是否考虑纳税的事项?

(7) 新业务发生时是否系统地咨询过相关财税专家?

(8) 新颁布的税收政策法规是否在 30 日内学习掌握?

(9) 对税务局的评估、约谈或稽查，您是否了解其意图?

(10) 是否聘请过财税专家定期进行财税风险的诊断?

(二) 居民企业各主要环节纳税风险点识别

收入风险常见涉税问题

1. 收入计量不准
2. 隐匿实现的收入
3. 实现收入入账不及时
4. 视同销售行为未作纳税调整
5. 销售货物的税务处理不正确

成本常见涉税问题

1. 利用虚开发票或人工费等虚增成本
2. 资本性支出一次计入成本
3. 将基建、福利等部门耗用的料、工、费直接计入生产成本等以及对外投资发出的货物，直接计入成本、费用等
4. 擅自改变成本计价方法，调节利润
5. 收入和成本、费用不配比
6. 原材料计量、收入、发出和结存存在的问题
7. 周转材料不按规定的摊销方法核算摊销额，多计生产成本费用
8. 成本分配不正确
9. 人工费用的核算不准确
10. 销售成本中存在的问题

(1) 虚计销售数量，多转销售成本

(2) 销货退回只冲减销售收入，不冲减销售成本

(3) 为本企业基建、福利部门及赠送、对外投资发出的货物计入销售成本

费用常见涉税问题

1. 费用界限划分不清

(1) 资本性支出与费用性支出的界限划分不清

(2) 一项支出在成本和费用中重复列支

(3) 有扣除标准和无扣除标准费用的界限划分不清

2. 管理费用的问题

(1) 招待费未按税法规定进行纳税调增

(2) 擅自扩大技术开发费用的列支范围，享受税收优惠

(3) 专项基金未按规定提取和使用

(4) 企业之间支付的管理费、企业内营业机构之间支付的租金和特许权使用费进行税前扣除

3. 销售费用的问题

(1) 超列广告费和业务宣传费

(2) 专设销售机构的经费税务处理不正确

(3) 发生的运输及装卸费不真实

4. 财务费用的问题

(1) 贷款使用企业和利息负担企业不一致

(2) 从非金融机构借款利息支出超过按照金融机构同期同类贷款利率计算的数额，未进行纳税调整

(3) 企业从其关联方接受的债权性投资与权益性投资的比例超过规定标准而发生的利息支出，未进行纳税调整

(4) 汇兑损益的税务处理不正确

(5) 非银行企业内营业机构之间支付的利息税前扣除

税金常见涉税问题

1. 应资本化的税金税前扣除

2. 将补提补缴的以前年度税金直接税前扣除

3. 将企业所得税额和应由个人负担的个人所得税额进行了税前扣除

损失常见涉税问题

1. 虚列财产损失

2. 已作损失处理的资产，又部分或全部收回的，未作纳税调整

其他支出的检查常见涉税问题

1. 销售材料的成本结转不正确
2. 出租财产的成本结转不正确
3. 计提的不符合税法规定的各项准备金未作纳税调整

固定资产税务处理的检查

固定资产计税基础的检查常见涉税问题

1. 虚增固定资产计税价值
2. 属于固定资产计税价值组成范围的支出未予资本化

固定资产折旧及处置的检查常见涉税问题

1. 计提折旧范围不准确
2. 折旧计算方法及分配不准确
3. 固定资产处置所得未并入应纳税所得额

无形资产税务处理的检查常见涉税问题

1. 无形资产计量、摊销不准确
2. 自行扩大加计扣除无形资产成本的范围
3. 无形资产处置所得未并入应纳税所得额

生产性生物资产税务处理的检查常见涉税问题

1. 生产性生物资产计量不准确
2. 生产性生物资产折旧的时间、残值、年限不准确
3. 生物资产处置所得未申报纳税

长期待摊费用税务处理的检查常见涉税问题

1. 长期待摊费用的计量不准确
2. 缩短摊销期限，增加当期费用

税收优惠的检查常见涉税问题

1. 不符合税收优惠条件享受税收优惠
2. 不符合税收法定范围享受税收优惠
3. 超期限享受税收优惠
4. 减免金额计算不准确

应纳税所得额的检查常见涉税问题

1. 不征税收入用于支出所形成费用的折旧、或财产的摊销额在税前扣除，未作纳税调整
2. “以前年度损益调整”事项，未按规定进行纳税处理

亏损弥补的检查常见涉税问题

1. 未按税法规定的弥补亏损年限弥补亏损
2. 企业自行扩大弥补亏损数额
3. 将查增所得额用于弥补以前年度亏损
4. 用境内所得弥补境外营业机构的亏损

应纳税额的检查常见涉税问题

1. 应纳税额未按适用税率计算
2. 申报的减免所得税额不符合政策要求
3. 抵免税额的范围及抵免方法不符合税法规定
4. 投资收益未按税法规定进行税务处理
5. 税额计算不准确

非货币性资产风险点常见涉税问题

1. 非货币性资产交换业务通过体外循环的方式，偷逃税款
2. 直接调整非货币性资产的账面记录，不确认损益申报纳税
3. 利用交易双方的关联关系，在关联方之间进行利润的转移
4. 故意混淆各税种计税依据的确认，少缴税款

5．不具有商业实质或公允价值不能可靠计量的非货币性资产交换，未按税法规定进行纳税调整，影响当期应纳税所得额

6．整体资产置换重组业务，未按规定纳税

债务重组风险点常见涉税问题

1．利用虚假债务重组，调节利润，少申报缴纳税款

2．债务重组所得计入资本公积，未作纳税调整

3．纳税人确认预计负债，少计的债务重组收益未申报纳税

4．关联企业之间利用债务重组业务逃避税款

投资业务风险点常见涉税问题

1．少计投资成本，多列当期费用

2．隐匿、截留投资业务的持有收益

3．视同销售未按税法规定缴纳各税

4．混淆免税收入和应税收入的界限，少计应税所得

企业合并税务风险点常见涉税问题

1．被合并方未按税法规定确认所得，偷逃企业所得税

2．合并方取得的资产不按税法规定摊销，多计成本费用，影响当期和以后期间应纳税所得额

3．合并方合并对价中的非货币性资产支付不确认资产的处置收益

4．合并取得的商誉分期摊销或计提减值准备在税前扣除

5．合并企业多弥补被合并企业合并前发生的亏损

股权转让企业风险点常见涉税问题

1．少计或不计投资转让所得，少缴企业所得税

2．多计股息红利收入，少计股权投资转让所得

3．提前弥补股权投资转让损失

建造合同风险点常见涉税问题

1. 合同收入未按照完工百分比法分期确认，少缴流转税和企业所得税
2. 因合同变更、索赔、奖励等形成的收益不计收入，偷逃税款
3. 合同完成后处置残余物资取得的收益不计入收入
4. 对于合同预计总成本超过合同总收入的预计损失，企业提取损失准备，在计算应纳税所得额时不作调整
5. 借款费用重复扣除或提前扣除

（三）非居民企业纳税申报风险点识别

表 2-1　　非居民企业纳税申报风险点识别

序号	风险性质	风险点	备注
1	时间性风险（多缴税风险）	1. 税收优惠未及时认定	
		2. 财产损失未及时审批	
		3. 纳税收入未及时确认	
		4. 应计未计费用的风险	
2	虚假列支（少缴税风险）	1. 纳税人贿赂国外人员并将贿款作为对接受“服务”的支付款项扣除	
		2. 假“贷款”利息税前列支	纳税人从国外实体获得贷款，将利息支付作为经营成本扣除，而国外实体由纳税人秘密控制，贷款只不过是其自己的资金，利用国外实体隐藏了这笔资金
		3. 隐藏居民身份	纳税人声称不是某国居民，而是另外一避税地居民，注册地并非其实际管理地
		4. 使用避税工具	使用空壳实体——信托、合伙等

续表

序号	风险性质	风险点		备注
3	不申报非法所得（少缴税风险）	1. 收受贿赂所得		
		2. 犯罪活动所得		
4	不申报合法所得（少缴税风险）	1. 现金支付		
		2. 资金跨境转移		
		3. 国际贸易所得直接转入外国银行		
		4. 使用离岸公司		
5	异常申报风险	1. 交易异常风险	现金交易	
			关联交易	
			避税地交易	
			无关第三方	
			亏损异常	
			无商业目的的交易	
			交易缺乏透明度	
		2. 账、证、表异常风险	佣金、管理费支付（大额）	
			可疑合同	
			银行信息	私人账户、不正常支付、多个账户等
			财务报表可疑	
			单据、表、证不齐	
			不合理解释	

二 评估涉税风险

在识别涉税风险的基础上应进行涉税风险级别评估，其具体步骤如下：

（一）信息的采集

为纳税风险评估进行的研究和情报收集是第一步工作。内部信息主要来源于企业管理数据信息库：包括纳税人的纳税申报、以前年度的风险评估资料、以前年度对纳税人的审计资料等，这些信息全部录入计算机网络供纳税评估人员调用。

（二）信息的分析

纳税评估人员将采集的内部和外部信息及评估员个人采集的信息进行分析，形成几个报告，包括财务分析、关联企业分析、财务指标分析、申报分析、欠税情况分析、征收情况分析等。这些报告的形成是在专家、行家设定的方程式下自动形成的，再加上评估人员个人的分析经验，以此保证对采集信息的分析研究质量。

（三）风险的确定和处理

对纳税人进行信息分析后，确定纳税人的潜在风险、具体风险和可能逃避的税收，并提出处理方法和策略。

四 定期进行纳税风险关键因素分析

纳税风险有来源于纳税人自身的税务风险，也有来自外部举报和延伸检查的风险。有缺乏依法纳税观念带来的风险，也有纳税人自身欠缺专业素质和责任心引致的风险，还有纳税人滥用税法及偷税行为带来税务风险，甚至还有纳税人税务筹划导致的风险。

案例分析

用给运输车辆加燃油的方式抵付运费筹划风险

某企业在销售货物过程中，用给运输车辆加燃油的方式抵付运费，可以多抵扣增值税进项税吗？测算结果：每发生1万元运输费用按税法只能抵扣10 000×7%=700元增值税。

通常运输费里燃油费用占80%，如果给运输车辆加油，按加8 000元的油计算，可抵扣增值税进项税金8 000/(1+17%)×17%=1 162元。这样每支付1万元运输费用就可以多抵扣增值税进项税462元。

[风险分析] 该企业将大量运输费用变作加油费用，按税法规定应属以物易物行为，按规定缴纳增值税。

若运输车辆是企业自己的，这样做当然可以，关键在于车辆是客户的，按正常交易来说，企业支付对方车辆运费，应让对方提供运输发票，即按企业原来的运费核算方式结算。现在企业改用给对方车辆加燃油方式抵付运费，这种行为实际上包含两个过程：一是购物行为，二是以物抵债行为。购燃油是购物行为，可以凭取得增值税专用发票抵扣进项税金，然而给对方车辆加油抵付运费则是一种以物抵债的销售行为。企业在测算时单纯考虑了增值税进项税而忽视了增值税销项税问题。企业发生的运输费用原本可以按税法抵扣7%的增值税进项税金，结果不仅没能得到增值税进项税金抵扣，反而还要多缴纳增值税。

五 研究税务风险安全策略

税务风险的评估过程，是一个精确分析风险来源和应用度量方法的过程，指明了公司策略和实施过程中固有的税务风险。税务风险管理策略是通过特定的政策来限定解释这些具体策略，修订和更新所有的发展政策，紧跟时代的发展。公司的税务风险管理策略包括：避免、保留、减少、转移和利用税务风险。

利用税务风险可通过以下方式实现：

（1）通过有效的方法在公司内部化解税务风险，并产生预期收益。

（2）通过公司的经营模式将财务、生产、销售及公司组织进行多样化改造。

（3）通过重组、合并等手段充分利用税务政策，享受税务规划收益。

（4）通过游说与公共关系活动影响税务监管部门的决策。

六 研究涉税风险控制基本办法

主要设定内部涉税风险控制的机构、人员、基本流程及关键控制节点，是企业涉税风险控制的基本准则。

（1）设立税务经理。

（2）定期进行纳税健康检查。企业若要健康，财务健康是基础。财务是否健康要通过一系列财务指标反映出来。因此，通过调查测试一系列涉税财务指标的现状、发展趋势、分析产生变化原因，就能有效地把握其弊病，为进一步研究治理奠定基础，通过调查分析诊断企业健康状况（见表2-2）。

表 2-2 定期诊断制度

税务关系	1. 凭证	税务凭证领用、保管手续是否健全	
		凭证保管是否良好完整	
	2. 责任	税务是否由专人负责	
		是否有责任制度	
	3. 公告	税法、税务公告是否有专人搜集	
		保存是否完好	
	4. 缴税	纳税计算与缴纳是否正确	
		是否发生过税金错缴事项	
		是否发生过罚款与滞纳金	
	5. 税务筹划	企业是否进行税务筹划	
		减少哪些企业税负	

（3）化解业务流程隐含的潜在风险，如防范企业向股东借款的税务风险，不要接纳挂靠部门和人员。

（4）选择防范税务风险的重要税种。

（5）构建税务风险管理系统，如利用纳税评估降低税务风险。纳税评估有利于降低企业的税务风险，利用纳税评估降低税务风险。

七 运用法律手段维护合法权益与防范税务风险

企业在申辩笔录问题、引用法律问题、罚款缴纳时间问题、税务文书的送达问题、证据问题、检查笔录问题、越权处罚问题、以罚代刑问题、处罚失当问题、处罚对象问题等当中，应充分运用法律手段维护合法权益与防范税务风险。

第五节 财务指标和比率预警法

财务比率和会计核算工具是分析企业财务状况最为广泛的使用方法和工具，也是涉税制度设计的重要方法。它是根据企业主要财务报表所提供的财务数据进行分类、归总、分析从而得出企业决策者需要的涉税信息。通过企业财务比率分析（见表 2-3），可以了解企业在管理、市场营销、生产、研究和发展等其他方面的长处和短处，另外，财务比率在涉税风险控制中和税务机关的纳税评估中也普遍应用。企业应加以灵活运用，借助财务指标和比率构建税负预警制度（制度范本见第五章）。

表 2-3

比率	公式	测定内容
1. 清偿比率		
(1) 流动比率	流动资金/短期债务	企业可以在多大程度上清偿其短期债务
(2) 速动比率	(流动资金－库存)/短期债务	在不用出售库存产品和材料的情况下，企业可以在多大程度上清偿其短期债务
2. 债务与资产比率		
(1) 债务与资产比率	总债务/总资产	债务在总资产中所占的百分比
(2) 债务与自有资本的比率	总债务/股东的总资本	在总资产中，股东与债权人各自所占的比重
(3) 长期债务与自有资本比率	长期债务/股东的总资本	在企业的长期资本结构中，债务与自有资本的比例关系
(4) 收益与利息比率	税前利润/总年利息支出	需要多少税前利润才能支付每年的利息
3. 活动比率		
(1) 库存周转率	销售总额/库存成品总值	企业的库存是否过多，或者在行业中是否周转太慢
(2) 固定资产周转率	销售总额/固定资产总值	厂房、设备的利用率
(3) 总资产周转率	销售总额/总资产	企业是否用其资产产生了足够的销售
(4) 应收账款周转率	年赊销总额/应收款	企业需要多长时间才能回收赊销货款（百分比）
(5) 平均回收期	应收款/(总销售/360 天)	企业回收赊销货款的平均天数
4. 利润比率		
(1) 毛利率	(销售额－总生产成本)/销售额	可供支付经营管理费用和作为利润收入的毛利润是多少
(2) 经营利润率	息税前收入/销售额	企业在不考虑税收和利息情况下的盈利能力
(3) 纯利润率	纯利润/销售总额	每元销售的税后利润
(4) 投资收益率	纯利润/总资本	每元资本的税后利润，又称为总资本收益率
(5) 自有资本收益率	纯利润/股东的总资本	股东每元资本的税后利润
(6) 每股盈利	纯利润/企业售出普通股总额	股东从每一普通股票上可以得到的盈利
5. 增长比率		
(1) 销售	总销售金额的年增长率	企业的销售增长率
(2) 利润	利润的年增长率	企业的利润增长率
(3) 每股盈利率	每股盈利的年增长率	企业每股盈利的年增长率
(4) 每股分红	每股市场价格	企业股息增长率
(5) 市盈率	每股市价/每股盈余	

下面以企业所得税纳税评估指标设置及可行性测试分析为例加以说明。

一 纳税评估指标体系的选择与设置

企业所得税纳税评估能否实现预期目标，关键在于评估指标的设置合理与否。在选择评估指标时，我们陆续采用了通用评估分析指标、财务指标离散程度等方法逐一进行测试，但结果均不理想。对此，我们仔细分析测试失败的原因，发现采用以上分析办法时，各类评估指标往往只关注单一会计要素的变动，即使增加了相应的配比分析，也仅仅局限在一些简单的要素之间的横向数据对比，无形中割断了指标之间的内在联系。而企业所得税管理必须通盘考虑企业的整体财务状况，同时鉴于目前在会计实务中，资产、负债、所有者权益三大会计要素更具有真实性，并遵循简易可行原则，最终采用杜邦财务分析体系的指标作为所得税综合评估选户指标。

杜邦财务分析体系是利用各财务指标之间的内在关系，对企业综合经营理财及经济效益进行系统分析评估的方法。因其最初由美国杜邦公司创立并成功运用而得名。杜邦财务分析体系的基本结构如图 2-3 所示：

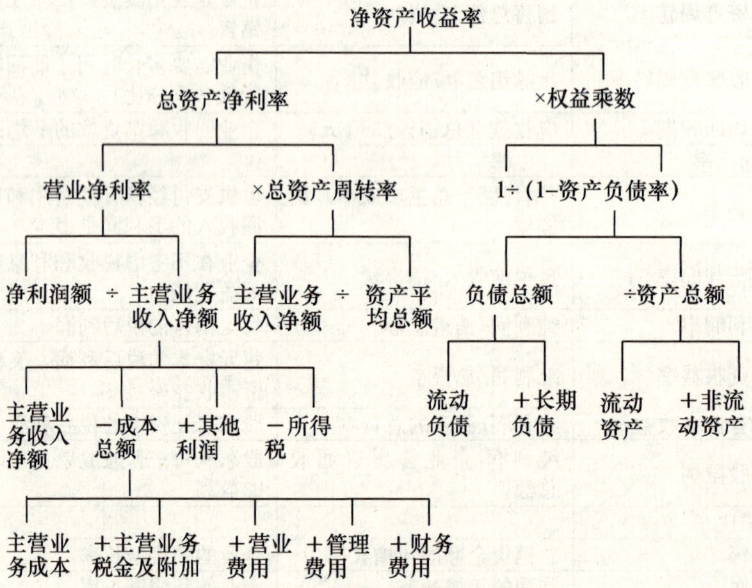

图 2-3 杜邦财务分析体系

采用杜邦财务分析体系对企业的所得税申报资料异常进行分析，必须综合计算以上指标，并与行业同类指标相比对：对低于行业标准值的企业均可列为疑似异常户；对指标高于行为标准值的，将异常指标数分别进行横、纵向排序，并按一定比例选出异常申报对象。

二 指标可行性测试分析

［案例］

指标可行性测试分析

由于目前手头可用于测试的只有历年减免税企业财务资料，其中：2010年度减免税以塑料包装制品行业的企业户数最多。因此，在应用杜邦财务分析系统对所得税异常申报进行测试分析时，我们确定了2010年度塑料包装制品行为测试行业，采用A市统计局公布的2010年度有关数据测算行为标准值，选择2010年度该行业减免税7户企业为测试样本，并按30%选取申报异常户数。

样本企业有关基本数据如下表：

附表1 单位：元

单位	净利润	主营业务收入净额	资产总额（期初）	资产总额（期末）	负债总额	自查检查调增项目及金额
A市星河塑料厂	266 864	4 409 318	2 644 451	3 606 464	1 554 491	0
永泰兴裕塑料有限公司	152 312	4 352 938	3 743 853	3 970 776	2 167 872	利息113 789；罚款40
A市华峰泡塑厂	126 340	2 096 888	627 183	836 726	85 068	4—12月份增值税退税123 850
花城腾飞泡塑厂	107 534	1 920 214	468 565	671 538	273 778	补贴收入57 661；其他4 990；其他47 778
A市建达塑料有限公司	217 792	3 444 222	2 817 153	3 498 947	449 745	其他127 180
花城丹艺民政塑料厂	269 791	5 664 602	5 157 894	2 206 095	1 287 870	0
永泰振泰塑料有限公司	109 709	4 700 948	2 285 206	3 183 173	1 556 071	17

样本企业五个核心指标计算结果如下表：

附表 2

单位	主营业务净利率	总资产周转率	总资产净利率	权益乘数	净资产收益率
全市塑料包装制造业企业（千元）	0.61%	199.90%	1.23%	2.12	1.38%
A 市星河塑料厂	6.05%	141.08%	8.54%	1.76	15.01%
永泰兴裕塑料有限公司	3.50%	112.85%(*)	3.95%	2.20	8.70%
A 市华峰泡塑厂	6.03%	286.48%	17.26%	1.11(*)	19.21%
花城腾飞泡塑厂	5.60%	336.85%	18.86%	1.69	31.85%
A 市建达塑料有限公司	6.32%	109.06%(*)	6.90%	1.15	7.91%
花城丹艺民政塑料厂	4.76%	153.85%	7.33%	2.40	17.60%
永泰振泰塑料有限公司	2.33%	171.93%	4.01%	1.96	7.85%

注：数据后带（*）的为低于行业标准值或高于行业标准值前 30%的选户。

（一）根据附表 1 计算及比对的测试结果作出的判断

1. 低于行业标准值，全部列为疑似异常企业

①永泰兴裕塑料有限公司；

②A 市华峰泡塑厂；

③A 市建达塑料有限公司。

2. 高于行业标准值异常企业（两个步骤）

（1）步骤一：纵向按 5 个指标值从高到低分别选择 30%企业，即各 2 户。

①主营业务净利率：A 市星河塑料厂、A 市建达塑料有限公司；

②总资产周转率：A 市华峰泡塑厂、花城腾飞泡塑厂；

③总资产净利率：A 市华峰泡塑厂、花城腾飞泡塑厂；

④权益乘数：永泰兴裕塑料有限公司、花城丹艺民政塑料厂；

⑤净资产收益率：A 市华峰泡塑厂、花城腾飞泡塑厂。

（2）步骤二：从步骤一选户中按异常指标从多到少选取异常户。

由附表 1 计算结果统计可得：

序号	企业	异常指标个数
1	A 市星河塑料厂	1
2	永泰兴裕塑料有限公司	1
3	A 市华峰泡塑厂	3
4	花城腾飞泡塑厂	3
5	A 市建达塑料有限公司	1
6	花城丹艺民政塑料厂	1
7	永泰振泰塑料有限公司	0

然后，按测试企业数的30%横向选取异常指标较多的户数：

①A市华峰泡塑厂；

②花城腾飞泡塑厂。

(二) 综合以上分析可初步选取异常申报的企业

(1) 永泰兴裕塑料有限公司（低于行业标准值）；

(2) A市华峰泡塑厂（低于行业标准值，且异常指标较多）；

(3) 花城腾飞泡塑厂（异常指标较多）；

(4) A市建达塑料有限公司（低于行业标准值）。

(三) 与企业自查、接受税务机关检查情况相比对

企业名称	应调增项目及所得额（元）	比对结果
A市星河塑料厂	利息：113 789；罚款：40	相符
永泰兴裕塑料有限公司	增值税退税收入：123 850	相符
A市华峰泡塑厂	增值税退税收入：110 434	相符
花城腾飞泡塑厂	增值税退税收入：127 180	相符
A市建达塑料有限公司	0	相符
花城丹艺民政塑料厂	0	相符
永泰振泰塑料有限公司	其他：17	基本相符

从比对结果来看，除“永泰振泰塑料有限公司”比对结果基本相符之外(应调增金额过小，误差几乎可以忽略不计)，其他各户的选择均符合企业财务实际情况。因此，采用杜邦财务分析体系选取异常申报户具有一定的可行性。

二 对选定的异常申报户进行异常项目分析测试

[案例]

异常项目分析测试

异常申报企业选出后，还需根据杜邦财务分析体系自上而下地分析样本各户的异常申报项目，即：在计算杜邦体系异常指标的基础上，按杜邦结构分析图层层分解至涉及异常指标所关联的会计要素，同时将这些会计要素作前后期纵向趋势比较，并参照行业平均标准值增减幅度，查找申报异常的症结所在，从而最终明确申报异常项目，为开展税务约谈提供线索及依据。

按附表1计算选取的企业杜邦体系异常指标统计表如下：

企业名称	主营业务净利率	总资产周转率	总资产净利率	权益乘数	净资产收益率
永泰兴裕塑料有限公司		异常		异常	
A市华峰泡塑厂	异常	异常	异常	异常	异常
花城腾飞泡塑厂		异常	异常		异常
A市建达塑料有限公司	异常	异常			

以永泰兴裕塑料有限公司为例，对异常申报项目进行测试分析：

(一) 总资产周转率异常因素分析

总资产周转率=主营业务收入净额/资产平均总额

应重点分析“主营业务收入净额”是否异常。可通过计算该企业的“产品销售收入净额”前后两个年度的增减趋势及变化幅度，参照变动幅度标准值（20%）进行分析：

项目	2002年度	2003年度	同比增幅
产品销售收入净额（元）	4 579 260	4 352 938	−4.94%

(二) 权益乘数异常因素分析

应重点分析“财务费用”是否异常。可通过计算该企业的“财务费用”前后两个年度的增减趋势及变化幅度，参照变动幅度标准值（20%）进行分析：

项目	2002年度	2003年度	同比增幅
财务费用（元）	112 412	153 615	36.65%

从上表分析可得：财务费用同比增幅为36.65%，大于变动幅度标准值(20%)，可将其作为约谈项目。从企业查增情况来看，调增所得额的项目为：利息支出113 789元，与项目分析结果相符。

四 测试结果评析

(1) 本次测试涉及的企业数据从企业报送财务资料及主管税务机关检查报告中取数，没有进行任何修改，因此，测试结果可信度较高。从测试过程及结果来看，采用杜邦财务分析体系判断所得税异常申报企业工作量小，操作简便，且涉及的分析指标层次清晰，简明易懂，分析结果与企业实际情况基本相符，具有一定可行性。

（2）从测试过程来看，杜邦财务分析体系更适用于异常申报企业的选户，且对税务约谈而言，能够正确选出异常户已经达到目的。对具体项目的判断，可通过实施约谈、实地核对等途径作进一步分析。

（3）由于本次测试样本企业户数较少，且均为减免税企业，财务数据较为真实，测试结果达到了预期目的，但是否适用于全部企业，有待扩大样本企业进行测试，作进一步检验。

附表

税务机关的纳税评估的预警值

增值税行业平均税负率参照表

序号	行　业	平均税负率
1	副食品加工	3.50
2	食品饮料	4.50
3	纺织品（化纤）	2.25
4	纺织服装、皮革羽毛（绒）及制品	2.91
5	造纸及纸制品业	5.00
6	建材产品	4.98
7	化工产品	3.35
8	医药制造业	8.50
9	卷烟加工	12.50
10	塑料制品业	3.50
11	非金属矿物制品业	5.50
12	金属制品业	2.20
13	机械交通运输设备	3.70
14	电子通信设备	2.65
15	工艺品及其他制造业	3.50
16	电气机械及器材	3.70
17	电力、热力的生产和供应业	4.95
18	商业批发	0.90
19	商业零售	2.50
20	其他	3.50

企业所得税预警税负率参考（2008—2009）

序号	行　业	预警税负率
1	餐饮业	2.00%
2	道路运输业	2.00%
3	电力、热力的生产和供应业	1.50%
4	电气机械及器材制造业	2.00%
5	房地产业	4.00%
6	纺织服装、鞋、帽制造业	1.00%
7	纺织业	1.00%
8	纺织业——袜业	1.00%
9	非金属矿物制品业	1.00%
10	废弃资源和废旧材料回收加工业	1.50%
11	工艺品及其他制造业	1.50%
12	工艺品及其他制造业——珍珠	4.00%
13	化学原料及化学制品制造业	2.00%
14	计算机服务业	2.00%
15	家具制造业	1.50%
16	建筑安装业	1.50%
17	建筑材料制造业	3.00%
18	建筑材料制造业——水泥	2.00%
19	金属制品业	2.00%
20	金属制品业——弹簧	3.00%
21	金属制品业——轴瓦	6.00%
22	居民服务业	1.20%
23	零售业	1.50%
24	木材加工及木、竹、藤、棕、草制品业	1.00%
25	农、林、牧、渔服务业	1.10%
26	农副食品加工业	1.00%
27	批发业	1.00%
28	皮革、毛皮、羽毛（绒）及其制品业	1.00%
29	其他采矿业	1.00%
30	其他服务业	4.00%
31	其他建筑业	1.50%
32	其他制造业	1.50%
33	其他制造业——管业	3.00%
34	其他制造业——水暖管件	1.00%
35	商务服务业	2.50%
36	食品制造业	1.00%
37	塑料制品业	3.00%

续表

序号	行　业	预警税负率
38	通信设备、计算机及其他电子设备制造业	2.00%
39	通用设备制造业	2.00%
40	畜牧业	1.20%
41	医药制造业	2.50%
42	饮料制造业	2.00%
43	印刷业和记录媒介的复制印刷	1.00%
44	娱乐业	6.00%
45	造纸及纸制品业	1.00%
46	专业机械制造业	2.00%
47	专业技术服务业	2.50%
48	专用设备制造业	2.00%
49	租赁业	1.50%

如“电耗指标”的运用。指标公式：

$$指标=\frac{主营业务收入}{耗电量}\times 100\%$$

其分子“主营业务收入”数据来源于利润表中，分母为“耗电量”。

使用方法：本指标主要用于电能为主要生产能源的制造业（预警值须根据细分行业设定）。本指标中的电耗量应在日常巡查时进行核实，查看企业电表或缴交电费纪录。对单位耗电量的营业收入明显低于同行业水平的，应通过进一步了解企业的生产设备能力、厂房规模、员工人数等分析企业是否存在少计收入的情况。

第三章

企业涉税制度设计流程

本章讲述企业涉税制度设计的一般程序、内容和注意事项，并介绍了本书一至六章的内容及案例设计的架构。企业涉税制度设计是一项复杂的系统工程，由于企业涉税制度所要解决的问题具有不相同的性质和范围，制度设计的条件、方式和要求也各不相同。因此，本书给出企业涉税制度设计的一般程序、内容和注意事项，旨在为企业的涉税制度建设提供一个参照。

第一节
企业涉税制度设计的调查

企业涉税制度设计调查是制度设计人员按照涉税制度设计的内容和要求，运用一定方法，了解掌握与涉税制度设计有关的情况，发现涉税活动中存在的问题，为涉税制度设计准备资料的过程。

企业涉税制度设计的过程，实质上也是设计人员不断发现问题、分析问题、解决问题的过程。通过调查，设计人员可以了解企业与涉税制度有关的情况，发现企业生产经营活动中存在的需要解决的问题，有助于设计人员有针对性地采取相应改进措施；通过调查，设计人员可以熟悉企业的业务流程，使设计的涉税制度更加切合企业实际，具有较强的可操作性。因此，调查是整个涉税制度设计工作的重要基础。在企业涉税制度设计的不同阶段，调查的内容和详细程度也有所不同，具体可以分为初步调查和详细调查。一般而言，初步调查是为设计制度纲要服务的，应由设计项目负责人完成；详细调查是为分项设计服务的，应由分项设计人员完成。调查的具体要求是：

(1) 拟订调查提纲，明确调查目的和调查内容；

(2) 采用适当的调查方法；

(3) 深入实际，尽量多地掌握企业的第一手资料；

(4) 发现问题，提出解决的办法；

(5) 将调查得到的资料进行归类整理，形成系统的文字资料。

一 调查提纲的拟订

企业涉税制度设计的调查提纲要形成文字资料，它既可以是条款形式，也可以是表格形式。具体要求如下：

(1) 目的、范围明确；

(2) 内容详细、具体；

(3) 调查问题针对性强；

(4) 明确调查方法和资料来源。

一、调查方法

制度设计调查的方法很多，设计人员可以通过实地观察、岗位访问、开座谈会、问卷测试、请求有关人员提供书面材料等方法获得涉税制度设计所需的有关资料、信息。下面，主要介绍企业涉税制度设计调查时最常用的三种方法：

（一）观察法

观察法是指根据预定的目的、计划，对调查对象进行观察，并通过记录、分析有关感性资料进行调查的方法。它是涉税制度设计中常用的调查方法之一。例如，对企业的管理状态、生产工艺流程及经营状况、员工的薪酬、企业领导与员工之间的关系等情况，都可以通过观察法来收集资料。从观察的情境条件看，观察法可分为自然观察和实验观察两种。前者是指在自然条件下对调查对象的观察；后者是对某些变量加以控制，在实验中的观察。从观察者所处的位置看，观察法又可分为参与型观察和非参与型观察两种形式。前者是指调查者参与被观察对象的活动；后者是调查者不介入被观察对象的活动。

尽管观察法类型较多，从不同角度出发，采取的步骤也不统一，但从整体上看，观察法主要包括以下步骤和内容：

1. 观察前的工作

观察前必须做好三项准备工作：

一是确定观察目标。既要确立总体目标，又要包括具体目标。

二是制定观察计划。制定观察计划包括观察的内容、对象、范围、时间、次数、方式、手段以及采用的工具等。

三是拟订观察提纲。观察提纲一般包括观察谁，观察什么，何时观察，何地观察，观察目的等具体内容。为方便使用，观察提纲可制成观察表、卡片等多种形式。

2. 观察中的工作

在观察中，主要围绕观察计划与提纲进行现场观察。在观察时应注意三点：

一是保持被观察者的自然状态，避免干扰。

二是把观察与思考、分析结合起来，没有思考、分析，就捕捉不到有用的信息。

三是认真做好观察记录。记录的方式可以多种多样，既可以是事先将观察项目细化为不同的指标体系，按一定方式列出表格，在观察时调查者只需依据判断在表格上划上记号；也可以是对某个重点项目做重点记录；还可以是将观察到的现象、感受和体验等做全面的描述性记录。但不管哪一种形式的记录，都应做到准确客观、全面完整、系统连续。另外，有条件的话，尽可能地做一些摄像和录音。

3. 观察后的工作

观察所得到的事实资料一般比较零乱和分散，在观察后，必须及时做好三项工作：

一是按预定计划对事实资料进行及时分类、归档和统计。

二是对缺漏、错误记录进行及时修正与追补，使之系统化、准确化。

三是对资料进行分析，撰写观察报告。

（二）问卷法

问卷法是以书面提出问题的方式收集资料的一种调查方法。它是涉税制度设计中最常用的调查方法。这种方法主要用统一设计的问卷，要求调查对象对问卷做出填答，从而获得某一群体对某一现象或问题的看法和意见。例如，要了解员工对涉税制度的认知程度、不同层级人员对企业涉税管理状况的评价等问题，都可采用问卷法来收集资料。

1. 问卷的形式

问卷的形式主要有三种：

（1）封闭型问卷。这种问卷不仅要提出问题，还要提供可选择的答案，只允许答卷者在问卷所限制的范围内进行挑选。这种问卷的题型有是否型、选择型、评判型三种。封闭型问卷具有标准化、简单易行、心理干扰小、回答真实、样本大、便于统计、能解决多因素复杂问题等优点；但也存在缺乏灵活性、指导性、深入性，容易受社会因素的影响等缺点。

（2）开放型问卷。这种问卷只提出问题，不列出答案，让被调查者自由陈述自己的想法。问卷的题型可以是填空式的，也可以是问答式的。开放型问卷具有了解信息全面、灵活度高的优点；但存在样本小、不便统计等缺点。

（3）综合型问卷。这种问卷综合了开放型与封闭型问卷的优点，并弥补各自的不足。这种问卷的设计要以封闭型为主，适当加入若干开放型问题。调查者对于比较确定的问题，用封闭型问题提出；对于尚未明了的问题，或深层次的调查，则采用开放型问题提出。

2. 使用问卷法收集资料时应注意的问题

在使用问卷法收集资料时，应注意以下四点：

一是题量要适当地多一些。由于问卷法容易受社会变量的影响，题量太少，容易导致答案失真。因此，问卷应从不同角度多出一些题目，以检验被调查者回答的一致性。

二是问题要便于被调查者回答。问题设计要与被调查者的背景、环境等相适应，并能引起他们积极回答的兴趣。

三是尽量采用封闭型与开放型相结合的综合形式。封闭型问题要按标准化测试的原则进行编拟；开放型问题应具有启发性，有利于被调查者回答。

四是应采取匿名答卷方式。

（三）访谈法

访谈法是通过调查者与被调查者直接接触、直接交谈的方式来收集资料的调查方法。这种方法与其他方法相比，具有独特的重要功能，例如与观察法相比，访谈可以直接了解到受访者的思想、心理、观念等深层内容；与问卷法相比，访谈可以直接询问受访者本人对某个问题的看法，并提供机会让被调查者用自己的语言和概念来表达他们的观点。访谈法有较广泛的适应范围，通过访谈得到的信息资料，对企业涉税制度的设计有着重要的参考价值。例如，通过对总经理的访谈，可以了解其对涉税制度设计的要求，可以掌握其对涉税权限划分的意见等，这些信息都是进行涉税制度设计时需要重点考虑的因素。

根据访谈结构的控制程度，访谈可分为封闭型、半开放型、开放型；根据访谈规模，访谈又分为个别访谈与集体访谈两种类型。

访谈法的运用过程主要包括如下内容：

（1）设计访谈提纲。无论是哪一种形式的访谈，一般在访谈之前都要设计一个访谈提纲，明确访谈的目的和所要获得的信息，列出所要访谈的内容和提问的主要问题。

(2) 恰当进行提问。要想通过访谈获取所需资料，对提问有特殊的要求。在表述上要求简单、清楚、明了、准确，并尽可能地适合受访者；在类型上有开放型与封闭型、具体型与抽象型、清晰型与含混型之分；另外，适时、适度的追问也是非常重要的。

(3) 准确捕捉信息，及时收集有关资料。访谈法收集资料的主要形式是"倾听"。倾听可以在不同的层面上进行：在态度上，访谈者应该是"积极关注地听"，而不是"表面地或消极地听"；在情感层面上，访谈者要"有感情地听"和"共情地听"，避免"无感情地听"；在认知层面上，要随时将受访者所说的话或信息迅速纳入自己的认知结构中加以理解和同化，必要时还要与对方进行对话，与对方进行平等交流，共同构建新的认识。另外，"倾听"还需要遵循两个原则：一是不要轻易打断对方的讲话；二是保持适度的容忍与沉默。

(4) 适当地作出回应。访谈者不只是提问和倾听，还需要将自己的态度、意向和想法及时地传递给对方。回应的方式多种多样，可以是诸如"对"、"是吗"、"很好"、"明白了"等言语行为；也可以是点头、微笑等非言语行为；还可以是重复、重组和归纳总结。

(5) 及时做好访谈记录，一般还要进行录音或录像。

为了使访谈能够有效地顺利进行，还应注意以下八点：

一是事先应对访谈对象有所了解；

二是要尽可能自然地结合受访者当时的具体情形开始访谈：

三是访谈的问题应该是由浅入深、由简入繁，而且要自然过渡；

四是为避免谈话跑题，有时需要进行适当的调节和控制；

五是无论是提问还是追问，问的方式、内容都要适合受访者；

六是在回应中要避免随意评论；

七是访谈者要特别注意自己在访谈中的非言语行为；

八是要讲究访谈的结束方式。

在制度设计调查过程中，不管采用何种调查方法，设计人员都必须把握要领，所收集、掌握的材料应包括批评性意见和建设性意见两类，以此作为设计涉税制度的重要依据之一。

第二节
企业涉税制度的纲要设计

企业涉税制度纲要设计是对所设计的涉税制度作出的总体规划。主要包括明确涉税制度设计的性质、目标、范围和依据，规划各分项设计的内容和要求。设计人员要采用系统分析法，将系统论、信息论和控制论的理论、技术和手段运用于制度纲要的设计之中。在企业涉税管理系统中，母系统与子系统、子系统与子系统之间都是相互联系、相互作用的，但各自又有其独立性。因而企业涉税制度设计就必然呈现出基本制度与具体制度、具体制度与具体制度之间的区别与联系。涉税制度纲要设计要从整体目标出发，制定的涉税制度既要表现横向的结构性，又要表现纵向的层次性。在制度设计上要全面考虑、综合平衡企业与国家、企业与投资者、企业与内部各部门、企业与员工等利益主体之间的关系，以达到制度设计的科学性与系统性。

一 明确设计的性质、目标、范围和依据

（一）要明确设计项目的名称及类型

企业涉税制度设计的性质不同，设计的任务、方法也不同。一般而言，企业涉税制度设计的类型分为全面性设计、局部性设计和修订性设计三种。全面性设计的任务是要构建企业涉税制度的基本框架，建立一套完整的企业涉税制度体系；局部性设计主要是对现有涉税制度体系中欠缺的部分进行具体设计；修订性设计则是对原有涉税制度加以修改而进行设计，以更改部分内容。

（二）要明确涉税制度设计的目标

企业涉税制度设计的目标是企业设计涉税制度所要达到的预期目的，它对于整个设计工作具有导向作用。企业涉税制度设计的一般目标可简单归结为：设计适应企业自身特点和管理要求的涉税制度，用以规范企业涉税行为、处理各种涉税关系。涉税制度设计的具体目标一般由企业涉税负责人首先提出，但这时的设计目标往往比较笼统，一般不能直接作为设计目标。这就要求设计人员接受设计任务后，根据初步提出的目标进行调查研究，将设

计目标明确化、具体化。通常这项工作要由设计项目负责人与企业涉税负责人共同研究、反复磋商确定，并在设计过程中不断完善。项目设计目标既是指导涉税制度设计工作的基本依据，也是涉税制度评审验收的基本标准。

（三）要明确设计的范围和内容

不同性质的涉税制度设计，其设计范围及内容有很大差异。如全面性涉税制度设计的范围比较广泛，内容包括企业的全部业务活动和涉税关系；而局部性涉税制度设计则只针对企业涉税活动或涉税关系的某一部分或某几部分进行设计。

（四）要明确企业涉税制度的依据

科学有效的涉税制度是理论与实践的产物。因此，企业涉税制度设计的依据，包括理论依据和实践依据两个方面。理论依据包括现代涉税理论、企业管理理论以及系统论、信息论和控制论的理论和技术；实践依据主要体现在以下四个方面：

（1）国家财税法规是设计企业涉税制度的基本依据；

（2）企业的生产经营特点和管理要求，是涉税制度设计的前提和基础；

（3）企业的根本利益和涉税目标，是涉税制度设计的出发点和归宿；

（4）企业涉税人员的业务素质和涉税管理技术手段，是涉税制度设计中必须考虑的重要因素。

二 提出各分项设计的内容及要求

1. 分项设计的内容是指各分项制度设计的具体条目，也就是明确分项制度设计的主要章节。例如，财产盘点制度设计的内容主要有：

（1）财产盘点的范围、时间与方式；

（2）财产盘点的要求与组织；

（3）盘点人员的分工与职责；

（4）盘点前的准备事项；

（5）盘点结果的审批与处理；

（6）盘点注意事项等。

2. 分项设计的要求主要是指各分项设计的具体原则、方式和方法等。例如，财产盘点制度设计的要求主要有：

（1）财产盘点的范围要包括企业所有实物资产和货币资金；

（2）财产盘点的时间要在每月结账日进行；

（3）财产盘点的方法主要采用实地盘点法；

（4）财产盘点由涉税部经理负责组织；

（5）库存物资由保管员盘点，材料会计监盘；现金由出纳盘点，资金科长监盘；在产品由车间中转库保管员盘点，车间成本核算员监盘等；

（6）盘点前涉税部准备好盘点用表格，盘点人员准备好盘点工具等；

（7）盘点结果要报涉税总监审查、总经理审批；等等。

3. 涉税制度纲要设计提出的分项设计的内容和要求，既是分项设计的依据，也是分项设计评审验收的基本标准。

三 编制工作计划

企业涉税制度纲要设计时需要编制设计工作计划，对整个设计工作的人员分工、时间进度等事项作出安排。设计工作计划的格式如表 3-1 所示。

表 3-1　企业涉税制度设计工作计划表

序号	设计项目	设计人	计划开始时间			计划完成时间			实际完成时间			备注
			年	月	日	年	月	日	年	月	日	
1	初步调查											
2	纲要设计											
3	涉税政策及应用制度设计											
4	经济合同管理制度设计											
5	涉税岗位责任制度设计											
6	企业票据管理制度设计											
7	纳税申报控制制度设计											
…	……											
60	项目鉴定验收											

第三节 企业涉税制度的分项设计

分项设计是以详细调查的资料为基础，依据制度纲要设计提出的各分项设计的内容及要求，采用图示、表格、文字等形式为企业涉税活动制定的具体规范。分项设计是供企业有关部门和人员具体执行的涉税制度，是整个涉税制度体系的核心内容。分项设计的具体方法包括各项涉税活动的流程设计，各种表格设计，涉税处理方法文字说明等。

分项设计的基本要求是：

一 以纲要设计为依据

纲要设计是对整个项目设计工作作出的全面规划，只有各分项设计都按照纲要设计的规划进行，才能保证总体设计目标的实现。

二 以详细调查为基础

分项设计出的涉税制度，要求具有很强的适用性。因此，分项设计必须与详细调查相配合，只有通过详细调查取得业务流程的细节情况，才能使设计出的制度更加切合实际。

三 各项目之间要相互配合

整个设计项目是一个有机联系的整体。分项设计时，必须保持各项目之间的相互衔接，要特别注意各分项制度与基本制度之间、分项制度与分项制度之间的接口，切忌出现相互矛盾的条款。

四 采用恰当的表述方法

分项设计是设计具体的操作规范，因此，分项设计的方法要根据需要，不拘一格，主要设计标准是通俗易懂、便于理解和执行。要灵活采用表格、图示、文字说明等表述方法，将制度设计得科学、合理和实用。

五 保持与制度执行者的密切沟通

涉税制度设计是为执行者服务的，因此，在整个制度设计过程中，设计人员要保持与制度执行者的沟通和交流，广泛征求制度执行者的意见，在符合内部控制原则的前提下，尽量满足制度执行者的意见和要求。

第四节 企业涉税制度设计初稿的修改与完善

涉税制度设计的初稿完成后，设计项目组的全体人员应群策群力，共同完成涉税制度的定稿工作。应通过举办专题制度讲解会、将制度设计初稿交给企业有关人员进行评审等多种方式广泛征求修改意见。

下面，重点介绍三种征求修改意见的方式。

一、头脑风暴法

头脑风暴法是一种能够保证群体决策的创造性，有效提高决策质量的方法，可分为直接头脑风暴法（简称头脑风暴法）和质疑头脑风暴法（也称反头脑风暴法）。前者是尽可能激发专家群体决策的创造性，使之产生尽可能多的设想和方案的方法；后者则是对前者提出的设想、方案逐一进行质疑，分析其现实可行性的方法。

（一）头脑风暴法的基本程序

头脑风暴法的关键是通过一定的讨论程序与规则来保证创造性讨论的有效性。其基本程序如下：

1. 确定议题

必须在会前确定一个目标，使与会者明确通过这次会议需要解决什么问题，同时不要限制可能的解决方案的范围。一般而言，比较具体的议题能使与会者较快产生设想，主持人也较容易掌握；比较抽象和宏观的议题引发设想的时间较长，设想的创造性也可能较强。

2. 会前准备

为了提高头脑风暴会的效率和效果，应在会议前做好准备工作。例如，组织者应收集一些资料预先发给与会者参考，以便与会者了解与议题有关的背景材料和有关信息。就参与者而言，在开会之前，对于要解决的问题一定要有所了解。此外，在头脑风暴会正式开始前还可以出一些创造力测验题供大家思考，以便活跃气氛，促进思维。

3. 确定人选

头脑风暴会一般为8～12人，与会者太少不利于交流信息，激发思维；而与会者太多则不容易掌握，并且每个人发言的机会相对减少，也会影响会场气氛。只有在特殊情况下，与会者的人数才不受上述限制。

4. 明确分工

头脑风暴会要确定一名主持人，1～2名记录员。主持人的职责是在头脑风暴会开始时宣布讨论的议题和纪律，在会议进程中启发引导，掌握进程。例如，通报会议进展情况、归纳某些发言的核心内容、提出自己的设想、活跃会场气氛，或者让大家静下来认真思索片刻再组织下一个发言高潮等。记录员应将与会者的所有设想都及时编号，简要记录，最好写在题板等醒目处，让与会者能够看清。记录员也应随时提出自己的设想，切忌持旁观态度。

5. 规定纪律

根据头脑风暴法的原则，可规定几条纪律，要求与会者遵守。例如，与会者要集中注意力积极投入，不消极旁观；不要私下议论、不要打断别人的发言，以免影响他人的思考和思维；发言要针对目标，开门见山，不要客套，也不必做过多的解释；与会者之间要相互尊重，平等相待，切忌相互褒贬；等等。

6. 掌握时间

会议时间由主持人掌握，不宜在会前定死。一般来说，以一个小时左右为宜。时间太短与会者难以畅所欲言，太长则容易产生疲劳感，影响会议效果。如果需要更长时间，就应把议题分解成几个小问题分别进行专题讨论。

（二）头脑风暴法成功的要点

一次成功的头脑风暴除了程序上的要求外，还要特别注意探讨问题的方式，要做到充分的、非评价性的、无偏见的交流。具体而言，可归纳为以下四点：

1. 自由畅谈

与会者不应受任何条条框框的限制，要放松思想，让思维自由驰骋。要从不同角度、否同层次、不同方位，大胆地展开想象，尽可能地标新立异，与众不同，提出独创性的想法。

2. 延迟评判

头脑风暴必须坚持当场不对任何设想作出评价的原则。既不能肯定某个设想，又不能否定某个设想，也不能对某个设想发表评论性的意见。一切评价和判断都要延迟到会议结束以后才能进行。这样做一方面是为了防止评判会约束与会者的积极思维，破坏自由畅谈的气氛；另一方面是为了集中精力先开发设想，避免把应该在后阶段做的工作提前进行，影响创造性设想的大量产生。

3. 禁止批评

绝对禁止批评是头脑风暴法应该遵循的一个重要原则。参加头脑风暴会议的每个人都不得对别人的设想提出批评意见，因为批评对创造性思维无疑会产生抑制作用。同时，发言人的自我批评也在禁止之列。有些人习惯于用一些自谦之词，这些自我批评性质的说法同样会破坏会场气氛，影响自由畅想。

4. 追求数量

头脑风暴会议的目标是获得尽可能多的设想，因此，追求数量是它的首要任务。参加会议的每个人都要抓紧时间多思考、多提设想。至于设想的质量问题，可留到会后的设想处理阶段去解决。从某种意义上讲，设想的质量和数量密切相关，产生的设想越多，其中的创造性设想就可能越多。

（三）会后的设想处理

头脑风暴法的设想处理通常安排在头脑风暴会的次日进行。在此以前，主持人或记录员应设法收集与会者在会后产生的新设想，以便一并进行评价处理。设想处理的方式有两种：一种是专家评审，可聘请有关专家及头脑风暴会的与会者代表承担这项工作；另一种是二次会议评审，即由头脑风暴会的与会者共同举行第二次会议，集体进行设想的评价处理工作。

质疑头脑风暴法应遵守的原则与直接头脑风暴法一样，只是禁止对已有的设想提出肯定意见，而鼓励提出批评和新的可行性设想。

二 名义群体法

名义群体法是在决策过程中各成员独立思考，限制群体讨论的方法。实施名义群体法，也要召集有关人员参加群体会议，但会上的主要活动是互不通气的独立思考，集体讨论是次要的。这样，群体活动便只是名义的了。一般来说，名义群体法需要遵循以下步骤：

（1）会前准备：会议之前，组织者应将要讨论的材料发给每个参加会议者，使他们事前有所准备。

（2）意见填写：会议开始时，组织者先向与会者发放事前准备好的用于与会者发表个人看法的简单意见表，与会者在意见表上用简洁的语言写下或标出自己的意见。

（3）书面交流：与会者将填写好的个人意见表交给会议组织者，由组织者将意见表在与会者之间进行交换，使每个人的意见都得到充分交流。

（4）意见讨论：在组织者的安排下，与会者发表自己的看法。这时的个人看法，已经参考和融合了其他人的意见，因此比较全面和深刻。

（5）打分表决：与会者对各种意见打分表决，并按得分多少进行排序，以得分最高者为最优方案，交有关方面作为决策的参考。

三 制度实验方法

一项制度的制定和实施，往往需要先进行实验，取得经验后，再全面推广，企业涉税制度也不例外。企业涉税制度设计实验的基本要求是：对于涉及管理方法变革、影响面较大的制度实施，应首先在一个部门进行试行；然后根据试行结果对方案进行完善、修改；最后再进行全面推广。在制度试行过程中，要围绕制度设计目标，寻找问题，及时修正，力求制度的尽善尽美。例如，责任会计制度的推行，就可以先在一个分厂或车间进行试行，然后总结经验，全面推开。

经过修改、完善的企业涉税制度，要经过法定程序审批后才能正式颁布实施。

第五节 企业涉税制度设计的内容

一 涉税制度设计的内容

企业涉税制度涉及企业涉税活动和涉税关系的方方面面，其设计内容主要包括以下五个方面：

一是明确涉税主体的范围与关系。即要明确企业内部涉税管理的层次；明确企业内部经营单位之间及与企业涉税部门之间的涉税关系；明确企业与联营单位、投资与被投资单位、内部承包单位的涉税关系等。

二是设置涉税管理组织体系。包括涉税管理体制的确立；涉税机构的设置；涉税管理岗位的设立；各岗位的责权利及其相互衔接关系等。

三是规范涉税管理的内容与方法。包括货币资金、存货、固定资产、成本管理、销售收入、利润分配等涉税事项的管理内容、管理办法和程序，以及固定资产折旧方法、存货计价方法、费用提取标准等方法的选择。

四是制定企业内部涉税控制规范。包括资产控制、负债控制、权益控制、涉税风险控制、成本费用控制等内容。

五是规定企业涉税报告与涉税评价的方法与程序。包括涉税报告与涉税评价的程序、方法和时间，各相关部门在涉税评价中的任务和责任等。

根据企业涉税活动的过程、性质及其相对应的涉税关系，可以将企业涉税制度设计的内容细分为涉税管理体制、涉税基础工作等十六个部分。企业涉税制度的各个部分既密切联系，又相对独立，构成了完整的企业涉税制度体系。本书第三至十六章的内容就以此为主线，介绍了80个企业涉税制度案例。

二 涉税管理体制

（一）明确企业的涉税管理体制

明确企业的涉税管理体制，主要包括：

（1）确定企业涉税管理模式。

（2）确定涉税管理机构的设置形式。

（3）明确企业各层级涉税管理机构的隶属关系及权责。

（二）明确企业股东（大）会在涉税管理上的权责

明确企业股东（大）会在涉税管理上的权责主要包括：

（1）审核并批准企业税收规划和税收预算方案；

（2）监督企业纳税义务的履行情况；

（3）审核并批准涉税制度；

（4）沟通协调税企关系等；

（5）规划企业税务文化。

第六节 企业涉税制度设计的注意事项与案例架构

一 企业涉税制度设计的注意事项

（一）企业涉税制度设计的形式

企业涉税制度设计的具体形式可根据企业的规模、制度内容和管理需要而定。既可以以基本涉税制度的形式为企业设计一个总的涉税制度；也可以按照具体涉税事项、具体涉税内容单独制定若干个单项企业涉税制度。对于大中型企业而言，由于企业的涉税活动和涉税关系比较复杂，涉税管理职责分工也较为细致，为了便于涉税制度的贯彻执行，应在设计基本涉税制度的基础上，详细制定有关单项涉税制度。各单项涉税制度既要自成体系，又要与整体涉税制度相互连接、浑然一体，以确保整个企业涉税制度的完整性和系统性。

（二）单项企业涉税制度设计的原则

单项企业涉税制度的设计应根据本企业生产经营活动和管理要求合理确定，有所为，有所不为。例如，涉外经济业务较多的企业，就需要单独设计外币业务的涉税制度，从外币折算汇率的确定、外币收支的管理、外币账户的调整、外币的兑换到汇兑损益的计算确认等，都要作出详细的规定；而没有涉外经济业务或涉外经济业务较少的企业，可以将外币业务纳入货币资金管理制度项下，只作一般规定。再如，基建技改活动比较多的企业，应单独设计在建工程管理制度，详细规定基建技改项目从可行性研究、立项、施工，到竣工、转资的一系列涉税制度；而没有基建技改活动或基建技改活动较少的企业，可以将在建工程管理并入固定资产管理制度之中，如此等等。

（三）合理确定企业的涉税政策与会计政策

企业制定涉税制度，应将国家赋予企业的各项理财自主权落到实处。目前，我国政府出台的涉税制度与会计制度，对很多涉税政策、会计政策只是作了一些原则性规定，允许企业根据具体情况进行具体选择。例如，对坏账损失的处理办法，存货领用或发出的计价办法，低值易耗品的摊销方法，固定资产的折旧年限、折旧方法、残值率的确定，固定资产修理费用的核算办法，无形资产、长期待摊费用的摊销期限，等等。企业在设计涉税制度时，要特别注意这些环节，选择的涉税政策与会计政策既要严格遵循国家统一规定，又要满足生产经营的合理需要，还要考虑企业的承受能力，保持涉税政策与会计政策的稳定性和连续性。

（四）涉税制度与会计制度的关系问题

涉税制度与会计制度的关系是多年来在理论界争论不休的课题，目前，比较权威的观点是“涉税制度管钱、会计制度管账”。然而，一个不争的事实是：目前我国实务界的涉税与会计是密不可分的，企业的涉税会计工作者也很少有人去关心哪些是涉税制度，哪些是会计制度，而且很多制度是将涉税规范与会计规范整合在一起的。鉴于此，我们本着实质重于形式的原则，在本书的涉税制度案例中也没有严格划分涉税制度与会计制度，表现在部分涉税制度中也掺杂着诸如会计分录的处理等会计规范。

（五）关于企业涉税制度的共性与特性问题

企业涉税制度的共性体现在涉税制度的规范性上，涉税制度设计必须依据国家的有关法律法规，凡是国家有硬性规定的条款，企业设计涉税制度时都必须严格遵循，不能超越或突破，只有这样，才能确保国家涉税法规的有效实施。企业涉税制度的特性体现在涉税制度的适用性上，企业涉税制度是企业业务活动的指南，不同的企业，生产规模、经营方式、组织形式、管理理念不尽相同，其涉税活动的方式、方法也不可能完全一致。因此，企业涉税制度的设计要“量体裁衣”，既要遵循国家统一规定，也要充分考虑企业自身的生产经营特点和管理要求。只有这样，才能确保设计的涉税制度具有较强的适用性和可操作性。

二 企业涉税制度设计内容及案例的架构

本书第一至六篇的涉税制度案例是以作者在涉税管理实践中亲自制定的企业涉税制度为原型，经过加工整理选入的。案例共分六部分，穿插在全书六个章节中（见图 3-1）。

第一部分（第一章）企业涉税风险管控从制度开始

本章探讨了涉税制度设计意义、性质、对象、任务与原则以及制度设计方式等问题，在本篇中引入了古今中外优秀制度以作借鉴，同时附有制度建设案例分析及流程图范本，给读者在涉税制度设计方面以直观感受。

第二部分（第二章）企业涉税风险控制制度设计方法

本章介绍了企业涉税制度设计的调查方法，其内容有企业涉税制度设计的调查。阐述了企业涉税制度的纲要设计和企业涉税制度设计初稿的修改与完善。继而说明了企业涉税制度设计的内容。最后描述企业涉税制度设计的注意事项与案例架构。

第三部分（第三章）企业涉税风险控制制度设计流程

本章讲述企业涉税制度设计的一般程序、内容和注意事项，并介绍了本书一至六章的内容及案例设计的架构。

第四部分（第四章）企业涉税风险管控制度设计实操

本章是本书的重点内容。阐述企业税务部门岗位工作职责制度设计、企业所得税台账制度设计等 12 个涉税制度设计要点、设计提纲和企业主要节点的涉税制度设计例解。

第五部分（第五章）发票专项检查企业自查制度设计经典案例

第六部分（第六章）涉税风险控制制度范本及案例

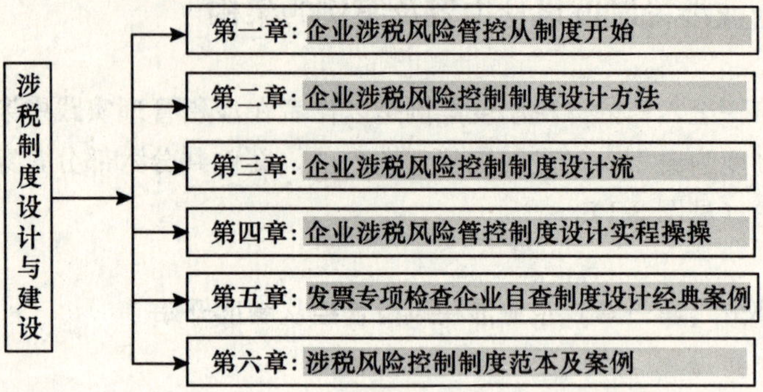

图 3-1　企业涉税制度设计内容体系示意图

第四章
企业重要涉税制度设计实操

本章是本书的重点内容。阐述企业税务部门岗位工作职责制度设计、企业所得税台账制度设计等12个涉税制度设计要点、设计提纲和企业主要节点的涉税制度设计例解。

第一节 企业主要涉税制度设计体系框架及设计要点

一 税负估算与分析工作制度设计

1. 应测算企业实际税收负担率
2. 了解同行业平均税负
3. 计算企业平均税负
4. 掌握税务机关的纳税评估的预警值
5. 比较企业实际税负与预警值的差异
6. 寻找税负偏高与偏低的原因
7. 研究税负对生产经营的影响
8. 提出降低税负的途径及对策建议
9. 利用税负进行税收策划
10. 写出税负分析报告

二 税收政策的执行与应用制度要点

1. 明确税收政策法规多渠道定期收集途径及技巧
2. 税收政策学习与理解
(1) 税务行政解释
(2) 企业如何进行税收政策宣传
(3) 通过案例透视税收政策的贯彻与应用技巧
(4) 过渡期税收政策的衔接
(5) 税收文件更新与清理技巧
3. 提高税收政策水平的路径
4. 利用税收政策工具开展税收筹划

三 企业所得税台账制度设计

1. 纸质台账设计
(1) 跨年度所得确认管理台账
(2) 建立经济合同登记备查台账
(3) 暂时性差异项目管理台账
(4) 财产损失税前扣除管理台账
(5) 亏损弥补管理台账
(6) 扣缴企业所得税台账
2. 电子台账设计
3. 台账制度考核的主要内容

四 企业纳税申报控制制度设计

1. 明确企业纳税申报应进行质量控制环境分析
2. 明确企业所得税纳税申报的基本要求
3. 识别企业所得税汇算清缴中的主要风险及其产生根源
4. 纳税控制战略的指导思想
5. 纳税控制战略规划的工作组织与方法步骤
6. 纳税控制战略规划的具体内容
7. 企业纳税申报控制制度的具体方法
8. 企业纳税申报控制的主要工具

五 纳税风险预警制度设计

1. 描述纳税风险控制环境
2. 建立纳税风险评估体系
3. 定期进行风险识别
4. 明确纳税风险评估的步骤

5. 定期进行纳税风险关键因素原因分析
6. 研究税务风险管理的策略
7. 研究涉税风险控制基本办法
8. 涉税风险控制具体规范
9. 涉税风险控制具体流程
10. 做好纳税调整
11. 建立税企沟通管道，营造良好的税企关系及税企交往之道
12. 运用法律手段维护合法权益与防范税务风险

六 纳税成本控制制度设计

1. 明确纳税成本控制主体
2. 明确纳税成本控制客体
3. 明确纳税成本控制规范
4. 明确纳税成本控制程序
5. 明确纳税成本控制内容
6. 运用科学系统的成本控制工具和方法降低税收成本
7. 寻求降低税收成本的途径

七 企业票据管理制度设计

1. 了解法律法规对票据的规定以及主管税务机关的具体要求

2. 企业中有从其他单位取得发票的工作人员都应该具备判断发票的基本常识

3. 单位收取按税收法律、法规规定不征收营业税款项的情况应开具非经营收入发票

4. 支付境外费用，应要求其提供境外公证机构或者注册会计师的确认证明，经税务机关审核认可后，方可作为记账核算的凭证

5. 企业预收款项应正确使用税务机关监制的收款收据或预收款凭证

6. 明确企业应严格票据开具和取得的时间界限

7. 企业应凭合法有效扣税凭证进行纳税申报
8. 明确运输发票抵扣增值税应注意事项
9. 要按规定正确处理丢失发票
10. 电子票据应持谨慎原则使用并确保信息的安全性
11. 企业应规定申请代开发票的情形
12. 购销合同必须注意发票风险防范
13. 明确及时正确处理跨年度取得发票
14. 几种特殊情况的规定
15. 应用发票工具进行筹划

八 经济合同审核管理制度设计

1. 明确经济合同的财务职责与授权批准
2. 经济合同管理制度框架
3. 经济合同与印花税关系
4. 明确合同签订过程中的注意税收问题
5. 明确经济合同按要素逐项加以审核
6. 利用经济合同进行涉税策划

九 关联交易涉税管理制度设计

1. 定义关联交易及关联方
2. 明确关联交易遵循原则
3. 规定关联交易信息披露必须符合准则要求
4. 努力创造条件实施预约定价制度
5. 明确转让定价必须符合税法规定
6. 优化权益资本和债务资本比例，防范潜在税收风险
7. 合理把握成本分摊协议
8. 明确关联交易同期资料保管与申报必须符合税法要求
9. 积极应对受控外国企业管理规定，防范潜在税务风险

十 纳税争议解决调处制度设计

1. 解决税务争议的理念
2. 解决税务争议途径选择
3. 解决税务争议的方式方法
4. 解决税务争议决策前应分析风险
5. 要善于用法律武器维护自身权益
6. 应用调处机制规避税收风险

十一 涉税资料档案保管保密制度设计

1. 内容和种类——涉税业务证明材料
2. 备份要求
3. 备案税收法律要求
4. 借阅查询管理程序
5. 销毁办法与作废文件的处理
6. 档案安全策略

十二 企业税务文化制度设计

1. 企业税务文化建设的原则
2. 企业税务文化建设的内容
3. 企业税务文化建设的途径

第二节
企业税务部门岗位工作职责制度设计

一 企业税务部门及机构设置

税务管理模式集团化公司应制定和完善企业税务风险管理制度和其他涉

税规章制度，成立税务部，设立税务经理岗位，集团旗下各子公司应明确专职的办税人员。有条件的企业集团可以聘请税务顾问。税务经理在集团税务顾问的专业指导以及财务总监的直接领导下开展工作。集团各下属分子公司的办税员在集团税务部的专业指导以及所在单位负责人的直接领导下开展工作。集团下属各子公司对弥补亏损、财产损失等税务鉴证事项，可以委托所在地税务师事务所专职代理。

二 企业税务部门工作职责20个要点

税务部工作职责具体如下：

（1）收集并更新本集团适用的税收政策，解读并及时传递相关下属公司贯彻执行；

（2）解答企业内部相关部门的事前咨询、下属分、子公司日常咨询；

（3）定期组织下属公司办税员举办税务专题培训；

（4）指导各分、子公司办理纳税申报、税务审批、税务备案事项；

（5）参与公司重大投资、经营决策，设计纳税方案，参与重大经济合同起草；

（6）指导下属公司办税并审核日常经济合同；

（7）定期组织、指导下属公司开展纳税自查自纠工作；

（8）对税务稽查结果进行论证；

（9）协调纳税争议；

（10）指导下属公司加强领购发票的使用和保管工作，对外来发票凭证的合法性进行审核；

（11）规范税务档案管理，承担或协助相关职能部门开展纳税申报、税款缴纳、账簿凭证和其他涉税资料的准备和保管工作；

（12）积极关注税制改革趋势，分析税制改革、政策调整对公司税负的影响；

（13）与税务机关保持有效的信息沟通，对税收政策疑难及时书面请示和反馈相关信息；

（14）与工商部门、国土部门等其他主管部门保持有效的信息沟通，及时收集和反馈相关信息；

（15）与客户单位的财务、税务部门进行有效信息沟通，协调双方税务争议；

（16）与税务师事务所、会计师事务所等中介机构进行有效信息沟通，及时收集和反馈相关信息；

（17）建立税务风险管理的内部信息与沟通制度，明确税务相关信息的收集、处理和传递程序，确保企业税务部门内部、企业税务部门与其他部门、企业税务部门与董事会、监事会等企业治理层以及管理层的沟通和反馈，发现问题应及时报告并采取应对措施；

（18）税收统计分析，出具分析报告，供管理层决策参考；

（19）对各分、子公司全年税务管理工作进行绩效考评与责任追究；

（20）其他税务风险管理职责。

第三节 企业研发涉税制度设计例解

——研发部门与税务部门的信息沟通机制

一 制度要点

企业研发涉税制度设计关键是要建立信息与沟通机制。以确保正确研发费用核算和税前加计扣除及摊销。建立信息与沟通涉税制度要点如下：

1. 企业应建立税务风险管理的信息与沟通制度，明确税务相关信息的收集、处理和传递程序，确保企业税务部门内部、企业税务部门与其他部门、企业税务部门与董事会、监事会等企业治理层以及管理层的沟通和反馈，发现问题应及时报告并采取应对措施。

2. 企业应与税务机关和其他相关单位保持有效的沟通，及时收集和反馈相关信息。

（1）建立和完善税法的收集和更新系统，及时汇编企业适用的税法并定期更新；

（2）建立和完善其他相关法律法规的收集和更新系统，确保企业财务会计系统的设置和更改与法律法规的要求同步，合理保证会计信息的输出能够反映法律法规的最新变化。

3. 企业应根据业务特点和成本效益原则，将信息技术应用于税务风险管理的各项工作，建立涵盖风险管理基本流程和内部控制系统各环节的风险管理信息系统。

（1）利用计算机系统和网络技术，对具有重复性、规律性的涉税事项进行自动控制；

（2）将税务申报纳入计算机系统管理，利用有关报表软件提高税务申报的准确性；

（3）建立年度税务日历，自动提醒相关责任人完成涉税业务，并跟踪和监控工作完成情况；

（4）建立税务文档管理数据库，采用合理的流程和可靠的技术对涉税信息资料安全存储；

（5）利用信息管理系统，提高法律法规的收集、处理及传递的效率和效果，动态监控法律法规的执行。

4. 企业税务风险管理信息系统数据的记录、收集、处理、传递和保存应符合税法和税务风险控制的要求。

二 典型示例——研发支出企业应明确划分研究阶段与开发阶段

正确处理经济业务一方面依赖于会计人员对会计核算方法的掌握，另一方面依赖会计人员对企业实际经济业务的了解，只有会计人员熟悉产品的生产流程，才能将会计准则中会计人员的职业判断标准落实到实际中，否则就会导致会计核算和现实不符的情况。而新准则对研究阶段和开发阶段的划分没有明确的规定，会计人员的判断方法主要有以下几点。

（一）会计人员应当实地了解企业研发活动

根据新准则的规定，当研发支出发生时，会计人员必须根据实际情况判断是属于研究阶段的支出还是开发阶段的支出，为企业会计核算提供更加详细、更加合理的依据；但现阶段经常有会计人员和研发人员沟通不到位，或会计人员因自身的素质无法正确理解研发活动的进展情况，影响了企业研发支出的会计处理。企业应当增强内部人员沟通，提供会计人员与研发人员的沟通机会，了解研究开发活动特点、基本研发过程以及取得的实质性进展，从而使会计人员能够明确划分研究阶段和开发阶段。

（二）对企业研发活动应实行项目管理

项目管理是指项目管理者按照客观要求，在有限的资源条件下，运用系统工程的观点、理论和方法，对项目涉及的全部工作进行管理，实现管理目标。对企业的研发活动进行项目管理，即对每一开发项目都要进行项目可行性研究、申报批准，确定项目预算，设置项目编号，项目负责人来管理，供会计部门进行会计处理，并且以项目的批准为界限将研发项目分成研究与开发阶段，同时作为研究开发支出的划分点，区分研究阶段支出与开发阶段支出，以规范新准则研发支出会计处理中的实务操作。

（三）相关部门应该对内部研发无形资产的确认有更清楚的说明

关于开发阶段确认为支出的条件中规定，必须提供产品和无形资产本身有市场价值的证明。此条件在实际操作中存在一定难度，由于产品或无形资产本身的市场前景存在较大的不确定性，对于此类认定更多依赖于人的主观判断，缺乏客观性和公允性，也容易丧失不同企业间的可比性基础。

第四节 企业借款制度设计例解

一 涉税条款设计要点

1. 职工借款后，不按本制度规定办理还款手续的，一律视为挪用公款，并按以下办法给予处罚。

（1）超过购货发票日期及超过最后一天住宿日期或回本地车船票日期十天，未还清借款的，从第十一天开始，按日计收1‰的罚息。由财务部门出具收据，从借款人工资或报销的费用中扣回。罚息计算公式如下：

罚息数额＝借款金额×1‰×超期天数

（2）职工出差回本地后超过一个月未到财务部门办理结算手续的，除执行罚款外，取消其享受出差补助费的资格。

［注解］“取消其享受出差补助费的资格”涉税条款，既有刚性，又具柔性，较人性化的管理制度可以防范财务陷入被动局面。

2. 人事部门对于有辞退意向和调出意向的员工，应事先通知财务部，待其还清所有借款后，再履行相关手续。

[**注解**] 部门配合，信息沟通机制。

3. 员工借款的报销应取得合法的报销票据，部门负责人审核其业务合理性后，财务部审核票据的合法性，并经总经理核准后，进行会计处理。

[**注解**]“合法有效的凭证”是税法的刚性要求。涉税管控关口前移，革除后遗症。

4. 企业向除第一条规定以外的内部职工或其他人员借款，应不具有非法集资目的或其他违反法律、法规的行为且应签订借款合同。

[**注解**] 该条款与《国家税务总局关于企业向自然人借款的利息支出企业所得税税前扣除问题的通知》(国税函〔2009〕777号）对接。该借款合同不属于印花税条例列举的应税范围，不征印花税。

5. 工程周转金借款，实行“前账不清，后款不借”原则。报销还款时，必须取得合法的报销票据，符合《公司拨付工程款规定》，按报销规定程序报销。

[**注解**] 实行“前账不清，后款不借”原则是规范财务管理的基本要求。

典型示例

a公司打款给b公司，由b公司向c公司进行投资，从法律意义上，只能算b公司为c公司的股东，但是实质上该笔投资为a公司所有。在这种情况下，b公司收到c公司的分红属于免税收入，后支付给a公司，a公司是否应当缴纳企业所得税？之后，b公司处置对a公司的投资，实质上处置收入应当给a公司，企业所得税应当在哪个环节缴纳？b、a公司应当缴纳什么税收？是否存在双重缴纳企业所得税的事情？

问：假设我方是a，能否向b公司进行增资，作为b公司的股东，然后企业所得税在b公司缴纳后通过分红的方式分到a公司（分红比例按照股东各方进行另行约定，因为新的公司法已经规定，分红不一定严格按照出资比例进行分配）；或者不通过增资b公司的模式，而通过合同违约金的方式将b

公司属于a公司的收益转移至a公司缴纳?

答：资金采取“集团公司统一融资，所属企业申请使用”的资金管理模式，企业从其关联方接受的债权性投资与权益性投资的比例应控制在2∶1范围内。

［注解］1. 统借统贷利息支付税收政策法律依据为国家税务总局的有关规定：

《企业所得税法》第四十六条规定：“企业从其关联方接受的债权性投资与权益性投资的比例超过规定标准而发生的利息支出，不得在计算应纳税所得额时扣除。”

《财政部 国家税务总局关于企业关联方利息支出税前扣除标准有关税收政策问题的通知》（财税〔2008〕121号）具体规定了其接受关联方债权性投资与其权益性投资的比例，即金融企业为5∶1，其他企业为2∶1。

《企业所得税法实施条例》第三十八条第二款规定：“企业在生产经营活动中发生的下列利息支出，准予扣除：非金融企业向非金融企业借款的利息支出，不超过按照金融企业同期同类贷款利率计算的数额的部分。”

《国家税务总局关于中国农业生产资料集团公司所属企业借款利息税前扣除问题的通知》（国税函〔2002〕837号）中规定：“集团公司统一向金融机构借款，所属企业申请使用，只是资金管理方式的变化，不影响所属企业使用银行信贷资金的性质，不属于关联企业之间的借款。因此，对集团公司所属企业从集团公司取得使用的金融机构借款支付的利息，不受《企业所得税税前扣除办法》第三十六条‘纳税人从关联方取得的借款金额超过其注册资本50%的，超过部分的利息支出，不得在税前扣除’的限制。凡集团公司能够出具从金融机构取得贷款的证明文件，其所属企业使用集团公司转贷的金融机构借款支付的利息，不高于金融机构同类同期贷款利率的部分，允许在税前全额扣除。”

《房地产开发经营业务企业所得税处理办法》（国税发〔2009〕31号）第二十一条规定：“企业集团或其成员企业统一向金融机构借款分摊集团内部其他成员企业使用的，借入方凡能出具从金融机构取得借款的证明文件，可以在使用借款的企业间合理地分摊利息费用，使用借款的企业分摊的合理利息准予在税前扣除。”该文件将统借方由集团企业扩大至其他成员企业。

2. 可以全额税前扣除。按照上述文件的规定，下属各公司向集团公司拆借统借来的资金并支付利息，满足以下3个条件就可全额扣除：

一是不高于金融机构同类同期贷款利率计算的数额以内的部分；

二是集团公司能够出具从金融机构取得贷款的证明文件；

三是借款符合统一借款的概念。

也就是说，不论下属公司向集团公司借款多少，只要满足以上3个条件，支付的利息就可全额扣除，而不被视为关联企业之间的借款，不受关联债资比例的限制。

3. 统借统贷不受财税〔2008〕121号文件关于关联方债资比例的约束。

《企业所得税法实施条例》第十九条对债权性投资和权益性投资的范围进行了原则性界定。根据该条规定，从关联方获得的债权性投资是指企业从关联方获得的需要偿还本金和支付利息或者需要以其他具有利息性质的方式予以补偿的融资。从获得方式上，债权性投资既包括直接从关联方获得的债权性投资，又包括间接从关联方接受的债权性投资。其中，间接从关联方获得的债权性投资包括：(1) 关联方通过无关联方第三方提供的债权性投资。(2) 无关联第三方提供的、由关联方担保且负有连带责任的债权性投资。(3) 其他间接从关联方获得的具有债务实质的债权性投资。这里有一个问题值得关注，因金融工具日益繁多，实施条例对债权性投资的界定比较宽泛，因此企业应更关注投资实质。间接债权投资的第 (1) 种情况主要是指关联委托贷款；第 (2) 种情况主要是指关联方担保贷款。而情况 (3) 主要是指名义上不称为借款，但实质属于负债性质的情况，如购买关联方发行的可转换债券或者股权等。而关联方之间的统借统贷虽从名义上看属于从关联方获得的需要偿还本金和支付利息的方式予以补偿的融资，但从实质上看还是属于向金融机构的融资，并且没有被列入关联方间接债权性投资的范围。因此，统借统贷不属于关联债权投资，不受财税〔2008〕121号文件关于关联方债资比例的约束。

4. 统借统贷利息支付的营业税的处理

根据《财政部 国家税务总局关于非金融机构统借统还业务征收营业税问题的通知》(财税字〔2000〕7号) 的规定，对企业主管部门或企业集团中的核心企业等单位向金融机构借款后，将所借资金分拨给下属单位（包括独立核算单位和非独立核算单位），并按支付给金融机构的借款利率水平向下属单位收取用于归还金融机构的利息不征收营业税。如果统借方将资金分拨给下属单位，不得按高于支付给金融机构的借款利率水平向下属单位收取利息，否则，将视为具有从事贷款业务的性质，应对其向下属单位收取的利息全额征收营业税。

第五节
费用包干制度设计例解

一 涉税条款设计要点

1. 企业实行差旅费包干应主动向主管地方税务机关申请审批或备案。

[注解] 企业申请实行差旅费包干，需提供“差旅费包干申请报告”、“差旅费包干方案”、企业上年或以往年度出差到不同类别地区的差旅费实际支出凭证及相关资料，填报“差旅费包干审批表”（一式三份）。企业“差旅费包干方案”要按出差到不同类别地区制定不同的差旅费包干标准。

2. 企业对经批准实行差旅费包干的差旅费支出审查确认时，应以出差人员的汽车票、火车票、飞机票等真实合法的票据和有关资料为依据，据以证明出差人数、地点和天数，以此确认差旅费包干费用支出。

[注解] 差旅费包干仍需要合法有效的凭证方能税前扣除。实行包干制最好也将相应的票据贴上，一是作为出差的证明，二是免缴个税的证明。出差住宿实行包干制标准，属于财务制度的规定，税法没有规定。出差补贴，应凭车船票、住宿发票报销，凡直接造册领取现金的，应计入工资，计征个人所得税。

3. 私车公用应签订租赁合同并提供租赁业发票。

[注解] 租赁费应凭发票列支，具体扣除项目应看合同，但是汽车折旧、车船税、强制性保险、养路费不可以扣除。

根据《北京市地方税务局关于明确若干企业所得税业务政策问题的通知》（京地税企〔2003〕646号）文件的规定：对纳税人因工作需要租用个人汽车，按照租赁合同或协议支付的租金，在取得真实、合法、有效凭证的基础上，允许税前扣除；对在租赁期内汽车使用所发生的汽油费、过路过桥费和停车费，在取得真实、合法、有效凭证的基础上，允许税前扣除。其他应由个人负担的汽车费用，如车辆保险费、维修费等，不得在企业所得税税前扣除。

4. 企业员工通讯费、交通补助费发放或包干标准应符合当地税务部门的政策规定，并应按税法规定代扣代缴个人所得税。

[注解] 企业员工通讯费报销问题一直令企业财会人员烦恼不已：本应与企业经营相关的员工通讯费用往往不能正常在企业所得税前列支，甚至要缴纳个人所得税，处理起来麻烦多多。

(1) 2003年4月24日，国家税务总局颁发《关于执行〈企业会计制度〉需要明确的有关所得税问题的通知》(国税发〔2003〕45号)，其中提到"企业发给职工与取得应纳税收入有关的办公通讯费用标准，由省级国税局、地税局协商确定"。个人所得税方面根据广东省地税局2004年9月10日颁发的《转发国家税务总局关于执行〈企业会计制度〉需要明确的有关所得税问题的通知》(粤地税函〔2004〕547号）规定，企业发给职工与取得应税收入有关的办公通讯费，按照主要负责人（指高层管理人员，包括总经理、副总经理、总会计师以及在本单位受薪的董事会成员）每人每月500元、其他人员每人每月300元的额度内凭发票据实扣除，超过上述规定范围和标准为职工报销的办公通讯费用，或以办公通讯费名义发放给职工的现金补贴以及为未签订劳动合同的职工报销的办公通讯费用，应作为工资薪金支出处理。

(2) 企业所得税处理：国、地税有别。

国税规定：没有限额但限用途。根据广东省国家税务局《转发国家税务总局关于执行〈企业会计制度〉需要明确的有关所得税问题的通知》(粤国税发〔2004〕79号）规定，企业依据电信部门的发票为已签订劳动合同的本企业职工报销的与取得应税收入有关的办公通讯费用，准予税前扣除；企业以办公通讯费名义发放给职工的补贴以及为未签订劳动合同的职工报销的办公通讯费用，应作为工资薪金支出处理。

地税规定：限额限用途。地税关于通讯费在企业所得税前的报销也按广东省地方税务局《转发国家税务总局关于执行〈企业会计制度〉需要明确的有关所得税问题的通知》(粤地税函〔2004〕547号）规定执行，超过500/300标准和"以办公通讯费名义发放给职工的现金补贴以及为未签订劳动合同的职工报销的办公通讯费用"作为工资薪金支出，一般来说内资企业税前列支的工资限额是不够用的，也就是超过标准的通讯费用不能在所得税前列支。另外，企业还要报送通讯费报销方案给地税局备案。

5. 职工报销的旅游费要区分内部职工与外部职工分别按工资薪金和劳务报酬履行代扣代缴个人所得税义务。

[注解] 按照《财政部 国家税务总局关于企业以免费旅游方式提供对营销人员个人奖励有关个人所得税政策的通知》（财税〔2004〕11号）规定，企业和单位对营销业绩突出人员以培训班、研讨会、工作考察等名义组织旅游活动，通过免收差旅费、旅游费对个人实行的营销业绩奖励（包括实物、有价证券等），应根据所发生费用全额计入营销人员应税所得，依法征收个人所得税，并由提供上述费用的企业和单位代扣代缴。

6. 企业应按规定及时取得费用开支的发票，防止跨年度报销费用。

[注解] 根据《企业所得税法实施条例》第九条规定，企业应纳税所得额的计算，以权责发生制为原则，属于当期的收入和费用，不论款项是否收付，均作为当期的收入和费用；不属于当期的收入和费用，即使款项已经在当期收付，均不作为当期的收入和费用。本条例和国务院财政、税务主管部门另有规定的除外。实务中经常会涉及跨期费用的处理，通常对于跨月不跨年的费用，财税部门的监管相对较松，但对于跨年费用往往口径较紧，企业在汇算清缴时应该将跨年费用作适当调整，使其符合权责发生制原则。

7. 禁止员工没有发票报销费用或报销票据为个人名头的个人通讯费等支出。

[注解] 根据《关于加强企业所得税管理若干问题的意见》（国税发〔2005〕50号）明确规定，企业超出税前扣除范围、超过税前扣除标准或者不能提供真实、合法、有效凭据的支出，一律不得税前扣除。

关于通信费的税前扣除。从2008年1月1日开始，企业根据其自身的相关规定发放的与取得应纳税收入有关的办公通讯补贴，计入职工工资薪金，按工资薪金税前扣除的规定处理。票据为个人名头的个人通讯费支出不允许在企业所得税前扣除。

8. 企业取得国外票据应提供境外公证机构或者注册会计师的确认证明。

[注解] 根据《中华人民共和国发票管理办法》(以下简称《发票管理办法》)第三十四条的规定，单位和个人从境外取得的与纳税有关的发票或者凭证，税务机关在纳税审查时有疑义的，可以要求其提供境外公证机构或者注册会计师的确认证明，经税务机关审核认可后，方可作为记账核算的凭证。

9. 公司以私人名义买的车发生的费用不能作为企业的费用支出，在企业所得税税前扣除。

[注解] 公司以个人名义购买汽车等固定资产，由于其产权归个人而不归企业所有，所以不能作为该企业的固定资产管理，所发生的费用不能作为企业的费用支出，在企业所得税税前扣除。如果是以公司的名义购买的汽车，其发生的购车款属于资本性支出，不能作为经营性费用在企业所得税税前扣除，而可以通过计提折旧在税前扣除。

10. 电子客票作为报销凭证应符合特别规定。

[注解] 根据京地税票〔2006〕248号文件规定，航空运输电子客票暂使用《航空运输电子客票行程单》(以下简称《行程单》)作为旅客购买电子客票的付款凭证或报销凭证，同时具备提示旅客行程的作用。《行程单》采用一人一票，不作为机场办理乘机手续和安全检查的必要凭证使用。

航空公司开具的变更、退票收费单是否可以作为报销凭证?

《发票管理办法》规定："销售商品、提供服务以及从事其他经营活动的单位和个人，对外发生经营业务收取款项，收款方应向付款方开具发票；特殊情况下由付款方向收款方开具发票。"发票一般按照权限由税务机关指定的企业统一印制，但是一些行业可以自行印制专业发票，比如机票就是特殊的发票。除此之外，一些部门和企业收取的各种费用，有使用收据的现象。严格地说，这里说的收费单是航空公司自行印制的收据，不符合有关规定的要求。但是，通常情况下可以作为报销凭证。

二 典型示例——原料公司规避税务风险的发票管理办法

某原燃料分公司，该公司为避免在采购过程中收受虚假发票，规避税务风险，对增值税发票管理进行了统一规定。

该公司规定，各业务科室在与供方签订采购合同时，要调查供方是否具备销售该产品的经营资格，并要求提供工商营业执照、税务登记证等；要审核开具的发票信息与税务登记证是否相符；做到发货单位、发票开具单位、收货款单位的物流、发票、资金三者统一；业务部门采购物资收受发票时，要仔细检查发票开具是否规范，发票要素是否填齐规范，即，购货单位、日期、货物名称、数量、单价、金额、销货单位印章等；所有对外销售不论是原燃料、产品或废旧物资，不论对方是否索要发票都要开具销售发票；生产经营项目不能与不具备法人资格和不能承担法律责任的单位和个人承包。另外，该公司还规定了各业务科室的科长为业务风险的第一责任人，承担本科室业务损失的相应责任。

第六节 税法宣传制度设计

一 制度设计纲要

（一）宣传的必要性

企业希望依法纳税，但税收法规条文枯燥难懂，阅读起来费劲，理解起来困难，执行起来走样。企业内部在日常工作中，有针对性地进行税法宣传，以贴近纳税人、服务纳税人为根本，通过会计例会、业余税校等阵地进行经常性税法宣传，并对企业关心的税收优惠政策、税收征管、发票使用管理及纳税人服务等方面的问题作解答，使企业广大员工能够及时了解掌握财税政策的变动情况，以适应各个时期的涉税事项管理，为财务履行代扣代缴税款的责任和义务提供观念基础，消除误解，保证税收义务落到实处。

（二）宣传的内容

（1）宣传企业税收价值观；

(2) 宣传税收基本知识;

(3) 宣传与职工切身利益关系密切的个人所得税纳税义务;

(4) 宣传企业扣缴责任;

(5) 宣传税收优惠;

(6) 宣传企业对国家的税收贡献;

(7) 宣传发票真假鉴别的基本常识。

如:

问题:中国共产党党员交纳抗震救灾“特殊党费”在个人所得税前是否可以税前扣除?

宣传:根据《国家税务总局关于中国共产党党员交纳抗震救灾“特殊党费”在个人所得税前扣除问题的通知》(国税发〔2008〕60号)的规定:党员个人通过党组织交纳的抗震救灾“特殊党费”,属于对公益、救济事业的捐赠。党员个人的该项捐赠额,可以按照个人所得税法及其实施条例的规定,依法在缴纳个人所得税前扣除。

(三) 宣传的形式

(1) 板报;

(2) 漫画;

(3) 标语;

(4) 例会宣讲;

(5) 座谈互动交流:如对于“富人纳税少”的问题应当怎样看待;

(6) 专家专题讲座:如“企业与税收”、“合同与税收”;

(7) 发放宣传提纲。

(四) 宣传周期

时间要求:一年一次或一季一次。

二 典型示例——红嘴集团为何设立自己的税收宣传日

“今年税收宣传日活动主题是‘危机无情税有情’。”距离企业自己的税收宣传日还有20多天的时间,吉林省四平红嘴集团就开始紧锣密鼓筹备今年的活动了。

从2006年起,被誉为“神州第一屯”的吉林省四平红嘴集团公司作出规定，每年的4月20日为集团的税收宣传日。第一个税宣日，红嘴集团推出税收宣传短片《大河小河同唱一首歌》。第二个税宣日，他们举办了红嘴的昨天、今天暨第二届红嘴人谈经历话税收系列活动。第三个税宣日，集团联合四平电视台、四平市国税局推出新闻纪录片《家园纪事》。每年，红嘴集团推出的税宣日活动都成为当地新闻媒介抢播的热点，并逐渐成为四平人生活中的一道精神大餐。

据了解，企业推出自己的税收宣传日，这在全国还是首家。红嘴集团为什么要搞自己的税收宣传日？在全国第18个税收宣传月来临之际，记者专程赶到“神州第一屯”进行实地采访。

在红嘴集团的停车场，记者看到足足停有上百辆同一型号、同一颜色的小车。随行的红嘴高新技术开发区国税局局长邢君说：“这些车都是集团奖励给年度先进员工的。像这样的家用小轿车，集团已经奖出了200多辆。”看看这清一色的小车、瞅瞅路两边一幢幢小洋房，记者顿生感慨：这些提前跨进小康社会的红嘴人真牛！红嘴集团公司总裁、全国人大代表卢志民告诉记者：“30年前，红嘴屯是一个‘光棍四五十、干活没分值、牲畜缺饲草、家家没粮吃、吃粮靠返销、花钱靠贷款、生活靠救济’贫穷落后的生产小队。今天的红嘴屯发展成一个拥有钢铁、啤酒、饮品、包装4个支柱产业，集白酒、水泥、油脂、饲料等产品生产于一体，总资产达到43亿元的大集团，是全四平市第一纳税大户，是吉林省委、省政府树立的‘社会主义新农村建设旗帜’！”

“有人问我为什么要搞个自己的税宣日，我说得很坦白：滴水之恩当涌泉相报。搞这个税收宣传日就是要让所有的‘红嘴人’都知道，红嘴的发展离不开国家税收优惠政策的支持，离不开税务部门的帮助。我们搞这个税收宣传日，就是想进一步增强‘红嘴人’的自觉纳税意识，激励一代又一代的‘红嘴人’走好实业报国之路。”

谈起企业享受到的国家税收优惠政策扶持和国税服务，卢志民如数家珍：红嘴伟达包装有限公司享受国家安置残疾人先征后退增值税政策和减免企业所得税政策，近5年享受退还税款2 000多万元；红嘴水泥有限公司享受国家增值税即征即退政策，近几年享受退还增值税4 480万元，此外还减免企业所得税3 100万元；红嘴油脂化有限公司不仅享受国家安置下岗再就业人员企业所得税税收优惠，还享受外商投资“两免三减半”的税收政策，近年来国家共免征企业所得税5 388万元。卢志民说，国家的税收优惠政策给企业提供了强大的资金支持，企业将这些资金用于扩大再生产，使集团越来越强大起来。强大起来的“红嘴人”致富不忘报国：近5年不仅上缴税金7.7亿元，还安排600多名残疾人就业。

而谈到税务部门的支持，红嘴集团下属的金士百啤酒有限公司李会计深有感触：“过去办税手续多、程序多、环节多、关卡多，现在不同了。特别是四平市国税局开展‘一优双减’活动以后，我们所在的红嘴开发区国税局不仅简化了很多办税环节，削减了很多纸质报表，还推出了‘网上办税’、开通了‘税企电子邮箱’。就拿网上办税来说吧，仅去年以来网上就传递报表200余份、咨询税收政策30余次。跟过去比，光往返税务机关的车钱，我们一年也能省下上千元。这还不算省下的功夫呢！”

说到这里，金士百啤酒公司财务总监卢凤芝和红嘴钢铁公司财务总监许佳不约而同接过话题：这些还都是平常小事，遇到大事税务局是真帮我们忙啊！原来，2007年，金士百啤酒公司曾在经营资金上遇到了困难，而2008年全球经济危机，红嘴钢铁有限公司也一度陷入困境。但是，在当地国税局的积极争取下，两家企业成功申请了缓缴税款2 100万元，资金压力得以缓解，渡过了难关。

红嘴集团当家人卢志民表示，致富当思源，自己不能忘记，在企业起步阶段和遇到危机的时候，正是国家“放水养鱼”好政策的扶持和税务部门“扶上马送一程”的优质服务使企业得以克服困难，不断发展壮大，“红嘴的发展，虽然没用国家一分钱投资，但国家优惠的税收政策和国税局优质的服务是红嘴发展的最大本钱”。

第七节
往来核算制度设计例解

企业中普遍存在新官不理旧账的现象，也会造成往来账款管理的混乱。

一 涉税条款设计

1. 对确实无法偿付的应付款项要视情况作为计税收入缴纳企业所得税并正确作会计处理。

[注解] 2008年1月1日前：《企业财产损失所得税前扣除管理办法》

（国家税务总局令2005年第13号）第五条规定："企业已申报扣除的财产损失又获得价值恢复或补偿，应在价值恢复或实际取得补偿年度并入应纳税所得。因债权人原因确实无法支付的应付账款，包括超过三年以上未支付的应付账款，如果债权人已按本办法规定确认损失并在税前扣除的，应并入当期应纳税所得依法缴纳企业所得税。"

根据上述文件的规定，对于三年以上未支付的应付账款，不要求一律计入应纳税所得额，而应视具体情况而定。对于确实不需要支付的应付账款及债权方已经按规定确认为损失的应付账款，企业应并入当期应纳税所得依法缴纳企业所得税。

2008年1月1日后：国家税务总局公告2010年第19号：根据《中华人民共和国企业所得税法实施条例》第二十五条规定，现就企业以不同形式取得财产转让等收入征收企业所得税问题公告如下：

（一）企业取得财产（包括各类资产、股权、债权等）转让收入、债务重组收入、接受捐赠收入、无法偿付的应付款收入等，不论是以货币形式、还是非货币形式体现，除另有规定外，均应一次性计入确认收入的年度计算缴纳企业所得税。

本公告自发布之日起30日后施行。2008年1月1日至本公告施行前，各地就上述收入计算的所得，已分5年平均计入各年度应纳税所得额计算纳税的，在本公告发布后，对尚未计算纳税的应纳税所得额，应一次性作为本年度应纳税所得额计算纳税。

（二）会计处理。

1. 目前按照《企业会计制度》规定：企业将应付账款划转出去，或者确实无法支付的应付账款，直接转入资本公积，借记"应付账款"，贷记"资本公积——其他资本公积"科目。

2. 根据《企业会计准则——基本准则（2006）》的规定："直接计入当期利润的利得和损失，是指应当计入当期损益、会导致所有者权益发生增减变动的、与所有者投入资本或者向所有者分配利润无关的利得或者损失。"确实无法支付的应付账款，应计入企业的"营业外收入"科目，作为企业的利得计入当期利润。

2. 定期与相关单位核对账目，做到账目相符，账实相符。

[注解] 账账核对是指不同账簿记录之间的核对。1. 所有总账账户借方

发生额合计与贷方发生额合计是否相符；2. 所有总账账户借方余额合计与贷方余额合计是否相符；3. 有关总账账户余额与其所属明细分类账余额合计是否相符；4. 现金日记账和银行存款日记账的余额与其总账余额是否相符；5. 会计部门有关财产物资明细账余额与财产物资保管、使用部门的有关明细账余额是否相符等。以上所指不同账簿，仅限本单位内的账簿。本单位应收账款与有关单位应（付）账款的核对，就属于账实核对。

（1）企业应当定期或者至少于每年年度终了，对应收账款进行全面检查，并合理地计提坏账准备。企业对于不能收回的应收账款应当查明原因，追究责任。对确实无法收回的，按照企业的管理权限，经股东大会或董事会，或经理（厂长）会议或类似机构批准作为坏账损失，冲销提取的坏账准备。

（2）已确认并转销的坏账损失，如果以后又收回，按实际收回的金额，借记“应收账款”科目，贷记“坏账准备”科目；同时，借记“银行存款”科目，贷记“应收账款”科目。税法规定应作为其他收入纳税调整申报缴纳企业所得税。

（3）“应收账款”科目应按不同的购货单位或接受劳务的单位设置明细账，进行明细核算。

运用核对法检查应收账款：

将“应收账款”账户的有关书面资料，即账、表、证就其相关范围进行核对，以检验其是否相符。对于“应收账款”账户入账金额的检查，查账人员应审核销售发票，看其与“应收账款”、“主营业务收入”等账户记录是否一致，来确定其入账金额是否按规定采用总额法。

对于“应收账款”账户核算内容的正确性、合理性、合法性的检查，查账人员可以通过审阅“应收账款”账户的有关明细账及记账凭证和原始凭证来加以判断，如属于虚列主营业务收入，则可能其记账凭证未附有关原始凭证，如没有附销售部门核准的销售发票和发运单等，或者明细账户没有任何登记。

3. 企业禁止出租出借账户或利用往来账户为他人套取现金。

[注解] 关于银行账户管理，中央和省级部门三令五申强调要加强管理，维护经济金融秩序，严禁出租、出借银行账户。但是，我们在多年的审计工作中，经常发现有单位之间出借账户的现象。这个要看公司财务工作怎么做了，做不好的话，工商税务都会罚款或补缴税款（进账太多又没开发票的税务部门会认定为收入；出项太多会被工商认定为注册资金出逃），后果是很

严重的。

按照《银行账户管理办法》第三十四条规定：存款人的账户只能办理存款人本身的业务活动，不得出租和转让账户。但在近几年的税务稽查工作中，经常发现有单位之间出租、出借账户的现象。有的单位出租、出借银行账户以达到为其他单位或个人逃避债务、套取现金或从事其他非法活动等目的，从而扰乱金融秩序。有的企业为了收取好处费，不顾国家制度有关规定，擅自为其他单位或个人提供银行账户，为其办理款项收付业务，以套购紧俏物资或套取现金。出租出借银行账户，不仅违背了“谁的钱进谁的账，由谁支配”的结算原则，有时也会给单位或个人造成损失，同时也是滋生“小金库”的温床，是导致贪污腐败的催化剂。

针对上述情况，在审查被审计单位“银行存款日记账”时，应注意发现账上是否存在与被查单位业务无关的收付业务；是否存在仅有金额而无明确摘要的事项；是否常有金额相等而日期相差不远的收付事项等。同时还要仔细核对银行对账单，查明有无租借银行账户的情况。任何企事业单位只能开立一个基本存款账户，不得出租、出借银行存款账户，不得将单位资金以个人名义存储，更不得将本单位账户出租、出借给其他单位或个人使用。对出租、出借银行账户的行为一经发现，要一查到底，及时追究相关人员的责任，有效地堵住经济领域的漏洞。

4. **企业需及时处理个人借款挂账，以避免税务风险。**

[注解]《财政部、国家税务总局关于规范个人投资者个人所得税征收管理的通知》（财税〔2003〕158号）规定，纳税年度内个人投资者从其投资企业（个人独资企业、合伙企业除外）借款，在该纳税年度终了后既不归还，又未用于企业生产经营的，其未归还的借款可视为企业对个人投资者的红利分配，依照“利息、股息、红利所得”项目计征个人所得税。《国家税务总局关于印发〈个人所得税管理办法〉的通知》（国税发〔2005〕120号）规定，加强个人投资者从其投资企业借款的管理，对期限超过一年又未用于企业生产经营的借款，严格按照有关规定征税。

5. **作损失处理的往来账应提供足够的证据。**

[注解] 国税总局2005年第13号令第二十条规定：企业应收、预付账

款发生的坏账损失申请税前扣除必须符合下列条件之一：

（一）债务人被依法宣告破产、撤销（包括被政府责令关闭）、吊销工商营业执照、死亡、失踪，其剩余财产或遗产确实不足清偿；

（二）债务人逾期三年以上未清偿且有确凿证明表明已无力清偿债务；

（三）符合条件的债务重组形成的坏账；

（四）因自然灾害、战争及国际政治事件等不可抗力因素影响，确实无法收回的应收款项。

第二十一条 本办法第二十条所述情形中债务人已经清算的，应当扣除债务人清算财产实际清偿的部分后，对不能收回的款项，认定为损失。

对尚未清算的，由中介机构进行职业推断和客观评判后出具经济鉴证证明，对确实不能收回的部分认定为损失。

债务人已失踪、死亡的应收账款，在取得公安机关已失踪、死亡的证明后，确定其遗产不足清偿部分或无法找到承债人追偿债务的，由中介机构进行职业推断和客观评判后出具经济鉴证证明，对确实不能收回的部分，认定为损失。

因自然灾害、战争及国际政治事件等不可抗力因素影响，对确实无法收回的应收款项，由企业作出专项说明，经中介机构进行职业推断和客观评判后出具经济鉴证证明，或者取得中国驻外使（领）馆出具的有关证明后，对确实不能收回的部分，认定为损失。

逾期不能收回的应收款项，有败诉的法院判决书、裁决书，或者胜诉但无法执行或债务人无偿债能力被法院裁定终（中）止执行的，依据法院判决、裁定或终（中）止执行的法律文书，认定为损失。

在逾期不能收回的应收款项中，单笔数额较小、不足以弥补清收成本的，由企业作出专项说明，经中介机构进行职业推断和客观评判后出具经济鉴证证明，对确实不能收回的部分，认定为损失。

逾期三年以上的应收款项，企业有依法催收磋商记录，确认债务人已资不抵债、连续三年亏损或连续停止经营三年以上的，并能认定三年内没有任何业务往来，中介机构进行职业推断和客观评判后出具经济鉴证证明，认定为损失。

逾期三年以上的应收款项，债务人在境外及港、澳、台地区的，经依法催收仍不能收回的，在取得境外中介机构出具的有关证明，或者取得中国驻外使（领）馆出具的有关证明后，认定为损失。

第二十二条 企业应收、预付账款发生上述情况申请坏账损失税前扣除应提供下列依据：

（一）法院的破产公告和破产清算的清偿文件；

（二）工商部门的注销、吊销证明；

（三）政府部门有关撤销、责令关闭等的行政决定文件；

（四）公安等有关部门的死亡、失踪证明；

（五）逾期三年以上及已无力清偿债务的确凿证明；

（六）债权人债务重组协议、法院判决、国有企业债转股批准文件；

（七）与关联方的往来账款必须有法院判决或所在地主管税务机关证明。

6. 预收账款纳税申报的时间应按税法规定及时办理。

[注解]《营业税暂行条例实施细则》第二十五条：纳税人转让土地使用权或者销售不动产，采取预收款方式的，其纳税义务发生时间为收到预收款的当天。纳税人提供建筑业或者租赁业劳务，采取预收款方式的，其纳税义务发生时间为收到预收款的当天。国税发〔2009〕31号第六条规定：企业通过正式签订《房地产销售合同》或《房地产预售合同》所取得的收入，应确认为销售收入的实现。

7. 预付账款与待摊费用等不能混淆。

[注解] 新准则取消了"待摊费用和预提费用"会计科目，但预订报刊杂志费、预付保管费等待摊费用经济业务不会因为科目的取消而取消。原属于待摊费用的业务发生要通过预付账款科目核算。因此，预付账款与待摊费用等不能混淆。

8. 建立严密的内控制度。

[注解] 制定往来账款的管理制度（范本）

第一条 原则上公司执行款到发货制度，特殊情况需经总经理批准。

第二条 财务每周提供应收款清单给销售部，便于销售部发货及催款。

第三条 执行原、辅料订购合同，对到期货款进行支付。

第四条 对存在质量的原材料货款，公司一律拒绝付款。

第五条 对未到期货款，不得开具跨月支票。

第六条 对原材料货款，原则上不得以现金支付。

第七条 凡来公司收取货款须凭发票、单位证明、收款收据（现金），否则拒绝付款。

9. 加强企业往来账的内部税务审计。

[注解] 对应收账款内部控制制度检查时应注意：

（1）是否建立了明确的职责分工制度。

如现金收款的职员、编制应收账款余额核对表的职员，必须同登记应收账款的职员岗位分离；“应收账款”的总账和明细账户的登记应由不同职员根据汇总的记账凭证和各种原始凭证、记账凭证分别登记，并由独立于记录应收账款的其他职员定期检查核对账户和明细账户的余额；由信贷部门的职员定期编制应收账款账龄分析表等。

（2）是否严格控制应收账款业务。应收账款的登记必须有专人负责，应收账款的记录必须以经销售部门核准的销售发票和发运单等原始凭证为依据。

（3）是否建立了应收账款的定期清理、催收制度。企业应根据应收账款的明细账户定期编制应收账款余额核对表，并将该表寄给客户请其认可；对长期未收回的应收账款，应查明原因，指定专人进行催收和索取货款。

（4）是否建立了严格的批准、审核制度。坏账损失的冲销、销售折扣与折让的给予，必须经过企业专门指定的人员签字批准、审核才能处理。

10. 运用账龄分析法、函证法等定期开展自查工作

[注解]（1）运用账龄分析法将应收账款按时间的长短进行适当分类分析。

查账人员可以通过编制或索取应收账款账龄分析表来分析应收账款的账龄，从而分析应收账款收回的可能性。对于数额大的，久欠不还的、有纠纷、催收情况不明的应收账款应进行重点审查。应收账款属于企业的短期债权，是企业变现能力最强的流动资产之一，一般不应超过一个经营周期。

对于应收账款迟迟不能收回的情况，查账人员应根据企业的具体业务情况和客户情况，确定一下标准的回收期，将其与企业“应收账款”账户有关明细账资料作对比，对于超过标准回收期的款项再做进一步调查，看是否存在款项收回后，通过不正当手段转移、贪污的情况。

(2) 运用函证法检查应收账款。

查账人员直接致函欠款单位，根据对方回函情况来验证应收账款数据的真实性。

采用函证法，首先，要科学地选择函证方式。函证的方式有两种，即积极函证和消极函证。积极函证要求对方无论函证的内容对错都应复函答复；消极函证只要求对方在不同意函证内容时才复函。

相比较而言，积极函证的结果更为可靠。一般对重要的业务事项（如金额巨大的）、内部控制比较薄弱的业务事项和查账人员认为疑点较多的事项（如账龄长的），应采取积极函证方式，否则可用消极函证方式。

其次，要注意查收复函和退回的函件。对于无从投递的退回函件，必须仔细分析，了解其中的原因。在多数情况下，退回的函件更为重要，暗示了被函证的事项可能存在着重大问题。收取复函后，查账人员应结合其他查账方法，分析差异，提出函证结论。

审查有无将应在其他债权账户上核算的业务反映到“应收账款”账户上，可以先审阅其摘要的内容，来判断是否应由“应收账款”账户核算，必要时再审阅该笔业务的原始凭证。

二 典型示例——股东向企业借款超过一年要缴个税

一家生产钢结构的有限公司，于2003年注册成立，当时在工业园区购得生产土地一宗，价值3 402 450元，用本公司银行存款支付了土地款。后在2003年11月因公司需要增加注册资金，将土地评估折价为340万元作为公司法定代表人的个人投资，经验资确认后，计入投资人的实收资本。账务处理为借记“其他应收款——投资人”；贷记“实收资本”。到2004年底，公司共计归还了182万元，其余部分158万元仍在“其他应收款”科目中。

日前，当地地税局稽查局对该公司例行检查时，认为未归还的158万元其他应收款应作为投资人的股息红利所得，要求该公司代扣代缴个人所得税，并对该公司作出应缴个人所得税31.6万元并处以50%罚款15.8万元的处理决定。

该公司认为上述款项纯粹是公司为增资需要的内部往来款，未归还的借款是否可推定为投资分红所得？

应该明确，该公司在增加注册资金时，将单位资产评估作为个人投资资产，应视为一种将单位资产分配给个人的行为。但是，根据该公司的账务处理分析，实际上是一种单位代个人垫资注册的借款行为，且投资者借款余额158万元的期限已经超过一个纳税年度。对于个人投资者从其投资的企业（个人独资企业、合伙企业除外）借款长期不还的处理问题，《财政部、国家税务总局关于规范个人投资者个人所得税征收管理的通知》（财税〔2003〕158号）规定，纳税年度内个人投资者从其投资企业（个人独资企业、合伙企业除外）借款，在该纳税年度终了后既不归还，又未用于企业生产经营的，其未归还的借款可视为企业对个人投资者的红利分配，依照“利息、股息、红利所得”项目计征个人所得税。《国家税务总局关于印发〈个人所得税管理办法〉的通知》（国税发〔2005〕120号）规定，加强个人投资者从其投资企业借款的管理，对期限超过一年又未用于企业生产经营的借款，严格按照有关规定征税。

根据《个人所得税法》第八条规定，个人所得税，以所得人为纳税义务人，以支付所得的单位或者个人为扣缴义务人。因此，对于这种视为红利分配的所得，该公司应该按照规定扣缴税款。《税收征管法》第六十九条规定，扣缴义务人应扣未扣、应收而不收税款的，由税务机关向纳税人追缴税款，对扣缴义务人处应扣未扣、应收未收税款百分之五十以上三倍以下的罚款。

第八节 产品促销制度设计例解

一、涉税条款设计

1. 企业发生与生产经营有关的手续费及佣金支出，超过税法规定计算限额应予纳税调整。

[注解] 国内一般限额为5%，超过部分，不得在企业所得税前扣除。保险企业、财产保险企业按当年全部保费收入扣除退保金等后余额的15%（含本数，下同）计算限额；人身保险企业按当年全部保费收入扣除退保金等后余额的10%计算限额。其他企业，按与具有合法经营资格中介服务机构或个人（不含交易双方及其雇员、代理人和代表人等）所签订服务协议或合同确认的收入金额的5%计算限额。

另外，根据《国家税务总局关于印发〈房地产开发经营业务企业所得税处理办法〉的通知》（国税发〔2009〕31号）规定，房地产开发企业委托境外机构销售开发产品的，其支付境外机构的销售费用（含佣金或手续费）不超过委托销售收入10%的部分，准予据实扣除。

2. 企业应与具有合法经营资格的中介服务企业或个人签订代办协议或合同，并按国家有关规定支付手续费及佣金。

[注解] 除委托个人代理外，企业以现金等非转账方式支付的手续费及佣金不得在税前扣除。企业为发行权益性证券支付给有关证券承销机构的手续费及佣金不得在税前扣除。

3. 企业不得将手续费及佣金支出计入回扣、业务提成、返利、进场费等费用。

4. 企业已计入固定资产、无形资产等相关资产的手续费及佣金支出，应当通过折旧、摊销等方式分期扣除，不得在发生当期直接扣除。

5. 企业支付的手续费及佣金不得直接冲减服务协议或合同金额，并如实入账。

6. 企业应当如实向当地主管税务机关提供当年手续费及佣金计算分配表和其他相关资料，并依法取得合法真实凭证。

[注解] 根据《财政部 国家税务总局关于企业手续费及佣金支出税前扣除政策的通知》（财税〔2009〕29号）规定（自2008年1月1日起生效）设计。

7. 企业促销支付的进场费、返利应在合同中明示，如实入账，禁止商业贿赂。

8. 企业支付与销售金额和数量挂钩的，返利应就买卖双方签定折让协议，取得折让证明，开具红字发票。

9. 企业支付不与销售金额和数量挂钩的进场费应由对方开具劳务的营业税发票。

典型示例——千万不要混淆返利和商业贿赂

[案情]

2006年，上海市工商部门根据举报对R公司涉嫌商业贿赂进行立案调查。调查查明，R公司在销售产品时，与买方在合同中约定：当对方购买其产品达到1 000万元及以上时，给予5%返利。当调查人员对其财务账册进行检查时却发现，R公司在其返利支出部分的财务处理上采取了以下方式：将由第三方开具的运输服务费发票作为做账的原始凭证，并以服务费名义记入“营业费用——佣金”科目，然后将返利款以支票形式打入该第三方银行账户。经向出具发票的第三方调查发现，该第三方并未与R公司发生过运输服务业务，只是代为转账开具发票而已。在收到返利款后扣除开票手续费（包括转账服务费、因开票发生的税金等），将返利款以现金方式交R公司的交易对方。工商部门认定R公司的上述行为违反了《反不正当竞争法》第八条第一项之规定，属于商业贿赂行为。根据《反不正当竞争法》第二十二条的规定作出了行政处罚决定。

这是一起典型的商业贿赂案件。本案中的返利是由合同约定的，通过与交易毫不相干的第三方出具发票，使R公司获得了做账的原始凭证，以佣金名义记入反映其生产经营活动的财务账上。这笔商业贿赂款从形式上看极易与佣金或折扣中的销售返利混淆，使其具备隐蔽性和复杂性的特点。

[分析]

(一) 商业贿赂与佣金的本质区别

本案中，R公司的行为显然是为了争取交易机会而采取的一种促销行为。争取交易机会无可厚非，关键是采用什么方法，如果采用不正当手段争取交易机会就为法律所禁止。从R公司的财务账目记载看，支出的似乎是佣金。根据国家工商局《关于禁止商业贿赂行为的暂行规定》第七条“本规定所称佣金，是指经营者在市场交易中给予为其提供服务的具有合法经营资格的中间人的劳务报酬”的规定，该案中支出明显不属于佣金范围。首先，在本案中开具服务费发票的单位根本没有为R公司提供过服务，是与交易毫不相干的第三人；其次，该开票单位也未获得该笔所谓的佣金，只是为R公司转账而已。之所以由与交易毫不相干的第三人出具虚开的服务费发票、虚假地记入“营业费用——佣金”科目，R公司的真实意图就是以佣金支出的假象掩盖其向交易对方支付返利款的事实。那么，R公司为什么要费那么大的周折来掩盖呢？是为了掩饰返利本身，还是为了掩饰对方接受返利？销售返利作为一种合法的商业折扣形式为法律所允许，而作为交易对方接受合法的销售返利更无需掩饰。显然，R公司要掩饰的是收买或引诱交易对方相关人的事实。正是通过这种收买使其获得了本不该获得的不正当利益，正是这种不正当利益的收买使得R公司获得了更多的交易机会。这就是商业贿赂与佣金的本质区别。

（二）商业贿赂与销售返利的本质区别

R公司的行为，从其性质看似乎有点像商业折扣中的销售返利，是不是R公司在财务处理上将销售返利错误地记入了佣金科目？国家工商总局在就有关商业贿赂的定性问题向财政部咨询时，财政部曾明确表示：对在财务处理上入错科目的，凡是能够以调整科目的方式加以改正的，不宜认定为商业贿赂。那么，R公司的行为能否通过调整科目改正呢？根据《关于禁止商业贿赂行为的暂行规定》第六条可以看出，折扣有两种形式，一种是即时结清的折扣，一种是事后返利即销售返利。对销售返利，《增值税暂行条例实施细则》第十一条规定："小规模纳税人以外的纳税人（即一般纳税人）因销货退回或者折让而退还给购货方的增值税税额，应从发生销货退回或者折让的销项税额中减去，因进货退出或者折让而收回的增值税，应从发生进货退出或者折让的进项税额中扣减。"在会计实务中，对销售返利的财务处理方式通常是：当返利行为发生后，由购货方到当地税务部门开具"进货退出或索取折让证明单"交销售方，由销售方根据折让金额向购货方开具红字专用发票作为购货方的记账凭证，冲减其购货支出以扣减其进项税额；销售方则将红字专用发票的存根联、记账联作为其记账凭证，冲减销售收入以扣减当期销项税额。其实，几乎所有商业贿赂所涉及的商业优惠在形式上都可以用商业折扣（包括现金折扣、销售折扣、销售返利等）的方式来实施。但是，这些折扣方式在会计制度上有两个基本要求：一是支付或者接受折扣必须如实入账以防止其非法落入个人口袋，二是不能偷漏因此而产生的税收。R公司显然是为了规避上述财务制度的制约，使对方得到不正当的利益或者偷漏相关税收等好处，以此来收买对方以争取交易机会。在具体实施过程中，R公司采用了合同约定、财务入账等混淆视听的做法，使其从形式上尽可能与折扣相混淆。而在财务处理上作为销售方的R公司没有因折让而冲减其销项税额，作为购货方的对方也未因接受折让而扣减其进项税额，用以财务记账的原始凭证更是由与交易不相干的第三人虚开的所谓服务费发票。就这样R公司顺理成章地通过第三方将现金交到了对方手上，从而也为R公司赢得了交易机会和交易优惠条件。这就是商业贿赂与销售返利的本质区别。因此，R公司的行为不是合法的销售返利行为，更不是用调整科目的办法可以改正的。

至于该第三方之所以愿意为R公司转账并将不正当利益代为交付，是因其能从中获得手续费等不正当好处，从本质上讲这也是缘于商业贿赂的结果，即R公司对第三方的商业贿赂。

纵观当今社会经济生活，但凡商业贿赂行为，无论其情节如何复杂、手段如何隐蔽，其实万变不离其宗，就是用不正当利益收买以争取交易机会，或更优惠条件，或更多的竞争优势。因此，在执法实践中，只要我们把握住了商业贿赂的这个本质特征，就不难准确把握商业贿赂行为。那么，商业贿赂究竟能为当事人在争取交易机会或交易优惠条件方面带来什么样的好处呢？

(1) 销售返利为法律所允许，在市场竞争中只要有竞争能力的市场主体都可以采取，从某种意义上对争取交易机会的作用相对有限，而商业贿赂为法律所禁止，少数违法者擅用，更容易争取交易机会。

(2) 销售返利必须严格按照财务制度规定的方式进行，而商业贿赂在方式上没有限制，可以针对对方的特点、个人爱好、习惯投其所好，有的放矢地进行，更容易击中对方要害，也就更容易争取交易机会。

(3) 销售返利只能作用于交易对方单位，而商业贿赂还可以作用于相关个人以及对交易有直接影响的关键人物，且不会因此增加对方的税收负担，当然更容易为对方接受。

(4) 销售返利由于销售收入的减少从而导致销售方的利润减少，而商业贿赂虽然表面上也会减少销售收入，但由于其商品在市场上的单价没有下降甚至因为商业贿赂使质次价高的商品得以销售，从而为销售方带来更多的利润。

这就是为什么商业贿赂会“增加企业经营成本”、能够“为制售假冒伪劣商品大开方便之门”、会使“药品、医疗器材价格普遍提高，最终都转嫁到患者身上”的关键所在。

R公司用合同约定返利只是一个幌子，为的是规避“禁止账外暗中给付财物”这一法律规定，其真正目的就是通过虚构服务费支出、虚假的资金流向，由得到好处的第三方以现金方式向交易对方支付所谓的返利，并且不需要对方开具任何发票，确保这些所谓的返利更容易地落入个人口袋。因而，也就更容易争取到交易机会。至此，可以这样说：用不正当利益收买以争取交易机会或交易优惠条件就是商业贿赂的本质特征。这种不正当利益收买按照《关于禁止商业贿赂行为的暂行规定》，既可以是用金钱等财物，也可以是用非财物的其他利益。无论是直接的，还是通过中间方，故意地向对方或第三方提议给予、承诺给予，或事实上给予不当的金钱或其他利益，以期对方采取行动或不行动，进而在经济活动中获得或者保留其业务或其他不正当利益的行为就是商业贿赂。

第九节 薪酬福利制度设计例解

一 涉税条款设计要点

薪酬福利制度是纳税成本控制制度的重要组成部分。《企业所得税实施条例》第三十四条所称的“合理工资薪金”，是指企业按照股东大会、董事会、薪酬委员会或相关管理机构制订的工资薪金制度规定实际发放给员工的工资薪金。税务机关按以下原则确认工资总额：

（1）企业制订了较为规范的员工工资薪金制度；

（2）企业所制订的工资薪金制度符合行业及地区水平；

（3）企业在一定时期所发放的工资薪金是相对固定的，工资薪金的调整是有序进行的；

（4）企业对实际发放的工资薪金，已依法履行了代扣代缴个人所得税义务；

（5）有关工资薪金的安排，不以减少或逃避税款为目的；

（6）企业工资薪金发放底册清单工资表至少保管三年以上；

（7）企业发生的职工福利费，应该单独设置账册，进行准确核算。

为此，薪酬福利制度设计应与税务机关对工资薪金进行合理性确认所掌握的原则相对接。

涉税条款设计至少应包括下述内容：

1. 单位与用工个人应签订劳动合同。

[注解] 未能签订劳动合同的“雇佣”，则被认定为“非雇佣”。从实质上说，具有雇佣关系的劳动所得，其取得的收入在性质上是属于工薪所得；

而非雇佣关系的劳动所得，其取得的收入纯粹是一种劳务报酬。

《劳动和社会保障部关于建立劳动用工备案制度的通知》（劳社部发〔2006〕46号）第二条规定："从2007年起，我国境内所有用人单位招用依法形成劳动关系的职工，都应到登记注册地的县级以上劳动保障行政部门办理劳动用工备案手续。"因此，企业只有与其员工签订书面劳动合同并报经劳动部门备案，其合理的工资薪金才能税前扣除。

2. 支付工资薪酬要履行代扣代缴个人所得税的法定义务。

3. 发放工资详细清单、聘用合同等证明资料应至少保管3年以上。

[注解] 纳税评估和税务稽查一般为近三年。《税收征管法》规定因税务机关的责任导致应收未收超过三年的不得追征税款。

4. 发放工资有关手续要完备。

[注解] 手续不完备有税收风险。A公司从事房地产开发，在列支工人工资时，工资单只有A公司的公章，并只有一个代签代领人，并无公司负责人、财务负责人、会计员等人员的签章，这些工资单不可作合法凭证列支。税务人员人性化处理也应提请企业改正，并要求企业提供发放工资详细清单、聘用合同等证明资料。

5. 把握合理的工资薪金支出内涵。

[注解] "合理工资薪金"，是指企业按照股东大会、董事会、薪酬委员会或相关管理机构制订的工资薪金制度规定实际发放给员工的工资薪金。税务机关在对工资薪金进行合理性确认时，可按以下原则掌握：

（1）企业制订了较为规范的员工工资薪金制度；

（2）企业所制订的工资薪金制度符合行业及地区水平；

（3）企业在一定时期所发放的工资薪金是相对固定的，工资薪金的调整是有序进行的；

（4）企业对实际发放的工资薪金，已依法履行了代扣代缴个人所得税义务；

（5）有关工资薪金的安排，不以减少或逃避税款为目的。

6. 工资薪金总额要严格区分税收与会计界限。

[注解] 注意三项费用的计提基数为已实际支付工资薪金总额，是指企业会计核算的工资薪酬各自分别扣除上述三项费用后的金额。并非“应付职工薪酬”总额。

《实施条例》第四十、四十一、四十二条所称的“工资薪金总额”，是指企业按照本通知第一条规定实际发放的工资薪金总和，不包括企业的职工福利费、职工教育经费、工会经费以及养老保险费、医疗保险费、失业保险费、工伤保险费、生育保险费等社会保险费和住房公积金。属于国有性质的企业，其工资薪金，不得超过政府有关部门给予的限定数额；超过部分，不得计入企业工资薪金总额，也不得在计算企业应纳税所得额时扣除。

如果企业以职工旅游的名义，列支职工家属或者其他非本单位雇员所发生的旅游费，则属于与生产经营无关的支出，不得纳入职工福利费管理，也不得税前扣除。

7. 关于职工福利费开支范围财税规定的差异。

[注解] 关于职工交通补贴是属于福利费，还是应并入工资总额的问题，有些同志看了财企〔2009〕242号和国税函〔2009〕3号文件，都糊涂了。前者认为职工交通补贴应并入工资总额，后者又认为是在福利费中列支。其实税会本有差异。计提三项费用时，如果会计核算把职工交通补贴并入工资总额，则应在剔除之后作为基数计算三项费用。

8. 企业发生的职工福利费，应该单独设置账册，进行准确核算。

[注解]

(1) 没有单独设置账册准确核算的，税务机关应责令企业在规定的期限内进行改正。逾期仍未改正的，税务机关可对企业发生的职工福利费进行合理的核定。

(2)《实施条例》第四十条规定的企业职工福利费，包括以下内容：

尚未实行分离办社会职能的企业，其内设福利部门所发生的设备、设施和人员费用，包括职工食堂、职工浴室、理发室、医务所、托儿所、疗养院等集体福利部门的设备、设施及维修保养费用和福利部门工作人员的工资薪金、社会保险费、住房公积金、劳务费等。

为职工卫生保健、生活、住房、交通等所发放的各项补贴和非货币性福利，包括企业向职工发放的因公外地就医费用、未实行医疗统筹企业职工医疗费用、职工供养直系亲属医疗补贴、供暖费补贴、职工防暑降温费、职工困难补贴、救济费、职工食堂经费补贴、职工交通补贴等。

按照其他规定发生的其他职工福利费，包括丧葬补助费、抚恤费、安家费、探亲假路费等。

9. 股份支付应区分以现金结算或以权益结算，按规定准确办理税前列支。

[注解]

(1) 企业对其职工以现金结算的股份支付，应在实际行权时确认费用，并准予在计算应纳税所得额时扣除。

(2) 企业对其职工的以权益结算的股份支付，不得在计算应纳税所得额时确认费用扣除。

10. 工资福利应按规定准确区分应税所得与免税所得。

[注解] 单位发月饼不属免税的福利费范围，应当并入工资收入计征个人所得税。新条例对于职工福利费支出规定范围更广泛，保险费不再占用福利费指标，外资企业不必再把各类保险费列入职工福利费核算，应充分利用以提升职工福利待遇，使之成为保障职工合法权益和激励职工积极性的救济措施，但要注意可税前扣除的福利费支出是实际发生数，而不是计提数。残疾人员工资在加计扣除的时候，包括奖金。《企业所得税法实施条例》第九十六条规定，企业安置残疾人员的，在按照支付给残疾职工工资据实扣除的基础上，按照支付给残疾职工工资的100%加计扣除。根据《企业所得税法实施条例》第三十四条规定，工资薪金是指企业每一纳税年度支付给在本企业任职或者受雇的员工的所有现金形式或者非现金形式的劳动报酬，包括基本工资、奖金、津贴、补贴、年终加薪、加班工资，以及与员工任职或者受雇有关的其他支出。根据上述文件规定，残疾人员工资在加计扣除的时候，包括奖金。

典型示例——公司出资免费旅游可否免税

某市高新技术开发公司系新办企业，为提升新产品品牌效应，提高新产品市场占有率，于是公司出台奖励规定：对每季度的销售额达到前五名的营销人员，无论是公司的雇员或非雇员，皆由公司出资免费享受“九寨沟双飞六日游”，旅游金额2 700元，该公司三名雇员和二名非雇员获得2008年第三季度免费旅游待遇。公司财务总监为慎重起见，到地税机关咨询该项目是否可免税。

按照我国现行个人所得税法律法规有关规定，对商品营销活动中，企业和单位对营销业绩突出人员以培训班、研讨会，工作考察等名义组织旅游活动，通过免收差旅费、旅游费对个人实行的营销业绩奖励（包括实物、有价证券等），应根据所发生费用全额计入营销人员应税所得，依法征收个人所得税，并由提供上述费用的企业和单位代扣代缴。其中，对企业雇员享受的此类奖励，应与当期的工资薪金合并，按照“工资、薪金所得”项目征收个人所得税；对其他人员享受的此类奖励，应作为当期的劳务收入，按照“劳务报酬所得”项目征收个人所得税。因此，公司出资免费旅游的行为应按规定征税。同时，在实际操作中，还应正确界定“雇员”与“非雇员”。从形式上讲，确立雇佣关系必须通过单位与个人签订劳动合同。反之，未能签订劳动合同的“雇佣”，则被认定为“非雇佣”。从实质上说，具有雇佣关系的劳动所得，其取得的收入在性质上是属于工薪所得；而非雇佣关系的劳动所得，其取得的收入纯粹是一种劳务报酬。在实际操作中，判断是否具有“雇佣关系”，往往视其是否签订劳动合同来判断的。

上例中，假设该公司“雇员”每月工薪收入为2 500元，而“非雇员”每月营销报酬为3 000元。在雇员和非雇员缴纳个人所得税时应分开计算，并由公司负责代扣代缴。具体步骤：

(1) 雇员按照“工资、薪金所得”项目缴纳个人所得税：应纳税所得额＝(2 500＋2 700)－800＝4 400（元），应纳个人所得税＝4 400×15%－125＝535（元）。

(2) 非雇员按照“劳务报酬所得”项目缴纳个人所得税：应纳营业税＝(3 000＋2 700)×5%＝285（元），应纳城市维护建设税＝285×7%＝19.95（元），应纳教育费附加＝285×3%＝8.55（元），应纳个人所得税（3 000＋

2 700－285－19.95－8.55)×(1－20%)×20%＝861.84（元）。

三 典型示例——“月饼公关”的纳税提示

在一年一度的中秋佳节，许多单位都会将月饼或月饼券作为福利发放给职工，不少企业订购月饼后将其作为节日礼物，发放给员工，或者采购月饼赠送给客户，当作馈赠客户的礼品，从某种意义上说，月饼成了不少企业公关的一种有效方式。而对一些月饼生产厂家来说，将自制月饼发放给本厂员工就是最应景的福利了。但很多企业对相关的税收处理却不了解。

月饼从生产到销售，再到个人手中，每一个环节都涉及税收问题。企业不能只看到月饼公关带来的商业利益，而忽视了相关税收问题。

那么，单位向职工或客户发放月饼时应注意哪些税收问题？

单位发放月饼的来源大致分为外购和自制两种，税务处理也对应地有所区别。对于外购月饼，如果作为职工福利，在账务上应作“应付职工薪酬”处理；如果作为礼品赠送非本单位人员，则应记入“业务招待费”。需要注意的是，月饼无论送给谁，都应由赠送单位代扣代缴由此产生的个人所得税。《国家税务总局关于个人所得税有关问题的批复》（国税函〔2000〕57号）规定，部分单位和部门在年终总结、各种庆典、业务往来及其他活动中，为其他单位和部门的有关人员发放现金、实物或有价证券，对个人取得该项所得，应按照“其他所得”项目计算缴纳个人所得税，税款由支付所得的单位代扣代缴。对于自制月饼，根据《增值税暂行条例实施细则》第四条第（八）项的规定，单位或个体经营者将自产、委托加工或购买的货物无偿赠送他人，视同销售货物。因此，企业将自制月饼对外赠送应计提销项税额，并按规定缴纳增值税。另根据《企业所得税法实施条例》第二十五条规定，企业将货物用于捐赠、偿债、赞助、集资、广告、样品、职工福利或者利润分配等用途的，应当视同销售货物处理。

除了一些月饼厂商外，饭店自产自销月饼也应注意税收问题，其主要涉及流转税。如北京贵宾楼饭店某年推出两款中秋月饼，“御福呈祥”198元/盒，内装9珍；“御福珍宝”298元/盒，内装12珍。“京城清真餐饮第一楼”鸿宾楼，除了推出经典的五香牛肉、白莲蓉等传统口味月饼，还推出了奇异果、鲣鱼昆布、香橙金橘等新口味。300年名店烤肉宛沿袭传统，推出了以

"香辣牛肉月饼"为主打的系列月饼。

对于饮食店、餐馆等营业税纳税人销售货物的税务处理，国家税务总局专门下发《关于饮食业征收流转税问题的通知》（国税发〔1996〕202号）进行了明确。该文件规定，对于饮食店、餐馆（厅）、酒店（家）、宾馆、饭店等单位发生属于营业税"饮食业"应税行为的同时销售货物给顾客的，不论顾客是否在现场消费，其货物部分的收入均应当并入营业税应税收入征收营业税；对于上述单位附设门市部、外卖点等对外销售货物的，仍按《增值税暂行条例实施细则》第六条和《营业税暂行条例实施细则》第六条关于兼营行为的征税法规征收增值税。

按照上述规定，如果饭店将月饼在店内作为顾客餐费消费取得的收入部分，应按饮食业5%的税率缴纳营业税；如果饭店设有专门的月饼销售窗口，或者把月饼推销到超市等场所进行销售，作为兼营行为则必须按规定缴纳增值税。《营业税暂行条例实施细则》第六条规定，纳税人兼营应税劳务与货物或非应税劳务的，应分别核算应税劳务的营业额和货物或者非应税劳务的销售额。不分别核算或者不能准确核算的，其应税劳务与货物或者非应税劳务一并征收增值税，不征收营业税。

同时提醒大家，根据国家税务总局下发的《关于离退休人员取得单位发放离退休工资以外奖金补贴征收个人所得税的批复》（国税函〔2008〕723号）规定，离退休人员从原任职单位取得的各类补贴、奖金、实物，应在减除费用扣除标准后，按"工资、薪金所得"应税项目缴纳个人所得税。因此，企业发放给离退休人员的月饼也得缴纳个税。

[案例]

2011年销售部经营承包合同书

甲方：集团公司

乙方：销售部

为确保集团公司2011年战略规划和经营目标的实现，充分调动销售部全体员工的主观能动性和工作积极性，更好地将销售部全体员工的工作业绩与其劳动报酬密切挂起钩来，经甲乙双方充分调研协商，特订立本经营承包合同书。

一、乙方的责任期限

2011年1月1日—2011年12月31日

二、乙方的责任目标

1. 全年实现销售收入（不含税，以财务部开票为准）9亿元。其中：第一季度2亿元，第二季度2亿元，第三季度3亿元，第四季度2亿元。

2. 全年实现销售回款（含税）10亿元。其中：第一季度2亿元，第二季度2.3亿元，第三季度3.5亿元，第四季度2.2亿元。

3. 全年销售收入的非现金回笼折现损失率不超过全年销售收入（不含税）的1%。

4. 全年销售费用占销售收入（不含税）的比率不超过4%。

5. 公司年发外存货的平均余额不超过3 000万元；公司库存产成品的平均余额不超过1亿元。

6. 全年乙方提报给甲方的产品销售计划变动率不超过5%。

三、工资提成方案

1. 乙方全面完成2011年的经营目标，甲方向乙方兑现工资总额500万元。

（1）乙方超额完成销售收入、货款回笼两项指标，甲方按下列算式向乙方兑现超额奖金（全年统算兑现）：

超额奖金＝（实际销售收入－9亿元＋实际现金回笼－10亿元）÷2×0.5%

（2）乙方没有完成销售收入、货款回笼两项指标，甲方按上列算式向乙方兑现罚款（全年统算兑现），罚款从工资总额500万元中扣减。

2. 全年销售收入的非现金回笼折现损失率升降，按30%的比例兑现奖惩，即：

奖惩额＝（1%－实际回笼折现损失率）×非现金回笼总额×30%

（计算结果为正值，则为奖励额；负值，则为罚款额）

3. 全年销售费用占销售收入的比率升降按20%的比例兑现奖惩，即：

奖惩额＝（4%－销售费用实际比率）×3 600万元×20%

（计算结果为正值，则为奖励额；负值，则为罚款额）

4. 全年发外存货平均余额和库存产成品平均余额的升降按0.5%的比例兑现奖惩，即：

奖惩额＝［（目标发外存货平均余额＋目标库存产成品平均余额）－（实际发外存货平均余额＋实际库存产成品平均余额）］×0.5%

（计算结果为正值，则为奖励额；负值，则为罚款额）

5. 乙方提报给甲方产品销售计划变动率的升降按季度考核、兑现奖惩：

（1）采购计划变动率每降低1%，奖励乙方人民币5 000元；

(2) 采购计划变动率每提高1%，扣发乙方人民币5 000元。

四、责任考核部门及方式

1. 各项责任目标按季度进行考核，每季度奖惩兑现80%；年终统算，一次奖惩兑现。

2. 各项责任指标的完成情况和奖惩兑现方案由财务部负责核算提供，人力资源部负责审查，奖惩兑现方案经乙方认可，总经理办公会议批准后执行。

3. 乙方负责提出内部员工具体的工资发放及奖惩方案，报甲方审批后兑现。

五、甲方的权利和义务

1. 全力支持乙方完成2008年度责任目标，并保证本合同书中奖惩方案的兑现。

2. 在乙方确保产品销售计划变动率不超过5%的情况下，确保100%保质、保量、保时完成乙方所需的产品计划；在乙方产品销售计划变动率超过5%的情况下，确保98%以上保质、保量、保时完成乙方所需的产品计划。

3. 由于甲方原因造成乙方未完成责任目标，则由甲方的有关责任部门承担乙方的损失。

4. 由于乙方主观原因，完不成本合同书的有关条款，甲方有权随时对乙方的人事及工作进行干预、调整和重组。

5. 甲方有关职能部门在全力支持乙方完成责任目标的同时，有权对乙方的各项工作进行监督、检查。

六、乙方的权利和义务

1. 采取有效措施，确保2011年责任目标的完成。

2. 加强计划管理，确保产品销售计划变动率不超过5%。

3. 保证乙方所有的经营活动在国家法律、法规及厂规厂纪允许的范围内开展。

4. 积极配合甲方及各职能部门的领导、指导和监督、检查。

5. 由于乙方原因给甲方造成的经济损失，由乙方承担赔偿责任。

七、其他

1. 本合同书的条款由甲方负责解释。

2. 若因重大市场变化或其他不可抗力导致本合同书的有关条款不能执行时，甲乙双方应及时协商调整有关条款。

3. 本合同书未尽事宜，由甲乙双方协商补充、解决。

4. 本合同书正本一式二份，甲乙双方各执一份，双方盖章及代表签字后生效。

甲方：集团公司　　　　　乙方：销售部

代表：　　　　　　　　　代表：

年　月　日　　　　　　　年　月　日

思考：

1. 乙方全面完成2011年的经营目标，甲方向乙方兑现工资总额500万元税前能否扣除？理由是什么？

分析：工资总额500万元税前能否扣除关键要看是否合理，其合理性判断要符合国税发〔2009〕3号文件的要求。因500万元为考核工资，平时一般部分预支，只有实际支付的部分方能实际扣除。

2. 承包工资税前能否扣除？

分析：企业应建立薪酬制度，在薪酬制度中应有承包工资考核办法的条款。

第十节 税务文化制度设计例解

一 税务文化制度主要内容

从税务文化的层级结构方面观察，税务文化包含税务物质文化、税务制度文化与税务精神文化三方面的内容：

企业倡导电子纳税申报、科技纳税是企业税务物质文化的体现；吉林省四平市红嘴集团将每年4月20日定为税法宣传日并开展主题活动是企业税务制度文化的体现；企业积极创造条件参与纳税信用评定透明的阳光税路是税务精神文化结晶。

纳税是公民应尽义务的纳税观。“依法纳税，回馈社会”是现代企业经营的一条基本准则。

典型示例——透明万科的阳光税路成就“中国最受尊敬企业”

2006年4月28日，由经济观察报和北京大学企业案例管理研究中心共同主办的“2005年度中国最受尊敬企业”的评选活动中，万科再次获得“中国最受尊敬企业”称号，同时也成为连续四届获此殊荣的唯一一家房地产企业。

（一）透明万科的阳光税路

万科领导者王石是目前为止，第一个主动谈“税”的企业家。

这其中有两个层面的意义。一是万科要把企业做好，应该照章纳税，本着对股东、消费者负责任的态度把产品做好。第二，万科交税情况如下：万科2004年的纳税总额是9亿元，预计2005年纳税13亿～14亿元。

2004年，万科控股和子公司实际缴纳的14项税费总额为8.02亿元。从营业收入排名看，万科在当年的中国企业500强中位于第272位。尽管2005年宏观调控对地产行业冲击不小，但万科仍然保持了业绩的快速增长。万科企业年报显示，2005年万科销售231.8万平方米，实现销售收入139.5亿元，同比增长52.3%；实现净利润13.5亿元，同比增长53.8%；而纳税额增长更快，2005年万科入库税金14亿元，同比增长73%。表明万科对社会做出的实在贡献又更上了一层楼。

且不说万科深耕细作的深圳、上海，就连项目数量远少于一线城市的一些万科分公司，都以严谨务实、遵纪守法的形象受到当地政府部门的欢迎。在2004年，武汉万科获得湖北省纳税百强称号，南京万科被评为A级纳税信用等级纳税人，沈阳万科曾经连续多年成为全市房地产企业纳税冠军等，都是透明万科在自身体制内的有效延伸。

事实上，万科一直以透明开放为企业的行为准则。在20世纪90年代末期，时任深圳市长的李子彬带着政府各局委办和四大国营集团的首脑人物到万科总部调研。王石汇报了万科的业务增长数字和管理特征：规范、专业、透明。汇报的内容通过计算机在大屏幕显示，并给每位代表一份打印好的纸面材料。汇报结束，李子彬市长扬着手中的材料：“你们看看，什么是透明度？财务的工资表格上，从董事长到普通员工的收入、奖金一目了然。你们集团管理哪个能做到这样公开？”对企业应尽的义务，万科都身体力行地推进之。

（二）支持“多交税”改革

万科对税务制度的重视，始于公司创建初期，王石在1997年就跟当时的国务院总理朱镕基讨论了税务的变革。

"财政包干"制度是中国20世纪80年代末到90年代初的主要财政模式。但随着市场在资源配置中的作用不断扩大，其弊端日益明显，主要表现在税收调节功能弱化，影响统一市场的形成和产业结构优化，国家财力偏于分散，制约财政收入合理增长，特别是中央财政收入比重不断下降，弱化了中央政府的宏观调控能力。此背景下，经过朱镕基总理力推，分税制改革出台。

分税制改革的内容是：按照中央与地方政府的事权划分，合理确定各级财政的支出范围；根据事权与财政相结合原则，将税种统划分为中央税、地方税和中央地方共享税，并建立中央税收和地方税收体系，分设中央与地方两套税务机构分别征管，实行规范的中央财政对地方的税收返还和转移支付制。

在朱总理的调研会上，王石以万科为例，表明了在1995年经营规模、利润下降的这一年，企业交税没有随之下降而是持续上升的情况。

"分税制之前，中央政府和地方政府的税务是承包制。地方政府同企业也是承包关系。比如，万科到上海投资，同税务局签订承包合同，这是个基数，每年一个增长比率，万科在上海签订的合同是按每年20%递增，同实际每年盈亏没有关系。启动分税制，同政府的承包合同作废，虽然1995年规模缩小、利润下降，税收的基数大了，所以交税的总额依旧增长。"

"虽然企业交税增加了，我举双手赞成分税制。我们大统的国家，习惯一大二公、一平二调，向来不承认地方利益。通过税制改革，第一次从税法上明确了中央和地方是不同的利益主体。换句话说，中央和地方的关系都不明确，哪来的企业和政府的明确关系呢？可以说，分税制不仅仅是税收制度的改革，也是政治体制的改革。"

王石的这番话在当时得到与会者认同且不说，它还很鲜明地表达了万科朦胧的企业公民意识。

（三）公民万科的纳税观

作为行业领跑者，万科集团22年来一直坚持诚信经营、按章纳税的宗旨，踏踏实实地履行企业社会责任，这是万科得以壮大发展的基础，也是万科不可动摇的底线，也恰恰体现了"变革先锋，企业公民"的内涵。

万科坚持规范运行，历来得到了政府与社会的高度肯定。在税务管理方面，万科给我们的启示有：

1. 用两个"最低标准"规范自己

从创办之初，就给自己设定了两个最低标准：一是为股东盈利，向政府纳税；二是尊重人。"依法纳税，回馈社会"是现代企业经营的一条基本准则，也是万科立业、守业之本。

2. 专职人员负责税务问题

管理上，每个项目公司除了遵守税法主动纳税外，在每个项目小组都有专职负责税务方面的人员，掌握税法信息、了解税务动态并及时与税务人员沟通，积极配合税务检查。

3. 巨资引入百万元财务软件

在账目处理上，公司坚持规范化，引进上百万元的财务软件系统，使账目处理更透明，查询更方便，实现了财务会计完全电算化。

4. 外聘税务师事务所做税务代理

在人员配置上，公司不仅要求财务每个项目组有专职负责税务方面的人员，还外聘税务师事务所为每个项目进行税务代理，更好地为公司财务把关。

5. 用市场化的方式对待和解决问题

万科坚持诚信纳税、贡献社会的经营理念，在谋求自身发展的同时也为社会创造了良好的经济效益和社会效益：历经二十多年，万科经历了起步、创业、发展三个历史跨越，逐步走向理性与成熟。万科进入市场之初，市场的规范化程度不高，万科的很多做法，包括以高价竞标取得土地使用权、坚持依法纳税等做法，在社会上不被理解，甚至有人提出怀疑，因为在当时，这种做法不被人理解。市场由非理性到理性的回归需要一个过程，这是一种必然，所以万科一开始就采取了市场化的方式对待和解决问题，建立了以照章纳税为基础的商业道德体系。

第十一节 关联交易制度设计例解

一 涉税条款设计

1. 认真履行同期资料保存义务和向税务机关提供的义务。企业应按规定及时提供同期资料规避税收风险。

[注解] 同期资料又称同期文档、同期证明文件，是指根据各国和地区的相关税法规定，纳税人对于关联交易发生时按时准备、保存、提供的转让定价相关资料或证明文件。同期资料准备、保存和提供是企业转让定价文档管理的基础。

为贯彻实施新企业所得税法及其实施条例，加强同期资料管理，了解企业准备同期资料合规情况及存在的问题，税务总局下发《关于开展同期资料检查的通知》（国税函〔2010〕323号），在全国开展同期资料准备情况的抽查工作。抽查覆盖2008和2009两个纳税年度，各地税务主管部门应根据企业关联申报数据，分年度统计本省应准备同期资料的企业名单，严格按照统计抽样方法抽取测试样本（每个年度抽取样本数量应不低于总体的10%），并组织检查样本企业同期资料准备情况。

2. 交易应符合“具有合理商业目的”的要求。遵守商业实质原则进行关联交易。

[注解] 1935年，美国提出了“商业目的”这一反避税判例法规则。该规则强调的重点，是纳税人在一项商业安排中是否有避税的主观意图。但问题是，对这一主观标准作出准确判断很难，并会在实践中带来很多问题。由于“商业目的”原则对上述问题并没有明确，实践中纳税人会通过商业文件“炮制”出非税商业目的。

如果企业发生非货币性资产交换作为获取不当税收利益的安排，不具有合理商业目的，而减少其应纳税收入或者所得额，税务机关也将有权按照合理方法调整。《企业所得税法实施条例》解释“不具有商业目的”：是指以减少，免除或者推迟缴纳税款为主要目的。在实际经济生活中，不具有商业目的，除了获取不当税收利益外，还包括粉饰业绩、规避法律、转移资产、获利套现等目的，对此税法作了缩小解释。“不具有合理商业目的”是定性判断，具体标准有待进一步明确，全凭税务人员职业判断。

3. 关联方之间成本分摊的比例与获得的预期收益的比例相匹配，签好成本分摊协议可规避税务风险。

[注解] 成本分摊协议是企业之间缔结的一种契约性协议，是指在产品、服务、权利（技术）的开发、生产和获得的过程中缔约各方需共摊成本、共担风险，合理界定各参与方对上述产品、服务、权利（技术）的利益份额。两家以上企业进行共同投资时，为了分摊开发、生产无形资产或取得资产、权利或提供劳务活动中产生的成本和风险，以预期的未来收益分享比例为标准，签订协议，确定各方先期所承担的成本分摊的比例，以保证成本和收益

相匹配。税务机关对成本分摊协议关注的着眼点是各参与投资方（尤其是关联方之间）成本分摊的比例与获得的预期收益的比例是否匹配，避免某些参与投资的企业通过做大成本、减少收益进行避税的问题。

4. 企业进行关联方交易时，如有条件应与税务机关沟通并争取最有利于企业的交易价格，实行预约定价。

[**注解**] 在获得税务机关对交易价格的认可后，再进行交易就可以规避税务风险，获取最大的纳税收益。

5. 战略构架不嵌入税收元素引发的税收风险。

6. 跨国公司关联交易转移利润的涉税风险。

[**注解**] 国家税务总局曾专门下发《关于调查境外机构通过派遣人员为境内企业提供服务征收企业所得税情况的函》(际便函〔2009〕103号)，要求各地税务机关针对制造业和服务业企业，特别是汽车制造企业开展调查。

由于母子公司之间的特殊关系，现实经济活动中，母子公司之间常存在较为复杂的跨境人员及业务往来。这种情况下，母公司在子公司的活动是否导致母公司在子公司所在国构成常设机构判定缺乏具体标准，使得境内支付单位对少数境外机构为境内企业提供管理或技术服务，对取得的所得未按规定履行所得税申报纳税义务构成风险。

典型示例——母子公司关联交易的特别纳税调整

美国某汽车制造企业在中国境内投资成立了一家中外合资汽车制造企业。税务机关在调查过程中发现，境外母公司和这家境内合资企业之间存在两份协议：

1.《国际雇员协议》。根据当初的合资协议约定，合资企业的高级管理人员由境外和境内投资方各自指派。因此，境外投资方和合资企业签订了一份《国际雇员协议》，约定相关高级管理人员由境外投资方直接指派，在派遣期间作为合资方的雇员，在合资方董事会安排下，代表合资企业履行管理职能，为合资企业服务。对于外方派遣人员的薪酬标准，境内合资方应按合资协议约定的标准支付。由于这部分人员只是暂时到中国境内受雇，考虑到社保等一些实际因素，这些人员的薪酬全部由美方母公司代为支付后，境内企业按照美方代垫的费用全额转付给美方。

2.《短期技术支持协议》。由于美方在向境内合资企业进行生产线安装、技术转让中，需要派员到境内为企业提供技术咨询、员工培训等技术服务工作，因此，境外机构和境内合资公司签订了《短期技术支持协议》，约定境外机构在向境内机构提供技术服务时，境内机构应根据派遣人员数量和服务天数，按约定的标准向境外机构支付技术支持费。

[分析]

对照国税发〔2010〕75 号文件相关规定，对这两份合同的性质进行分析。

从《国际雇员协议》可以看出，对于合资企业的高级管理人员，根据合资协议约定，分别由投资方各自委派的做法是符合商业常规的，也是投资方对于投资企业控制权的一种体现。

一种意见认为，不管什么情况下，只要投资方向其投资的企业派遣高级管理人员，就视同投资方在为投资企业提供管理咨询服务，构成常设机构。

另一种意见认为，这份《国际雇员协议》完全符合国税发〔2010〕75 号文件“由母公司派人员到子公司为子公司工作，这些人员受雇于子公司，子公司对其工作有指挥权，工作责任及风险与母公司无关，由子公司承担”的条件，这些人员的活动不导致母公司在子公司所在国构成常设机构。在这一情形下，境内合资企业向此类人员支付的费用，不论是直接支付还是通过母公司转支付，都应视为合资企业内部人员收入分配，对支付的人员费用予以列支，其所支付的人员费用应为个人所得，按我国《个人所得税法》相关规定扣缴个人所得税后，即可对外支付。

对于《短期技术支持协议》，由于人员工作指挥权应归母公司，由母公司承担风险和责任。同时，需要派遣人员的数量和标准也是由境外母公司决定的。既然这些人员由母公司支配，代表母公司来华提供服务，这些人员的费用自然由母公司负担。同时，母公司派人员到子公司从事活动，一般应从子公司获取利润。

但是，对于境内机构派遣员工是否构成常设机构，在根据国税发〔2010〕75 号文件进行判定时，应根据实质重于形式的原则，从人员的支配权、风险和责任承担等这些影响行为实质的角度去把握。根据《企业所得税法》的规定，母公司向子公司收取有关服务费时，应按独立企业公平交易原则处理。如果母公司收取的服务费小于其提供服务的成本，应对此关联交易按独立交易原则进行特别纳税调整。

第十二节 经济合同制度设计例解

“在商业时代，财富大部分是由合同构成的”，这句话道出了现代社会中合同的重要性。现代企业的生产经营，从资金筹措，原材料购进，产品销售样样都离不开合同，而合同也是税务机关在对企业应税行为进行确认时的主要依据之一。也就是说，一项经济业务是否缴税以及按照什么标准缴税，主要是看企业所签订的经济合同是否符合税法的要求，并不是看企业的会计核算或者实际操作是如何进行的。

一 涉税条款设计

1. 按税收要求进行合同备案或按税务要求提供副本。
2. 承包合同要按《税收征管法》要求履行报告义务。

[注解] 如建筑公司发包工程有报告义务。《税法征管法实施细则》第四十九条第一款规定：“承包人或承租人有独立的生产经营权，在财务上独立核算，并定期向发包人或出租人上缴承包费或者租金的，承包人或者承租人应当就其生产、经营收入和所得纳税，并接受税务管理。”

3. 经济合同的条款不允许与税法相违背。

[注解]《税收征管法实施细则》第三条第二款规定：“纳税人应当按照税收法律、行政法规的规定履行纳税义务；其签订的合同、协议等与税收法律、行政法规相抵触的，一律无效。”

4. 使用规范的合同范本并选择有利于降低税负的合同形式。

[注解] 对公司的经常性业务，按公司提供的规范合同文本签订。我国《合同法》分则列出了以下15种合同：买卖合同，供用电、水、气、热力合

同，赠与合同，借款合同，租赁合同，融资租赁合同，承揽合同，建设工程合同，运输合同，技术合同，保管合同，仓储合同，委托合同，经纪合同，居间合同。以上15种在合同法中专门列出的合同，在法学理论上称为“有名合同”。但并不是只有有名合同才是有效的，凡是人们自愿订立的合同，只要不违反国家的法律法规，不违反社会的公序良俗，哪怕《合同法》没有专门将它列出也是有效的，同样受国家法律的保护。

根据税法规定，如果聘用人员与公司签订了劳动合同，存在工资、人事方面的关系，那么其在公司工作所取得的报酬属于工资、薪金所得范畴；如果未与单位签订合同，仅因某一特定事项临时为公司工作，那么得到的报酬属于劳务报酬所得范畴。根据相关规定，签了劳动合同的员工，其收入不征营业税；而未签合同的，则属于提供应税劳务范畴，须缴纳营业税。

5. 合同签订要防止陷阱、欺诈与纠纷。

[注解] 价格是合同中的重要条款，不同的价格会给企业带来不同的税收负担，因此在签订合同时一定要关注价格的表述。

在合同表述时，主要涉及以下三种销售价格：含税价格与不含税价格、离岸价与到岸价、出厂价与目的地价。这三对价格在合同中如不能准确表述的话，则有可能导致企业增加许多税收成本。

6. 选择有利于降低税负的货款结算方式。

[注解] 合同中规定的货款结算方式与税法规定的纳税时间有直接关系。在税法上，能够起到降低税负效果的货款结算方式主要有赊销与分期收款方式、赊购与分期付款方式。对于分期收款销售，按照税法规定，纳税义务发生时间为合同约定收款日期的当天，所以对于销售量较大的商品，企业如签订分期收款销售合同，则可以分期缴纳税款，从而将整体纳税进行分解，起到延迟纳税的作用。

7. 财务人员应对合同按要素逐项进行涉税审核。

[注解]《合同法》第十二条规定，合同的内容由当事人约定，一般包括以下条款：

（一）当事人的名称或者姓名和住所；（二）标的；（三）数量；（四）质量；（五）价款或者报酬；（六）履行期限、地点和方式；（七）违约责任；（八）解决争议的方法。

8. 签订合同应坚持财务终审和约定“凭票付款”的原则。

[注解] 绝大多数企业的合同签订未经财务人员研究与建议，一般都是采购部、销售部、投资部、行政部、法务部、法律顾问决定。即使经济合同给了财务研究，也看不懂，提不出意见，久而久之将财务排除在外；财务人员履行职责提出改进意见，可能会增加业务操作步骤，其他部门因麻烦而不让财务参与。应让财务人员事前介入业务，提出税务管理观念，挽回必要的经济利益。

合同是税务风险的主要载体。签合同的人不了解合同的税务风险就会埋下税务地雷，让企业蒙受意外损失。

9. 集团内部资产调拨、费用分摊、资金拆借等经济往来，原则上应签订合同。

[注解] 总分机构资产调拨单据涉税风险处理（M 公司将其部分非货币性资产无偿调拨给 A 公司），集团管理费用分摊协议（规章）涉税风险处理，捐赠赞助合同及内部领料单据涉税风险处理，资金拆借协议涉税风险处理，股权变更合同税务分析。

10. 在签订涉外商务合同时应充分关注的税收问题。

[注解] 劳动合同与劳务合同的分析：经济活动盈利模式选择、合同主体选择、合同形式选择、合同效力安排、涉税条款设计、合同变更/解除/终止安排、合同转让技巧等。

11. 企业必要时应聘请税务顾问审核合同税收风险。

[注解] 合同草案形成后，业务经办人应当认真填写《合同签订审批表》中“业务经办人”一栏内容，填写完后，与合同一起送交有关人员进行审

查。负责审查合同的有关人员应审查该合同是否具备合同应有的主要条款，如：对方人当事人的基本情况、合同标的、数量、质量、价格价款、有关技术性指标、履行期限、付款方式、担保、履行能力和资信情况、合同主要风险和防范措施、对方当事人提供的有关证明等。合同审查完后，按审批权限送审批人审批。

12. 公司财务部门对合同项下的付款和收款进行监督管理，并对结算方式是否符合国家规定，以及开出或接受的票据的规范性、有效性、安全性进行审查。

13. 在合同取得最终审批同意之前，任何人不得在合同文本（包括备忘录、对账记录、库存处理或折价让利、债务延期或对冲协议等确认或变更、消灭权利义务关系的协议性文件）上签字或盖章。

14.《借款合同》、《担保合同》无论标的金额大小，均由计财部门负责人提出，总经理审核并在合同背面签署意见和签名，公司董事长签署。

15. 公司签约《采购合同》、《货运合同》、《建设工程合同》等合同时，应同时与第三方签订“商业操守协议”。

16. 合同文件用词要准确、规范，不得使用错误、含糊、易产生歧义的字、词、句。涉及计量的条款应当使用按国家标准确定的词语。涉及滚动发货或连续业务的，应当在合同条款中明确对方当事人以往的欠款金额和偿付时间。

17. 起草或修改合同应当充分考虑风险和风险防范，尽可能降低本公司的风险，并在合同中订立相应的防范风险的条款。

二 典型示例——某企业促销合同——“邀请参观合约”

甲方：星马（中国）投资集团有限公司（以下简称甲方）

乙方：北京国际广告有限公司（以下简称乙方）

乙方艺人：林小姐（以下简称乙方艺人）

甲方诚意邀请乙方艺人林小姐参观厦门维多利亚城开盘活动。经双方协议，特签署以下合约：

一、日期及地点：2010 年 03 月 20 日 10 点至 11 点 30 分，福建省福州市

二、出场人员：林小姐

三、具体内容：出席参观厦门维多利亚城房产楼盘（详细内容见合同附件）

四、费用：甲方付给乙方费用（税后）共计人民币伍拾玖万伍仟元整（其中包括乙方及随从人员往返机票及出发地陆地交通费用）：发票税10%计人民币伍万玖仟伍佰元整，总计人民币陆拾伍万肆仟伍佰元整。

五、付款方式：

1. 于本合约签订之日内支付乙方定金，即人民币叁拾贰万柒仟贰佰伍拾元整；

2. 于到达前五日支付乙方费用余款，即人民币叁拾贰万柒仟贰佰伍拾元整；

3. 汇款资料：

户名：张国成　银行：招商银行北京光华路支行

银行账号：6226 0901 0316 3362

七、甲方责任

1. 甲方提供乙方住宿五星级酒店，其中为套间一间，单人房三间，标间四间；

2. 甲方负责提供乙方在活动期间的餐饮、交通及安全，包括两辆商务专车、及不低于奔驰轿车壹辆；（车辆安排根据艺人具体安排）

3. 活动场地应为艺人提供单独休息室，并配有化妆镜、矿泉水、毛巾、纸巾等；

4. 甲方必须保证乙方在活动期间的安全并安排至少两名保全人员随行，如现场秩序混乱，乙方有权拒绝出席；

5. 甲方应负责此次活动报批手续及所有相关纳税适宜，完税凭证由甲方保留。

八、乙方责任及义务

1. 乙方艺人需在2010年3月19日24时前到达厦门；

2. 乙方向甲方提供包括介绍文字、照片等在内的资料用于并仅限用于此次参观宣传之目的；

3. 乙方保证按时到达约定地点；

4. 乙方须自备道具服装及化妆造型；

5. 关于合影及签名，甲方应前通知乙方，并进行沟通；且艺人不参加任何酒会、答谢会；其他未经乙方认可的时间、事件乙方有权拒绝。

九、违约责任

1. 本合约书未经双方同意，不得随意变更或终止，双方均应遵守并严格履行本合约各项条款。如任何一方违背本合约规定之义务，另一方有权取消本合约，并由违约方赔偿由于违约给对方所造成的一切经济损失。如在执行本合约中发生纠纷，由守约方仲裁机构协调解决。

2. 乙方依本合同第八条第2款向甲方提供乙方艺人资料有以下说明：

(1) 仅限于甲方使用在此次活动相关宣传工作上，未经乙方书面同意，甲方不得将上述资料用于其他目的和领域授予任何第三方使用；

(2) 不得自行使用其他非乙方授权之照片图像；

(3) 不得将艺人相关权利超范围使用（其范围仅包括此次活动）；

(4) 如出现违反第九条第2款内容则视同甲方侵权，乙方将追究责任。

3. 除人力不可抗拒之原因外（灾害；疫情；战争；动乱；国家政治因素；等），包括不限于出现如甲方单方改变活动，或甲方未能按本合同约定支付费用之行为均视甲方违约，乙方有权拒绝出席并不退还甲方已支付的款项。

4. 除人力不可抗拒之原因外（灾害；疫情；战争；动乱；国家政治因素；航空公司航班延误、取消；等），包括不限于出现如乙方不按时到场或无故不参加行为均视乙方违约，乙方必须退还甲方已支付款项。

5. 所有相关建约赔偿须在自违约之日起的十天之内完成；未尽事宜，双方另行协商。

十、经过双方认可之合同附件，具有合同等同法律效力。

十一、甲乙双方同意本合同及所有附件为商业机密，均负有保密义务，不得向任何第三方透露。

十二、本合约一式两份，并由双方盖章及双方代表签字有效（本合约之传真件具有同等法律效力）。

甲方：星马（中国）投资集团有限公司

乙方：北京国际广告有限公司

地址：	地址：
代表人：	代表人：
公章：	公章：
日期：	日期：

合约附件：

厦门维多利亚城房产楼盘开盘盛典及参观样板房

活动地点：厦门维多利亚城售楼中心及样板房

活动时间：2010年3月20日10点至11点30分

活动内容：

1. 9点30分整从酒店出发，10点到达项目样板房参观并接受记者采访、及拍照留影（参加特邀媒体采访活动，所涉及问题须征得乙方同意）（时长15分钟左右）；

2. 参加开盘仪式盛典（时长：10分钟左右）；

3. 所有正式的出场活动时长共计：壹小时。

补充：甲方应提前两日将活动流程细则发至乙方。

三 典型示例——经济合同税务管理模范条款精编

条款1：在购货方未付清货款前，货物所有权仍属于供货方。

条款2：承租方承租使用房屋的房产税及物业占地土地使用税由出租方承担。如果发生承租方缴纳前述税款的情况，承租方有权从应付出租人的租金中扣除并按银行同期贷款利率加计资金占用费。

条款3：运输费计算标准包括因提供运输服务所支付的人工费、设备维修费、保险和因提供运费服务而需缴纳的各项税金。

条款4：因税务代理人发生过错造成委托人未缴或者少缴税款并且导致委托人被税务机关处以罚款或/和停止供应发票的，由乙方赔偿甲方罚款损失。（此条款易达成）

或：

因税务代理人发生过错造成委托人未缴或者少缴税款并且导致委托人被税务机关追缴税款、加收滞纳金、停供发票、行政罚款的，由代理人承担。（此条款比较难达成）

条款5：甲方项目建设期间等其他环节的所有税（除销售过程的营业税外）全部包含在乙方向甲方交纳的土地总价款等规费项目中，乙方不再另行承担。

或：

甲方土地出让金地方留成部分（或其他政府规费项目）的?%或/及甲方其他规费项目的多少额度，作为投资开发扶持资金拨付乙方。

四 典型示例——采购合同增值税发票涉税自保条款集

条款1：供货方声明其具有增值税一般纳税人资质并同意向采购方开具增值税专用发票结算货款。

条款2：供货方应按规定及时向采购方开具和提交增值税专用发票；在分次收付款过程中的任何结算时点，供货方开具并提交采购方的增值税专用发票的价税合计金额不得低于采购方已经支付的价税合计款项。

条款3：供货方开具的票据必须是由供货方从其发票主管税务机关领购或经其主管税务机关批准自印或监制的发票；供货方必须按照合同约定的价款（或采购方实际付款金额）开具票据并提供给采购方；供货方必须保证提供给采购方的发票的票面数据与供货方缴销税务机关和供货方所留存的发票存根联填列数据相符。

条款4：发生下列任意一种情况而给采购方造成经济损失的，供货方负责赔偿采购方有关经济损失：

(1) 因供货方提供的发票不符合税务部门的要求，导致采购方从供货方取得的增值税专用发票不能认证抵扣进项税金；

(2) 因供货方提供的发票不符合税务部门的要求或因供货方其他原因，导致采购方从供货方取得的增值税专用发票虽可通过认证抵扣进项税金，但认证后被税务机关以"比对不符"或"失控发票"等事由追缴税款。

条款5：（商贸企业辅导期间特有条款）

在采购方从供货方取得的进项税金抵扣税凭证经税务机关交叉稽核比对无误获得抵扣以前，采购方有权暂不支付相当于前述抵扣税款的那部分款项。

条款6：供货方开具的增值税专用发票在送达采购方以前或之后如发生丢失、灭失或被盗，供货方均应负责按税法规定向采购方提供有关丢失发票的存根联复印件，均应负责提供供货方所在地主管税务机关开具的"增值税一般纳税人丢失防伪税控开具增值税专用发票已抄报税证明单"，积极协助采购方在税法规定期限内办理有关的进项税额的认证申办手续，否则，由此造成的经济损失，由供货方承担。

第十三节 企业票据制度设计例解

票务管理贯穿公司发展的始终，无论是最初艰难的创业阶段，还是后来蒸蒸日上的发展阶段，甚至是折戟沉沙的衰退期，票务管理都是企业的命脉，在企业财务管理中占有十分重要的地位。

涉税条款设计要点

企业票据制度设计要点如下：

(1) 了解法律法规对票据的规定以及主管税务机关的具体要求；

(2) 企业中有从其他单位取得发票的工作人员都应该具备判断发票的基本常识；

(3) 单位收取按税收法律、法规规定不征收营业税款项的情况应开具非经营收入发票；

(4) 支付境外费用，应要求其提供境外公证机构或者注册会计师的确认证明，经税务机关审核认可后，方可作为记账核算的凭证；

(5) 企业预收款项应正确使用税务机关监制的收款收据或预收款凭证；

(6) 明确企业应严格票据开具和取得的时间界限；

(7) 企业应凭合法有效扣税凭证进行纳税申报；

(8) 明确运输发票抵扣增值税应注意事项；

(9) 要按规定正确处理丢失发票；

(10) 电子票据应持谨慎原则使用并确保信息的安全性；

(11) 企业应规定申请代开发票的情形；

(12) 购销合同必须注意发票风险防范；

(13) 明确及时正确处理跨年度取得发票；

(14) 几种特殊情况的规定；

(15) 应用发票工具进行筹划。

典型示例——某原料公司规避税务风险的发票管理办法

某原燃料分公司，该公司为避免在采购过程中收受虚假发票，规避税务风险，对增值税发票管理进行了统一规定。该公司规定：

各业务科室在与供方签订采购合同时，要调查供方是否具备销售该产品的经营资格，并要求提供工商营业执照、税务登记证等；要审核开具的发票信息与税务登记证是否相符；做到发货单位、发票开具单位、收货款单位的物流、发票、资金三者统一；业务部门采购物资收受发票时，要仔细检查发票开具是否规范，发票要素是否填齐规范，即，购货单位、日期、货物名称、数量、单价、金额、销货单位印章等；所有对外销售不论是原燃料、产品或废旧物资，不论对方是否索要发票都要开具销售发票；生产经营项目不能由不具备法人资格和不能承担法律责任的单位和个人承包。另外，该公司还规定了各业务科室的科长为业务风险的第一责任人，承担本科室业务损失的相应责任。

第十四节 税务争议制度设计示例

税收征纳实践中，税务行政机关与纳税人之间的争议不可避免。一旦发生争议，按传统税法理论，可以通过复议或诉讼的方式寻求救济。

《税收征管法实施细则》第一百条规定：《税收征管法》第八十八条规定的纳税争议，是指纳税人、扣缴义务人、纳税担保人对税务机关确定纳税主体、征税对象、征税范围、减税、免税及退税、适用税率、计税依据、纳税环节、纳税期限、纳税地点以及税款征收方式等具体行政行为有异议而发生的争议。

具体到税种的实体法政策规定中，以企业所得税核定征收异议解决为例。为加强和规范企业所得税核定征收工作，2008年3月6日，国家税务总局制定了《企业所得税核定征收办法（试行）》（国税发〔2008〕30号，以下简称“新办法”），对企业所得税核定征收办法进行了调整。

异议的处理方法：旧办法：纳税人对其企业所得税征收方式的鉴定、核定的应纳税额或应税所得率等事项有争议的，可在规定的期限内依法向上级税务机关申请复议，对复议结果不服的，可向法院起诉。新办法：纳税人对税务机关确定的企业所得税征收方式、核定的应纳所得税额或应税所得率有异议的，应当提供合法、有效的相关证据，税务机关经核实认定后调整有异议的事项。此外，新办法取消了旧办法中对实行核实征收方式的不得享受企业所得税各项优惠政策的规定。

税务实践中，税务争议不可避免。税务争议通常发生于税务行政机关和纳税人之间，对税收争议的解决催生了相应的税收救济制度，包括法律途径和非法律途径。其中的法律途径主要指税收行政复议和税收行政诉讼。我国的税务行政复议在与税务行政诉讼的衔接方面，采取必经复议与选择复议相结合的模式或体制。由于征税与纳税而发生的纳税人、扣缴义务人、纳税担保人与税务机关之间税收方面的争议，税务行政复议是税务行政诉讼的必经前置程序，未经复议，行政相对人不能向法院起诉。对于其他税务争议，如因处罚、保全措施及强制执行等引起的争议，行政相对人才可以选择适用复议或诉讼程序。至于非法律途径，也就是实践中存在的解决税务争议的另一种方法——税务契约，如预约定价安排、稽查约谈制度等。税务契约在市场经济和民主法治观念深入的今天成为解决税务争议的可能方式。适用得当，不仅能规避复议和诉讼的固有不足，而且能提高税务争议解决效率。当然上述解决税务争议的方法孰优孰劣、如何选择，企业要随机应变、因地制宜，具体问题具体分析。

涉税条款设计要点

1. 解决税务争议应遵循和谐的思维和理念

[注解] 解决税务争议的理念可以是斗争的思维、经济的思维，也可以是和谐的思维。不同的思维方式和理念，产生的效果是不一样。斗争的思维是低级形态的思维，已经与发展的社会相悖。经济思维在反腐倡廉的今天有很大的风险元素，现代社会崇尚和谐、沟通和妥协的价值理念，诉讼太多毕竟耗费社会成本，本身不是一件好事。大量的纳税争议都涌到法院也未必是和谐社会的标志和税企争议的解决之道。保护纳税人权益的治本之策并不在于人为打开涉税诉讼的闸门，而在于税务机关能否又快又好地提高依法行政的水平，将司法理念引入税收行政执法。在构建和谐社会的今天，解决税务争议的理念应从斗争的思维到经济思维走向和谐的思维。要树立起以和谐的思维解决税务争议的重要理念。

国外有一种类似仲裁庭的税务调解机构，由税收领域的专家学者、法官、律师等共同组成，来帮助税企之间协商调解纠纷，来缓解税务机关和税收法律政策引用和解释方面的强势地位，但这种途径目前在我国还处于既无制度框架也无执行机构的阶段。

2. 解决税务争议途径选择

[注解] 解决税务争议途径可以选择税务行政复议，也可以选择税务行

政诉讼，还可以选择税收契约。税务行政机关偏爱权力手段的法律取向，已经越来越表现出与税法的法律价值相违背的一面，税收契约恰好适应了现代税法学的发展，为我们解决税收理论和实践问题提供了一条可供选择的方法和思路。在解决税务争议时，税收契约成为税收行政复议和行政诉讼外可供选择的重要方法。此外，税法中的效率原则也为税收契约提供了理论依据。契约中蕴涵的平等、协商理念正是我国当代税务行政中的稀缺品质。这种理念对于提升纳税人主体地位、增进税收公平、改善征纳关系、实现高效行政都颇具现实意义。

对大型企业而言，最大的风险是企业确定的关联交易价格和税务机关认可的公平交易价格之间存在差异。举例而言，如果企业确定关联交易价格在可比企业中属于中低档次，而税务机关所选取的数据又恰好在可比企业中为中高档次，这时企业就存在一定程度的税收风险。而如果事先已经进行了预约定价安排，企业就不再有这个担心和顾虑，企业的前景将更加明朗。

据了解，国内外大型企业的财务经理对预约定价安排也持非常积极的态度。因涉及诸多因素，关联企业之间的交易定价不太容易十分精确，存在争议是正常的。如果税务机关在事后进行调整，那么税企双方的争议必然很多；如果能在事前约定关联交易的价格，那么，争端自然就会明显减少。

3. 解决税务争议的方式方法

[**注解**] 在多数情况下，基于人的行为惰性，纳税人解决税务争议普遍采取口头方式，而不习惯也不善于采用书面的形式。很多企业只会说企业困难没有钱，要税务高抬贵手等等，而不善于从策略层面以书面的方式去加以解决。实际上书面形式有时其效果出乎意料，让作为管理相对人的纳税人能够化被动为主动，争取主动权。

例如，某一书面报告的结构及其写作注意事项如下：

第一，应以本公司红头文件（企财字）第…号，题目为：《关于尚未上交的借款利息应缴的个人所得税的报告》。

第二，要写好开头。表达出这种理念："在税务局大力支持下，我公司认真遵循税法，为维护政府纳税秩序，建立良好关系做出应有贡献。"

第三，报告要认真琢磨，结构严谨，条理清楚，文字通顺。如：

（一）业务内容

（二）文件依据

（三）情况说明

1. 认识不清，承认错误。

2. 文件适用，略有异议。

3. 情况特殊，绝非故意。（如社会影响小，因缺乏知识或经验而对税法作狭义理解。）

4. 经营困难，恳请扶持。

第四，应抄报上一级税务机构，如抄报省税务局，以免经办部门的轻视与忽略。

4. 解决税务争议决策前应分析风险

[注解] 解决税务争议决策前应分析风险因素，通俗地讲，就是解决税务争议活动可能因各种原因失败而付出的代价。由于解决税收争议是在争议行为发生之后作出的决策，而税收法规具有时效性，再加上经营环境因素及其他因素的错综复杂，使其具有不确定性，蕴涵着较大的风险。因此，在解决税收争议时应充分考虑风险性因素，具体包括政策风险、操作风险、经营风险、执法风险。以上这些都是解决税务争议过程中客观存在的风险，也是企业在解决税务争议过程中应当加以研究和重视的因素。

5. 要善于用法律武器维护自身权益

[注解] 一些纳税人对税务部门敬畏有加，不仅使得一些老老实实的纳税人不敢越雷池一步，也使得一些纳税人对来自于税务部门的意见或要求总是言听计从，而不管这些意见或要求是否合法、合情、合理，这就可能使得自身合法权益得不到应有的保障。只要自己依法诚信纳税，自觉履行纳税义务，就不必心存顾虑。一旦遭遇到侵权行为，或者对税务机关的行政处罚有异议时，希望所有的纳税人都能勇敢地拿起手中的权利，为自己讨回公道。

6. 应用调处机制规避税收风险

[注解] 企业在日常税务管理活动当中，经常会面临很多具体的实际问题，如何规避税务风险也是非常重要的。

典型示例——关于“甲供设备”税收问题的报告

省地税局：

本公司前身是______省______机电设备安装检修有限公司，2009 年初进行更名为______有限公司，本公司专门从事于承接社会业务，具有承担水电厂水轮发电机组，电网发供电设备检修安装，建筑业的金属结构等各行业的设备安装、试验、调试、技术改造、起重运输业务。多年来企业得到了地方政府和基层地税部门的关心和支持，在艰难的竞争环境中得到了生存。2008 年，在世界金融危机业务不景气情况下，公司在困难中努力经营，经营收入达到 2 769.62 万元，税前利润突破 100 万元大关（达 130.08 万元），税后利润 95.46 万元。企业在发展的同时对社会作了较大的回报，2008 年企业上缴各种税收 466.57 万元，占企业营业收入总额的 16.85%，是留存收益的 4.9 倍，被地方政府授予财政贡献奖。我们企业的发展靠的是诚信经营、薄利多销的经营策略，然而 2008 年公司在对外竞接业务过程中，出现了甲方技改项目的甲供设备问题，给我们企业经营带来很大压力。鉴于本企业在社会承接业务困难，企业所承接该类项目利润率较低，已上缴各种税收数额较大等事实，加上此前贵局对出现此种困难的其他类似企业，也曾出台甲供设备在营业税计税营业额中允许扣除的相关文件予以大力扶持，如：闽地税函〔2007〕208 号文《福建省地方税务局关于下发我省高速公路监控、收费、通信系统机电项目工程营业税计税营业额中允许扣除设备价值具体设备名单（第一批）的通知》、闽地税函〔2007〕209 号文《福建省地方税务局关于下发我省电力设备安装工程营业税计税营业额中允许扣除设备价款的具体设备名单（第一批）的通知》、闽地税函〔2007〕112 号文《福建省地方税务局关于北京建工集团有限责任公司福建分公司建筑安装计税营业额问题的批复》。为此我们特向贵局申请：对本企业所上报甲供设备希望批准在营业税计税营业额中允许扣除，以解经营困境，望予审批为盼。

谢谢大力支持！

附：甲供设备明细表。

某电力工程有限公司

2010年08月12日

二 典型示例——应用调处机制规避税收风险成功案例

不久前我们接触了一位房地产开发商，在规划建设的时候，已经进入施工阶段了，没有想到，在施工规划设计中，可能考虑得不周全，将周围的居民住宅采光遮挡了，而且其他重要的建筑物也被挡上了，包括一个教堂，即社区的宗教场所。于是，房地产开发商周围的小区居民和宗教工作者就纷纷找房产开发商“讨说法”，并要求房地产开发商停工。后来房地产开发商迫于压力，怕进一步引发事端，就主动跟居民、教堂谈判并达成了补偿协议，约定支付“挡光费”后可以由房地产商继续施工，居民与教堂对其也就不再追究了。这便是房地产开发企业整体金额1 000多万元的“挡光费”的由来。回到税收问题上来，这个企业的财务总监还是比较有经验的，她的脑子里马上产生了这么个问题：房地产公司即将对周围的居民、教堂支付的“挡光费”，究竟能不能在企业所得税前扣除？该财务总监给我们打了电话，如实地叙述与请教。

我们的答案是：如果挡光费是真实发生的，是可以在企业所得税前扣除的。因为从税收的法理来看，这都是属于你的相关支出。按照我们国家《企业所得税法》“实质重于形式”、“真实性”等的原则性规定，付出挡光费是可以在所得税前扣除的。

但是，税务部门检查的时候也有一个顾虑存在。如果说您跟周围的居民、教堂签了一个协议，付款时只有收款收据，在这样的情况下若在企业所得税前据实扣除，则税务机关方面也有一定压力。因为，假如推而广之，旁边的开发商，也找一些居民，也签了一个协议，把钱也付出了，在没有收款方的合法抵扣凭证——正式发票的前提下，如果也可以从企业所得税前扣除，那么，今后税务机关将怎样证实这种税前扣除项目的真实性？这就给征纳双方造成了一定程度上的“执行难”，同时，即便这一任的税务局主管干部准许您税前扣除，也保证不了下一任的税务局主管干部会旧案重审，将其认定为未取得合法凭证而不可税前扣除的项目。

进而言之，“挡光费”就是这样一种成本费用的代名词——收款方不可能给付款方出具正规的发票。作为付款方企业的财务总监，应当如何控制类似情况的税收风险？我们的答案如下，既然税务机关已关注凭证问题，既然收付双方已协议发生了挡光费，那么有种办法是：在挡光费的事件上，同周围的居民和教堂协商，协商什么呢？既然付款项了，请配合我做一个动作，我不能把钱给你了，但却没有任何证据，更准确地说是没有任何可用以扣税的合法证明。令所有人都满意的解决之道为：让附近的居民找一个代表或者教堂到法院起诉企业，然后，不必通过法院的判决程序，而是由法院书面调解，即把大家召集到一起，以法院的身份出一个书面调解书。这种情况下再支付这笔的挡光费，就不再会有税收风险之虞。为什么这么处理呢？这么处理以后你就取得了第三方的证据，税务机关再检查的时候，这一成本费用的真实性、客观性就得到了印证。如果没有这样一条证据链，仅凭收付款双方达成的协议为证，税务机关在采信的时候有一定的压力。但如果有法院的法律文书，就等于是使房地产开发企业的税务风险限定在可控的范围内。不管今后谁来查账，纳税人都可以提供第三方同时也是“官方”的证据。

第十五节 企业涉税风险与安全制度示例

一 制度设计要点

(1) 产品促销纳税策略与风险控制及安全策略；
(2) 政府补助纳税策略与风险控制；
(3) 销售返利纳税策略与风险控制；
(4) 以物（房）抵债涉税策略与风险管理；
(5) 股权转让收入纳税策略与风险控制；
(6) 租金收入的涉税策略与风险管理；
(7) 甲供材料的纳税策略与风险管理；
(8) 工资薪酬的涉税战略与风险管理；
(9) 借款利息纳税策略与风险管理；
(10) 企业违约金和赔偿金涉税分析；

（11）捐赠支出的纳税策略与风险管理；
（12）个人费用在企业报销的纳税策略与风险管理；
（13）企业往来账目的涉税风险管理与风险控制；
（14）税收优惠应用涉税策略与风险管理；
（15）税负分析与税务风险管理；
（16）企业税务危机与危机管理策略；
（17）经济合同涉税分析策略与风险管理；
（18）纳税申报的涉税策略与风险管理；
（19）企业票据涉税风险管理；
（20）企业成本风险管理与纳税策略。

二 特殊业务的风险点识别要点

1. 非货币性资产风险点

（1）非货币性资产交换业务通过体外循环的方式，偷逃税款；
（2）直接调整非货币性资产的账面记录，不确认损益申报纳税；
（3）利用交易双方的关联关系，在关联方之间进行利润的转移；
（4）故意混淆各税种计税依据的确认，少缴税款；
（5）不具有商业实质或公允价值不能可靠计量的非货币性资产交换，未按税法规定进行纳税调整，影响当期应纳税所得额；
（6）整体资产置换重组业务，未按规定纳税。

2. 债务重组风险点常见涉税问题

（1）利用虚假债务重组，调节利润，少申报缴纳税款；
（2）债务重组所得计入资本公积，未作纳税调整；
（3）纳税人确认预计负债，少计的债务重组收益未申报纳税；
（4）关联企业之间利用债务重组业务逃避税款。

3. 投资业务风险点常见涉税问题

（1）少计投资成本，多列当期费用；
（2）隐匿、截留投资业务的持有收益；
（3）视同销售未按税法规定缴纳各税；
（4）混淆免税收入和应税收入的界限，少计应税所得。

4. 企业合并税务风险点常见涉税问题

（1）被合并方未按税法规定确认所得，偷逃企业所得税；
（2）合并方取得的资产不按税法规定摊销，多计成本费用，影响当期和以后期间应纳税所得额；
（3）合并方合并对价中的非货币性资产支付不确认资产的处置收益；
（4）合并取得的商誉分期摊销或计提减值准备在税前扣除；
（5）合并企业多弥补被合并企业合并前发生的亏损。

5. 股权转让企业风险点常见涉税问题

（1）少计或不计投资转让所得，少缴企业所得税；
（2）多计股息红利收入，少计股权投资转让所得；
（3）提前弥补股权投资转让损失。

6. 建造合同风险点常见涉税问题

（1）合同收入未按照完工百分比法分期确认，少缴流转税和企业所得税；
（2）因合同变更、索赔、奖励等形成的收益不计收入，偷逃税款；
（3）合同完成后处置残余物资取得的收益不计入收入；

（4）对于合同预计总成本超过合同总收入的预计损失，企业提取损失准备，在计算应纳税所得额时不作调整；

（5）借款费用重复扣除或提前扣除。

三 典型示例——会计报表风险点识别

一、JH公司财务报表

会计报表注释

（一）主要会计政策

1. 会计制度：企业会计制度

2. 记账方法：借贷记账法

3. 记账原则：权责发生制

4. 存货

(1) 原材料、库存商品：按实际成本计价，发出采用加权平均成本计价。

(2) 产成品按照定额成本计算。

资产负债表

编制单位：福建JH有限公司　　2010年6月30日　　单位：人民币元

资产	年初数	期末数	负债和所有者权益	年初数	期末数
流动资产			流动负债		
货币资金	81 946.15	61 648.30	短期借款	9 200 000.00	9 600 000.00
应收账款	2 051 648.86	2 142 553.62	应付账款	1 678 545.07	3 881 662.12
减：坏账准备			预收账款	315 836.36	56 345.77
预付账款	5 093 895.54	8 995 885.54	其他应付款	2 706 091.02	6 825 357.51
其他应收款	1 772 232.57	4 405 275.60	应付福利费	8 360.63	66 650.63
待摊费用	1 117 021.89	199 479.50	未交税金	347 148.20	308 116.13
存货	2 781 288.95	2 216 134.24	预提费用	60 000.00	120 000.00
待处理流动资产损失	99 983.84	(17 744.40)			
流动资产合计	12 998 017.80	18 003 232.40	流动负债合计	14 315 981.28	20 858 132.16
长期投资	3 125 000.00	3 125 000.00			
固定资产					
固定资产原价	2 857 060.97	2 860 300.97			

续表

资产	年初数	期末数	负债和所有者权益	年初数	期末数
减：累计折旧	149 425.37	214 858.25			
固定资产净值	2 707 635.60	2 645 442.72			
在建工程	4 164 741.81	4 193 830.53			
固定资产合计	6 872 377.41	6 839 273.25	所有者权益		
无形及递延资产			实收资本	2 000 000.00	2 000 000.00
无形资产		175 000.00	资本公积	8 398 495.97	8 745 644.17
递延资产		2 416 938.42	未分配利润	−1 621 474.92	−1 044 332.26
无形及递延资产合计		2 591 938.42	所有者权益合计	8 777 021.05	9 701 311.91
资产总计	23 093 002.33	30 559 444.07	负债及所有者权益总计	23 093 002.33	30 559 444.07

利润表

编制单位：福建 JH 房地产有限公司　2010 年 6 月　　　单位：人民币元

项目	本月数	本期累计	占比
一、产品销售收入	545 568.76	4 672 778.92	
减：产品销售成本	556 573.76	3 729 658.52	
产品销售费用	81 812.66	410 177.77	
产品销售税金及附加	3 037.15	31 585.60	
二、产品销售利润	95 854.80	451 357.03	
加：其他业务利润	1 711.80	145 519.87	
减：管理费用	32 070.60	457 184.82	
财务费用	12 116.69	707 979.92	
三、营业利润	−138 330.29	−568 287.84	
加：投资收益			
营业外收入			
减：营业外支出			
加：以前年度损益调整			
四、利润总额	−138 330.29	−568 302.84	
减：所得税			
五、净利润	−138 330.29	−568 302.84	

5. 固定资产折旧采用直线法

6. 存货盘存采用永续盘存制

(二) 主要会计科目注释 (人民币元)

1. 应收账款

应收账款 2 142 553.62 元，其中 10 万元以上的 4 户：

(1) YK 市公安局	475 503.00
(2) DH 公安局	112 644.50
(3) YK 邮电局	120 706.10
(4) 光大金融产业发展公司	622 952.00

账龄在 1 年以内的 44 户，合计金额 1 514 669.62 元；账龄在 1～2 年的 3 户，合计金额为 627 883.00 元。

2. 预付账款

10 万元以上的 4 户，合计 8 967 515.54 元。

(1) 深圳迅驰公司	4 464 452.11
(2) 深圳 YH 公司	2 300 000.00
(3) 包头 GT 公司	2 100 000.00
(4) 河北 YS 工业集团	103 063.43

预付账款均在 2 年之内。

3. 其他应收款

其中 10 万元以上的 3 户，合计金额 3 757 643.61 元。

(1) L. P. 张	2 473 143.61
(2) YK 经济贸易公司	990 000.00
(3) 垫付利息款	294 500.00

账龄在 2～3 年的 1 户，计 300 元；1～2 年的 5 户，计 3 196 400.00 元；1 年以内的 43 户，计 1 208 575.61 元。

4. 存货

(1) 原材料	166 698.07
(2) 低值易耗品	5 796.12
(3) 在产品	12 384.11
(4) 产成品	1 571 502.87
(5) 库存商品	459 753.07

5. 长期投资

深圳 HGOK 公司	3 125 000.00

6. 在建工程

(1) 华冠房产	200 088.72
(2) 青春小区	310 000.00
(3) 馨园小区22号	430 000.00
(4) 三元工贸房产	145 000.00
(5) JH商厦	3 103 741.81

7. 递延资产

(1) 开办费	93 885.50
(2) 装璜费	89 380.12
(3) 利息	2 233 672.80

8. 短期借款

(1) JH市城市信用社	2 000 000.00
(2) 农行市支行房信部	2 000 000.00
(3) 农长婺州支行	5 600 000.00

9. 应付账款

10万元以上的5户，合计金额3 072 108.77元。

(1) PA邮电局	250 000.00
(2) JH市文化用品服务部	2 400 999.77
(3) JH音响商店	106 109.00
(4) SH电器股份有限公司	140 000.00
(5) 深圳FBL公司	175 000.00

10. 其他应付款

10万元以上的3户，合计金额65 000 000.00元。

(1) JH通用租赁公司	4 600 000.00
(2) JH经信实业公司	1 800 000.00
(3) 北京DSF公司	100 000.00

11. 实收资本

(1) JH市WC区文化用品服务部	1 000 000.00
(2) 上级主管部门	1 000 000.00

12. 资本公积8 745 644.17元为JH市WC区文化用品服务部追加投资，因未验资，暂作资本公积。

思考一：请你说一说以下概念：

1. 什么是永续盘存制和实地盘存制？

2. 什么是账结法与表结法?
3. 什么是现金流量表直接法与间接法?
4. 何为或有负债与日后事项?
5. 何为递延税款借项与递延税款贷项?

思考二：你能写出以下公式吗?

1. 营业周期
2. 产权比率
3. 净资产收益率
4. 销售成本变动率
5. 已获利息倍数
6. 应收账款周转率

思考三：该公司财务会计报表有哪些疑点?

有下列疑点：

1. 期间费用利息 223 万元已超过注册资本 23 万元，仅此一项就说明 JH 公司的实际资本已亏完。

2. 未验资的“追加投资”以资本公积金列示，使资产负债表反映的“股东权益”——净资产发生了重大变化。

(1) 仅一个区文化用品站存在于 JH 公司的资产累计有股本 190 万元，往来款 240 万元，追加部分 874 万元，共 1 304 万元，这与文化用品的地位、实力极不相称，因而这部分资的形态和来源显得极为重要，而报告未任何说明。

(2) 资本公积金部分如果没有根据合法的文件支持，是不能随意将其他内容列示于此项目下的，而报表在未说明任何理由的情况下，竟将高达超过实收资本四倍多的金额列示于此，仅以“暂挂”两字表达。

(3) 从 JH 公司资产负债表反映的资产项目看，货币资金仅 6 万元，存货 222 万元，固定资产 684 万元，这些资产是否是文化站追加部分的承载项目？特别是存货项目中产成品 157 万元的真正公平价值，况且，在原材料及库存商品以实际成本计价的前提下，产成品以定额成本计价如何操作、从何而来，令人生疑。固定资产部分在建工程，一是挂账时间已长达 6 个月以上，二是以附注列示的工程金额与工程本身不相称，若作为自建而未建，显然金额远远不够，若是购买而付的定金，则不应列示于在建工程，这部分金额419万元不能正确表达该项资产的真正公平价值及风险程度。以上两项会计师均未进一步说明，因而，所谓“追加投资”的资产的价值承载项目是不明确的，甚至是不存在的。

3. 未调整的损益表列示的本期利润为－56.8万元，加上资产负债表列示的期初未分配利润为－162万元，两者合计为－218.8万元，而资产负债表列示的期末未分配利润为－104万元，两表不对应而报告未说明原因。

4. 其他方面。

(1) 短期借款达960万元，而6月份财务费用仅1.2万元，是何道理？

(2) 1～6月份销售收入仅467万元（销售成本373万元），在存货已有222万元即已具备至少2～4个月的供应能力的情况下，预付账款高达899万元，按均衡供货原则，该项定货已超过全年需求部分。

(3) 其他应收款中个人欠款一个人高达247万元，是欠什么内容的款，欠款的个人与公司是什么关系，是否合法？垫付利息29.4万元，是垫付什么利息？一般情况下，其他应收款应明确以欠款人的名称作为明细项目而不会以用途名称作为负债人名称，报表如此表达是何道理？

综上所述，该报告所反映的报表目的公司资产状况，特别是净资产的数额是不明确的，所反映的经营成果是不真实的。

思考四：请你对报表进行结构和趋势分析

会计报表结构和趋势问题分析：

从资产负债表结构看，该企业流动资产占总资产的59%，其中应收项目却占到总资产的41%，作为工业企业，固定资产仅占22.38%，存货仅为7.25%，资产结构明显不合理。从权益结构看，该企业的资产负债率为68.25%，流动负债中短期借款、应付账款和其他应付款三项占66.44%，没有长期负债，面临严峻的偿债压力。在所有者权益项目中，实收资本仅占6.54%，资本公积占28.62%。可见，该企业的财务状况不良，资产结构和权益结构均存在很大问题。

从利润表的结构看，该企业的毛利率将近20%，毛利水平较好。但是，营业利润却为负数，显然，管理费用和财务费用太大，分别占到9.78%和15.15%，如果前面未计入财务费用的利息属实，问题更大，企业经营管理漏洞多。

利润结构表比例

编制单位：福建JH有限公司　　2010年6月　　单位：人民币元

项目	本月数	本期累计
一、产品销售收入		100.00%
减：产品销售成本		79.82%
产品销售费用		8.78%
产品销售税金及附加		0.68%
二、产品销售利润		10.73%
加：其他业务利润		3.11%
减：管理费用		9.78%
财务费用		15.15%
三、营业利润		−11.09%
加：投资收益		
营业外收入		
减：营业外支出		
加：以年度损益调整		
四、利润总额		−11.09%
减：所得税		
五、净利润		−11.09%

资产负债表增长变化

编制单位：福建JH有限公司　　2010年6月30日　　单位：人民币元

资产	期末数	负债和所有者权益	期末数
流动资产		流动负债	
货币资产	24.77%	短期负债	4.35%
应收账款	4.43%	应付账款	131.25%
减：坏账准备		预收账款	−82.16%
预付账款	76.60%	其他应付款	152.22%
其他应收款	148.57%	应付福利费	697.20%
待摊费用	−82.14%	未交税金	−11.24%
存货	−20.32%	预提费用	100.00%
待处理流动资产损失	−117.75%		
长期投资	0.00%		
固定资产			
固定资产原价	0.11%		
减：累计折旧	43.79%		
固定资产净值	−2.30%		
在建工程	0.70%		

续表

资产	期末数	负债和所有者权益	期末数
固定资产合计	−0.48%	所有者权益	
无形及递延资产		实收资本	0.00%
无形资产	32.33%	资本公积	4.13%
递延资产		未分配利润	−35.59%
无形及递延资产合计		所有者权益合计	10.53%
资产总计		负债及所有者权益合计	32.33%

从增长趋势看，多数变动不正常。如，货币资金下降 24.77%，预付账款增长 76.60%，其他应付款增长 148.57%，应付账款增长 131.25%，其他应付款增长 152.22%，应付福利费更是不可思议，增长 697.2%。当然，这其中可能是由于 6 月底的报表与上年 12 月底的报表相比较，但也有许多项目的变动需要更进一步的解释，如固定资产增长 0.11%，累计折旧却增长 43.79%。

思考五：请你对会计报表中的主要项目逐一进行分析。

（1）货币资金。货币资金数量不足，若应收账款不能及时收回，创造现金的能力不强，企业将面临周转上的困难或经营上的困难，如果再向银行借款，无疑将面临更大的财务风险。

（2）预付账款。预付账款是企业为购买原材料或商品事先向供货方支付的货款。该企业预付账款过高，近 900 万元，上半年的销售收入才 467 万元，付什么款？为什么是两年内的？从企业的经营业务和报表附注分析，该企业主要从事办公自动化设备的生产经营，购买生产这些设备的零配件或整机，是否有必要到深圳、包头去购买？如果是整机，难道福建没有计算机、复印机？如果是这样，为什么要舍近求远？而且，部分预付账款的账龄达两年之久，购买什么紧俏的商品或原材料，需要提前两年时间预付货款？在目前的商业环境下，这似乎让人费解。

（3）其他应收款。其他应收款是企业的一些零星应收款项，但该企业的其他应收款高达 440 万元，占总资产的 14.42%，值得关注。张某的个人欠款就有 200 多万元，为什么？是什么业务？为谁垫付的利息？为何而垫付？应怀疑其他应收款可能含有不是“其他应收款”的内容。

（4）待处理流动资产损失。从 2009 年末到 2010 年 6 月份，发生额就超过 10 万元，是处理什么？为什么开业两年就发生待处理损失？

（5）长期投资。注册资本才 200 万元，长期投资就超过 312 万元，是什么投资？为何不在附注中说明？投资额占被投资企业资本的比例多大？

(6) 固定资产。固定资产的内容是什么？过去两年的累计折旧为 15 万元，大约每年 7.5 万元，而按照“累计折旧”期初期末的差额计算，当年六个月的折旧就为 6 万余元，会计报表附注称固定资产采用直线法计提折旧，直线法是如何应用的？

(7) 在建工程。所谓“花园、小区”是否是购买的房产？如果是购买房产，为什么是在建工程？还需要建设哪些工程？是否属于房地产投资？

(8) 递延资产。为何年初数为零？在短短六个月就发生了 240 余万元，其中递延利息 223 万元。开办费为何年初为零而今年发生了近 10 万元？开办什么公司？开办费的主要途径是什么？利息为何递延？

(9) 其他应付款。为何高达近 700 万元？与该项目本来的含义不相称，是什么交易？是否属于拆借资金？

(10) 实收资本中的上级主管部门是谁？是否存在虚假资本？

(11) 开业两年后就亏空资本 80%，为何追加投资？而且，追加的投资高达 870 余万元，是实收资本的 4 倍多，令人不解。追加的投资是实物还是现金？没有验资，为什么记账？

(12) 当月毛利率为什么与半年相差 20%？销售收入是否属实？

(13) 销售费用太大，几乎占销售收入的 10%，对于一个规模不大的企业，在没有广告费用的情况下，半年的销售费用就达到 41 万元，销售费用的用途为何？

(14) 其他业务收入是什么业务？

(15) 财务费用加上递延资产中的利息近 300 万元，借的什么款？为什么有这么高的利息？是否借了高利贷？

思考六：固定资产项目如何进行纳税评估？

1. 税收管理员郑某在对某企业 2010 年度的固定资产的收入情况进行纳税评估时，从企业账面得知以下情况：该企业 2010 年末的固定资产净值为 6 000 万元，年初固定资产净值为 8 000 万元，而年末的固定资产较年初却增加了，计算得出固定资产净值变动率为－25%，累计折旧变动率为 18%。

请帮郑某进行评估。

参考答案：

该企业 2010 年末虽然新增了固定资产，但由于固定资产净值变动率为－25%，累计折旧变动率为 18%，说明固定资产净值的减少额大于累计折旧的增加额，说明该企业2010年度固定资产有所减少，因此，应进一步查实“营业外收入”等科目，如果没有反映固定资产收入行为的发生，则表明该企业可能存在隐瞒固定资产收入的问题，需要对固定资产的相关账户作进一步的评估分析。

2. 某企业2010年度申报数据中存货成本为40万元，总资产周转率为14.6%，2009年度存货成本为45万元，总资产周转率为15.2%。请利用存货变动率、总资产周转率指标对该企业进行评估。

参考答案：存货变动率=(40－45)÷45×100%=－11.1%，说明2010年存货减少了。同时，本期总资产周转率－上年同期总资产周转率=14.6%－15.2%=－0.6%，说明2010年该企业总资产周转率也降低了。因此，该企业2010年度的纳税申报表中可能存在隐匿收入的问题。

3. 请根据甲公司12月份毛利率和销售额变动率指标情况分析该公司存在的问题。

	本期	上年同期
甲公司毛利率	8%	10%
同行业平均毛利率	14%	10%
甲公司销售额变动率	22%*	

参考答案：该公司12月份的毛利率8%低于同行业平均毛利率14%，说明甲公司的毛利率水平不正常；销售额比去年增长了22%，毛利率却比去年下降了2%，通过配比分析，则进一步表明该公司的毛利率指标不可信，有存在瞒报收入、账外收入的情况及其他申报收入不实或成本不实等嫌疑。

思考七：计算题

1. 某公司2010年度账面资产总额为2 000万元，负债总额为1 200万元，其中流动负债750万元，长期负债450万元。

请计算：流动负债率、长期负债率和资产负债率。

2. 某企业2010年度平均总资产为5 000万元，销售总额为1 400万元，利润总额为700万元，利息支出为120万元，申报应纳税所得额为231万元。

请计算：该企业2010年度的总资产周转率、资产利润率和销售利润率。

3. 甲企业2010年度纳税申报数据中生产成本总额为260万元，其中，耗用原材料150万元，2009年度申报数据中生产成本总额为200万元。

请计算：单位产成品原材料耗用率和主营业务成本变动率。

参考答案：

1. 流动负债率＝750÷2 000×100%＝37.5%

长期负债率＝450÷2 000×100%＝22.5%

资产负债率＝1 200÷2 000×100%＝60%

2. 总资产周转率＝(700＋120)÷5 000×100%＝16.4%

资产利润率＝700÷5 000×100%＝14%

销售利润率＝750÷1 600×100%＝46.9%

3. 单位产成品原材料耗用率＝150÷260×100%＝57.7%

主营业务成本变动率＝(260－200)÷200×100%＝30%

思考八：请根据存在问题疑点拟一份约谈或询问提纲

(1) 今天把你们约到税务局来，是想让你们自查，不要存在什么顾虑。

(2) 在享受免征 2009 年企业毛利率达 8.15%，而享受减半征收 2010 年企业的毛利率只有 3.48%，为什么减少呢？

(3) 固定资产增加是房产吗？有产权证吗？资公司计提折旧有集团的证明吗？

(4) 财务费用加上递延资产中的利息近 300 万元，借的什么款？为什么有这么高的利息？是否借了高利贷？

(5) 待处理流动资产损失是否计入损益？有无挂账？

(6) 投资收益为何是零？长期投资却有 320 万元？实收资本却为 200 万元？

第十六节
企业所得税台账制度设计

一 台账及其功效

台账就是明细记录表。台账，不属于会计核算中的账簿系统，不是会计核算时所记的账簿，它是企业为了加强某方面的管理、更加详细地了解某方面的信息而设置的一种辅助账簿，没有固定的格式，没有固定的账页，企业可根据实际需要自行设计，尽量详细，以全面反映某方面的信息，不必按凭证号记账，但能反映出记账号更好。具体在仓库管理中，台账详细记录了什么时间，什么仓库，什么货架由谁入库了什么货物，共多少数量。同样，出库也要对应出库台账。再说得明白一点，台账有时也相当于“流水账”。

如根据财政部发布的《内部会计控制规范——销售与收款（试行）》，单位应当按客户设置应收账款台账，及时登记每一客户应收账款余额增减变动情况和信用额度使用情况。

企业所得税管理台账是基层税务管理部门，在审核企业所得税纳税申报表、审批企业所得税减免等日常管理活动中使用的，用以记载企业所得税后续管理事项，具有特定格式和内容的一系列备查簿籍。

随着财务处理和税务处理差异的扩大以及企业所得税管理方式由事前审核调整为事后评估和检查，建立台账、归类管理重要的跨年度财务与税务差异事项，无论对纳税人还是对税务机关审核纳税人年度企业所得税申报的准确性、强化企业所得税汇算清缴后续管理，都有着重要的意义。

企业所得税管理台账的建立健全，是纳税人争取发挥管理主导作用，实现企业所得税纳税申报科学化、精细化管理目标的重要举措。特别在当前经济形势及税收征管条件下，可以说企业所得税管理台账功效凸显。

（1）新会计准则体系下，建立健全企业所得税管理台账是税务机关弥合“税收与会计暂时性差异”管理、发挥管理主导作用的重要手段。

（2）“台账”就是实施企业所得税后续管理的“记忆器”和“计算器”。

（3）审查企业所得税管理台账是企业强化内部工作质量监督的有效途径。

二 台账制度设计要点

（一）跨年度所得确认管理台账设计

跨年度所得管理是特殊事项收入管理的一项重要内容。对按税法规定所得跨年度确认的非货币性资产投资转让所得、债务重组所得、捐赠所得、转让和处置持有 5 年以上的股权投资所得，分户设立台账，登记此类项目收入及跨年度确认所得情况，确保企业准确申报跨年度确认的所得。

（二）建立经济合同登记备查台账设计

加强对企业经济合同、账款、资金结算、货物库存和销售等事项的管理，引导企业建立经济合同登记备查台账。税务管理员要通过企业经济合同核实收入，依据企业有关凭证、文件和财务核算软件的电子数据，全面掌握企业经济合同、账款、资金结算往来（对所有开户银行结算对账单的核对）、货物进出、库存和销售等情况，进行核实比对分析。关注非财务信息，分析企业的产销数量与相应期间固定资产的产能或其他主要非财务信息（如人员规模、能源消耗、关键设备零部件或材料的采购消耗量等）是否相匹配，销售价格、毛利率与同行业是否相当，核实企业应税收入。

（三）暂时性差异项目管理台账设计

1. 无限期结转扣除项目管理台账

企业应加强对无限期结转项目当年发生额的真实性进行审核，并做好结转以后年度扣除金额的台账管理。

（1）广告宣传费。企业纳税人应对超过当年列支限额未能在税前扣除而需结转以后年度抵扣的广告宣传费支出，进行跟踪管理，审核企业是否按规定的比例扣除，是否将预支的以后年度广告费提前申报扣除。

（2）职工教育经费。审核企业本年度发生的职工教育费是否符合税法规定的标准和范围，对超过工资薪金总额2.5%的部分是否准确在以后纳税年度结转扣除。

（3）创业投资企业股权投资额抵扣应纳税所得额。审核其申报抵扣的投资额是否符合税法规定条件，对结转以后年度抵扣的投资额是否准确申报。

2. 长期股权投资转让、处置损益管理台账

对于企业长期股权投资转让、处置损益，应审核确认其每一纳税年度扣除的损失金额是否超过当年实现的股权投资收益和股权投资转让所得，对于向以后纳税年度结转扣除的部分应设立台账管理。同时应注意连续向后结转5年仍不能从股权投资收益和股权投资转让所得中扣除的投资转让损失，是否按规定在该股权投资转让年度后第6年一次性扣除。

3. 其他暂时性差异项目管理

由于财务会计制度与税收规定在确认收入、税前扣除项目、资产税务处理等方面存在大量暂时性差异，主管地税机关应根据企业实际情况，按照重要性原则，分户设立台账，实行动态管理。

（四）财产损失税前扣除管理台账

对企业自行申报扣除的财产转让、合理损耗、清理报废等损失，地税机关要严格审核证据材料，实行专项评估，核实其真实性；对需经审批才能税前扣除的财产损失，要调查核实、程序到位、依法审批；对大额财产损失，要指派两名以上税务工作人员进行实地核查，获取相关证据，并确认证据的充分性和适当性；对企业采用伪造、变造有关资料证明等手段多列多报财产损失，或按规定需经审批而未审批直接税前扣除财产损失，造成少缴税款的，主管地税机关应及时进行纳税调整，同时可根据有关法律法规规定进行处罚。

（五）亏损弥补管理台账

主管地税机关应建立亏损弥补台账，对企业亏损及弥补情况进行动态管理，对亏损数额较大的企业要列入所得税重点检查。

（六）扣缴企业所得税台账

《企业所得税法》第五章“源泉扣缴”专门规定了代扣代缴纳税方式中扣缴义务人的法律义务与责任。《企业所得税法》第三十七条还规定了扣缴义务人。企业应对非居名企业的收入建立扣缴企业所得税台账。

据了解，为了加强企业所得税管理，有些税务机关已建立了企业所得税跨年度延续性管理纸质台账。但纸质台账在建立和使用中出现了一些问题，如企业所得税跨年度延续性事项所涉及的业务在税政、税源管理部门存在交叉，导致纸质台账在登记管理等方面的职责不易划分，部门间互相推诿，以及税政和税源管理部门登记的纸质台账不易汇总和查询等。为解决这些问题，某些地方税务机关如包头已决定建立网络版企业所得税跨年度延续性管理电子台账系统。企业应与税务机关无缝对接建立电子台账管理系统。

电子台账设计需经过需求分析、开发阶段、测试阶段、试运行和功能完善等几个阶段，包头市国税局成功研发出企业所得税电子台账管理系统可供学习和借鉴。该系统涉及 12 个跨年度延续性管理电子台账，具体包括：企业所得税减免税台账、亏损及税前弥补亏损台账、广告费和业务宣传费税前扣除台账、技术开发费加计扣除台账等。

企业所得税电子台账管理系统具有数据导入及采集、数据审核、规范数据修改、自动汇总、统计及便捷查询以及税务管理监控等八大功能。软件的推广应用，有助于核实税基、堵塞漏洞，提高数据利用的效率、质量和准确性。此外，软件增强了台账数据修改的严肃性，便于对数据进行长期安全保管。

企业所得税电子台账管理系统将使台账服务于企业所得税科学化、精细化管理目标的功效发挥得更精、更准、更及时。

二 应用案例——广告费的会计与税务处理差异

对于企业发生的广告费和业务宣传费支出，现行税法和企业会计准则间存在差异。《企业所得税法实施条例》第四十四条规定：企业发生的符合条件的广告费和业务宣传费支出，除国务院财政、税务主管部门另有规定外，不超过当年销售（营业）收入15%的部分，准予扣除；超过部分，准予在以后纳税年度结转扣除。新法统一了广告费的扣除标准，改变了以前各种类型企业广告费用扣除比例。

在财务上，根据2006年10月财政部发布的《企业会计准则——应用指南》，广告费作为期间费用归入“销售费用”科目核算（旧制度在“营业费用”科目中核算），在税前全部列支，期末转入“本年利润”科目借方，作为会计利润的抵减额。

新准则指南中取消了“预提费用”和“待摊费用”两个科目，规定广告费用不得预提和待摊。但税法上为了体现收入配比原则，允许超过比例的广告费结转至以后年度摊销，这部分可结转到以后年度扣除的广告费形成的财税差异，属于《企业会计准则第18号——所得税》规定的暂时性差异。

差异分析如下：

广告费的会计处理和税法规定形成的暂时性差异，和坏账准备、折旧费用等有些相似，都有税前扣除的比例限制，不同的是广告费可以在以后年度无限期转回，因此会计处理不同于其他费用的扣除。根据国家税务总局制定下发的《关于修订企业所得税纳税申报表的通知》（国税发〔2006〕56号），广告费扣除的计算基数为申报表主表第1行“销售（营业）收入”的金额。根据通知规定，新申报表中“收入总额”项目发生了一些变化，但基本上建立在会计核算的基础上。比如，新申报表第1行的“销售（营业）收入”反映的是纳税人按照会计准则核算的“主营业务收入”（扣除折扣或退回后的净额）、“其他业务收入”，以及根据税法规定应确认为当期收入的视同销售收入（注意转让处置固定资产取得的收入，也就是正常销售固定资产取得的收入，应记入“营业外收入”，不得记入纳税申报表主表的第1行；以固定资产抵债、投资、分配、捐赠等，应当按视同销售确认收入，记入主表的第1行)，取消了无形资产、固定资产转让收入，将这两项让渡资产所有权收入填入第6行"其他收入"。国税发〔2006〕56号文的规定，减少了广告费的计提基数，但新《企业所得税法》提高了广告费的扣除比例。

举例：甲企业2008年"主营业务收入"科目贷方发生额为32万元，"其他业务收入"科目贷方发生额为3万元，以物抵债商品的同期同类商品的不含税销售价格为15万元，"营业外收入"科目贷方发生额为5万元，全部为出售固定资产收入，甲企业2008年、2009年实行5年过渡期优惠政策(所得税率为15%)，2008—2011年每年的会计利润、广告费计提基数、广告费实际发生额等相关情况见表1，所得税会计处理采用资产负债表债务法，假设无其他纳税调整事项。

表1 单位：万元

年底 (1)	广告费 计提基数 (2)	广告费实 际发生数 (3)	广告费税 前列支额 (4)＝ (2)×15%	暂时性差异 (5)＝ (3)－(4)	累计 差异 (6)	会计 利润 (7)	所得 税率 (8)	递延所得 税资产 (广告费 项目)余额 (9)＝(6)×(8)
2008	50	9.5	7.5	2	2	10	15%	0.3
2009	100	16	15	1	3	－5	15%	0.45
2010	1 000	149	150	－1	2	20	25%	0.5
2011	300	42	45	－3	0	20	25%	0

1. 2008年广告费计提基数：320 000＋30 000＋150 000＝500 000（元）；(转让处置固定资产取得的收入，应计入"营业外收入"，不得计入纳税申报表主表的第1行，即广告费的计提基数不包括5万元出售固定资产的收入)

广告费税前允许列支数：500 000×15%＝75 000（元），实际发生95 000元，形成20 000元可抵扣暂时性差异，登入备查账簿中。

递延所得税资产（发生额)：20 000×15%＝3 000（元）

从表1可知2008年会计利润为10万元。

应交所得税：［(100 000＋20 000)］×15%＝18 000（元）

会计处理为：

借：所得税费用　　15 000

　　递延所得税资产（广告费项目）　　3 000

　贷：应交税费——应交所得税　　18 000

2. 2009年末，会计利润为－50 000元，企业当期亏损，税法规定，发生亏损后允许企业向后弥补亏损五年。新会计准则规定："企业对于能够结转以后年度的可抵扣亏损和税款抵减，应当以很可能获得用来抵扣可抵扣亏损和税款抵减的未来税款和应纳税所得额为限，确认相应的递延所得税资产。”

则亏损形成的可抵扣暂时性差异为5万元，递延所得税资产（弥补亏损项目）应确认为50 000×15%=7 500（元）

借：递延所得税资产（弥补亏损项目） 7 500

贷：所得税费用 7 500

另外，对于广告费形成的暂时性差异，在旧准则下不进行会计处理，只将16−15=1（万元）的暂时性差异登入“递延所得税资产”备查账簿中。在新准则下，因采用资产负债表债务法，所得税的累计暂时性差异为3万元，则应增加递延所得税资产（广告费项目）的科目余额。

借：递延所得税资产（广告费项目） 1 500（10 000×15%）

贷：所得税费用 1 500

3. 2010年末，广告费税前列支可比实际发生数多抵扣150−149=1（万元），此时广告费备查簿上累计时间性差异应为20 000（2008年）+10 000（2009年）−10 000（2010年）=20 000（元），资产负债表债务法下，税率变更后，“递延所得税资产”科目余额应为5 000元（累计时间性差异20 000×当前税率25%），“递延所得税资产”科目已有余额为4 500元，应增加“递延所得税资产”科目余额500元。

应交所得税：[200 000−(1 500 000−1 490 000)]×25%=47 500（元）

则2010年会计处理如下：

借：所得税费用 47 000

递延所得税资产 500

贷：应交税费——应交所得税 47 500

另外，2010年盈利，弥补2009年亏损5万元，可抵扣的暂时性差异为0万元，递延所得税资产（弥补亏损项目）的余额应为0，则所得税会计处理如下：

借：所得税费用 7 500

贷：递延所得税资产（弥补亏损项目） 7 500

所得税亏损弥补图示如下：

项目	2009年	2010年
可抵扣的暂时性差异	50 000	0
递延所得税资产余额	7 500	0
递延所得税资产变化额	+7 500	−7 500

4. 2011年末，当年广告费可比实际发生数多列支3万元，备查簿的可抵扣暂时性差异仅剩的2万元，应全部冲掉，用来抵减当期应交所得税，“递延所得税资产”科目余额应为0。

应交所得税：(200 000－20 000)×25%＝45 000（元）

会计处理为：

借：所得税费用　　50 000

　贷：应交税费——应交所得税　　45 000

　　递延所得税资产　　5 000

四 应用案例——固定资产折旧台账

2008年1月，A企业购入一辆货车，价款共计36 000元，该货车主要用于运输生产经营用的材料。该企业财务人员根据本企业用车的情况，估计该辆车可以使用3年（36个月），假设不考虑净残值，折旧方法采用年限平均法。企业财务人员于2008年2月末对该货车计提折旧并作出如下账务处理：

借：制造费用　　1 000

　贷：累计折旧　　1 000

思考：

1. 2008年年末该企业该如何作纳税调整？2011年应如何进行纳税调整？

2. 假定2011年1月报废该辆货车，取得变卖价款5 000元。该企业如何作账务处理？是否作纳税调整？

3. 假定该货车估计可以使用5年，2008年年末该企业该如何作纳税调整？2011年1月，报废该辆货车，取得变卖价款5 000元。该企业如何作账务处理？是否作纳税调整？

解答：

	2008年	2009年	2010年	2011年	2012年
会计上折旧	11 000	12 000	12 000	1 000	0
税收上折旧	8 250	9 000	9 000	9 000	750
纳税调整额	2 750	3 000	3 000	－8 000	－750
账面价值	25 000	13 000	1 000	0	
计税基础	27 750	18 750	9 750	750	

1. 按税法：货车年计提折旧额＝36 000/4＝9 000（元）

每月计提折旧额＝9 000/12＝750（元）

按会计：货车年计提折旧额＝36 000/3＝12 000（元）

每月计提折旧额＝12 000/12＝1 000（元）

（1）2008 年纳税调整：调增（1 000－750）×11＝2 750（元）

（2）2011 年纳税调整：调减（9 000－1 000）＝8 000（元）（12 年－750）

或（9 750－1 000－750）＝8 000（元）

2. 2011 年 1 月

（1）账务处理如下：

按税法：固定资产净值＝36 000－750×36＝9 000（元）

按会计：固定资产净值＝36 000－1 000×36＝0（元）

取得变卖收入时：

借：银行存款　　5 000

　贷：固定资产清理　　5 000

结转损益：

借：固定资产清理　　5 000

　贷：营业外收入　　5 000

（2）纳税调整

	2008 年	2009 年	2010 年	2011 年	2012 年
会计上折旧	11 000	12 000	12 000	1 000	0
税收上折旧	8 250	9 000	9 000	750	0
纳税调整额	2 750	3 000	3 000	??	0

是否调减？是直接调减 8 750 元？还是按“财产损失”4 000 元（9 000－5 000）进行报批？

3. 估计使用 5 年

（1）按税法：货车年计提折旧额＝36 000/4＝9 000（元）

每月计提折旧额＝9 000/12＝750（元）

按会计：货车年计提折旧额＝36 000/5＝7 200（元）

每月计提折旧额＝7 200/12＝600（元）

纳税调整：调减（750－600）×11＝1 650（元）

(2) 2011年1月报废

按税法：固定资产净值＝36 000－750×36＝9 000（元）

按会计：固定资产净值＝36 000－600×36＝14 400（元）

转入清理：

借：固定资产清理	14 400	
累计折旧	21 600	
贷：固定资产		36 000

变卖收入：

借：银行存款	5 000	
贷：固定资产清理		5 000

结转损益：

借：营业外支出	9 400	
贷：固定资产清理		9 400

第十七节 税收政策的执行与应用制度设计

企业希望依法纳税，但税收法规条文枯燥难懂，阅读起来费劲，理解起来困难，执行起来走样。对于企业财务、税务经理等专业人士来说，掌握税收政策是主要基本功，税收政策的执行与应用制度建设有利于广大财务人员及时掌握财税政策的变动情况，以适应各个时期的涉税事项管理，适时减轻企业税负。

中国的税收法律法规数量与日俱增，提高了非税法专业人士掌握相关税收政策的难度。每年都有大量企业，因为在运营过程中不了解、错误判断甚至忽略税收问题，导致了许多让自己懊悔顿足的后果，造成了不必要的风险和损失。例如：该交的税金没有缴纳；应当享有的税收优惠没有享受；甚至多交了本不应当承担税金。为此，企业应重视税收政策的执行与应用制度的建设。

一 明确税收政策法规多渠道定期收集途径及技巧

纳税人掌握的大量税收信息，可通过以下途径得到：

(1) 通过税务机关寄发的免费税收法规资料；

(2) 通过到税务机关索取免费的税收法规资料；
(3) 通过图书馆查询政府有关出版物；
(4) 通过政府网站查询政府机关的免费电子税收资料库；
(5) 通过订阅和购买政府机关发行的税收法规出版物；
(6) 通过有偿查阅民间专业机构建立的电子税收资料库。

二 税收政策学习与理解

不少人把我国税收法规、文件和政策形容为“外行看不懂，内行记不住”。我国的税法主要由税收法律、法规和部门规章文件构成，内容繁多，特别是数量巨大的规章文件，不管对基层税务干部还是对广大纳税人，准确理解和执行都是一个极大的挑战。如果有人能把复杂的税法清晰明了地解读出来，税务干部和纳税人就能不太费劲地看懂税法、应用税法，从而有效控制执法风险和纳税风险。

（一）了解税收的法律级次及法律效力

按照法的效力来源和效力等级不同进行分类，税收法律可分为宪法、税收法律、税收行政法规、地方性税收法规、税收规章、其他税收规范性文件。根据上位法优于下位法的原则，法律、行政法规、地方性法规、规章及规范性文件的效力是依次递减的。

（二）了解程序性文件与政策性文件的属性

税务文件属性不同，效力也不同。国家税务总局发布的《关于做好2008年度企业所得税汇算清缴工作的通知》（国税函〔2009〕55号），就不同性质文件的适用问题作出如下规定：“对新《企业所得税法》实施以前财政部、国家税务总局发布的企业所得税有关管理性、程序性文件，凡不违背新税法规定原则，在没有制定新的规定前，可以继续参照执行；对新《企业所得税法》实施以前财政部、国家税务总局发布的企业所得税有关的政策性文件，应以新《企业所得税法》以及新《企业所得税法》实施后发布的相关规章、规范性文件为准。”

上述规定实际上是界定了税务管理性、程序性、政策性文件的效力问题。各级税务机关、纳税人、涉税中介服务机构应正确把握税收管理性、程序性文件、政策性文件的关系。

（三）了解税收法律解释及其相关主体解释效力

税法解读是指由有关税务专家、学者，依据税收立法原理、税收理论、我国财务会计制度和相关的经济学原理对现行有效税收法律、法规、规范性文件的具体条款运用问题作出的理解说明。包括文法解释、专家解释、历史解释、目的解释等。

“税务行政解释”属于法律解释的一种，是指有法定职权的国家税务行政机关在具体适用税法过程中对其含义的探求和说明。税务行政解释为抽象行政行为，具有行政立法性质。

“文法解释”，例如对“应当、必须、不得、禁止”等常用词的字面理解的扩展也需要遵循一定的规则；再如，对《企业所得税法实施条例》第四十九条“企业每一纳税年度实际发生的符合条件的广告支出，不超过当年销售（营业）收入15%（含）的部分准予扣除，超过部分准予在以后年度结转扣除”的规定，其中应注意“实际发生”与“实际支付”的区别。

“目的解释”，例如职工教育经费扣除和亏损企业捐赠列支等。对税法一定要站在一定的高度去理解，因为政府不可能将每一家企业的具体事务都考虑到税法的制定层面，税法只能作出全局性、原则性、方向性的规定。具体到运用层面，企业还需要进行专业判断。

“专家解释”，专家税法解读虽然不是立法解释和司法解释，不具有法律效力，仅仅是文件解读人员自己对税收规范性文件的理解，但文件解读人员都是税务或法律专业人士，他们对文件的理解可以帮助和方便税务人员、纳税人准确理解税收政策，正确使用税收文件，在一定程度上可以推进解决对文件的多头理解和执行不一的问题，逐步实现税收执法的公平、公正。

税务咨询公司，自然无权对税法进行法定解释，其对税法进行的解读属于学理解释。作为不具有法律效力的解读，虽然含义不是最标准或有依据性的，但因为其全面和深刻，就具有了参考价值，可以起引导、提示和帮助作用。对税法的解读将对税收政策的适用性、可操作性以及不断完善起到一定的促进作用。

解读后的税法由“死”变“活”。无法律效力的民间解读能为使用者接受，能对使用者有所帮助。经过专家解读后的税法的最大特点就在于，税法不再是刻板、乏味的条文，而是有实例、有内容、有分析、有对比的“活”的政策。全面、系统、深入浅出的解读，能让读者在阅读中提高对税收政策的理解力和把握力。

每当一个新的税收政策文件下达后，解读人员便运用税收理论、法学原理、财务会计知识等对每条政策进行解读。解读标准是从文件的精神、背景入手，以重点、难点为突破，以对比分析和影响分析为手段，以节税点提示和政策发展方向为落脚点。

在解读过程中，解读人员逐字逐句地对法律法规进行解释，对重点、难点进行示例，并对涉及的相关文件、相关条款进行对比分析，让读者不仅了解政策出台的大环境、大前提，出台的原因和背景，还能明确文件的针对性、难点和操作要点。对税务干部来说，也有助于他们准确执行政策法规，从而减少行政复议和诉讼的引致因素。

解读过程中，解读人员对各文件条文之间的差异、冲突和竞合予以提示，对容易造成执行偏差的内容予以提醒。这些提醒和提示可以让税务人员和纳税人在执行过程中对可能出现的问题有一定的预见性和心理准备，并能够提前采取措施，预防偏差的发生。

另外，在解读过程中，解读人员对涉及的程序问题，都尽可能清晰地列示执行步骤、顺序、要点以及相关法律的程序规定。这对税务人员行为程序的合法性及执行效率有较大帮助，对纳税人依程序及时办理纳税事宜也大有帮助。

三 企业内部开展税收政策宣传

以贴近纳税人、服务纳税人为根本，在日常工作中，有针对性地进行税法宣传，通过会计例会、业余税校等阵地进行经常性税法宣传，并对企业关心的税收优惠政策、税收征管、发票使用管理及纳税人服务等方面的问题作解答，通过个税缴纳、涉税事项调查等进行专项辅导，促进涉税人员纳税意识和专业人员专业知识提高。通过税法宣传教育，使中小企业主明白从“诚信做账”开始“依法诚信纳税”。通过税法宣传教育为财务履行代扣代缴税款的责任和义务提供观念基础，消除误解，保证税收义务落到实处。（具体内容详见 P138－P139）

四 税收文件搜索、更新与清理技巧

在日常工作中，经常遇到会计人员提问：怎样才能找到税收政策文件呢？国家发布税收文件后，往往要经过一段时间才能到达基层税务机关，税务人员的素质千差万别，很多政策规定，不能传达到企业去。实际上，要想学习税收政策，最简单的办法，是到“国家税务总局”网站上去查找。

国家级的文件在“国家税务总局”的网站中查找。先登录“国家税务总局”网站，点击正上方导航条内的“文件发布”。

(1) 网站内按时间顺序公布了所有的税收政策文件，可以按标题、文号进行查找。

(2) 在网站中间标题栏有一个“最新文件”，点击进入即可得到近一年来发布的所有新文件。

(3) 在左边“税收法规”栏内的“法规检索”框内输入关键词，点击“检索”，就能得到与关键词相关的文件目录。关于搜索技巧，最基本同时也是最有效的，就是选择合适的查询词，关键词越准确，得到的文件就越精确。

所谓关键词，就是你输入搜索框中的文字，也就是命令搜索引擎寻找的东西。关键词的内容可以是任何中文、英文、数字，或中文、英文、数字的混合体。你可以输入一个，也可以输入两个、三个、四个（多个关键词之间必须留一个空格）。你甚至可以输入一句话。

关键词要求“一字不差”。例如：分别输入“会计”和“统计”，搜索结果是不同的；分别输入“税收”或“税务”，搜索结果也是不同的。因此，如果你对搜索结果不满意，建议检查输入文字有无错误，并换用不同的关键词搜索。也可以输入文件的文号，但要注意文号中的方括号，各级文件中的用法有不一致的，有的是用英文方式，有的是用中文方式。

(4) 在“国家税务总局”的网站中还有一项功能，那就是“网送税法”，你只要在“请输入 E-mail”的框内输入你的电子信箱，“国家税务总局”的网站就会定期把税收政策文件发送到你的信箱内，非常方便。“国家税务总局”网站的所有信息都是免费的。

省级的文件可以上省级税收网站上查找，也可以用百度在互联网中搜索。

在互联网上，有许多税收网站是收费的，有的不收费，但是需要你进行注册，提供你个人或公司的基本信息，否则你就看不到相关内容，遇到这类网站，最好的办法就是每年预算一笔开通权威收费网站的经费。

搜索文本最简单的方法，是用文本的标题搜索；但最高效的方法，是用文中的一句话来搜索。搜索的原理，就是使用你要搜寻的网页中可能存在的一个字词、几个字词、一句话去搜索。用文章中一句话来搜索的方法，也可以很宽泛地应用于搜索互联网上几乎所有文字内容。

百度与google比较。搜索英文资料不必说用google。搜索中文呢？人们常用的是百度。百度的更新速度快，因为是国产软件，更适应我们的使用习惯。

选择查询词是一种经验积累，在一定程度上也有章可循，下面以百度搜索为例，介绍一下如何选择适当的关键词进行搜索。

百度对于用户常见的错别字输入，有纠错提示。你若输入“纳税筹画”，在搜索结果上方，会提示“您要找的是不是：纳税筹划”。当您找不到想要的信息时，不妨参考一下搜索引擎为您提供的“相关搜索”，让搜索变得更加得心应手。

有时用文本的标题搜索或用文中的一句话来搜索，可以直接进入收费或注册网站内的文本中，查到你所需要的资料。

有的个人网页中，会陆续提供经过整理的税收政策文件资料，按业务性质进行分类，标明文件文号，以方便大家查阅。

税收政策法规库的检索方法还可以选择使用相关的软件。如某些税收政策法规库，有时分为国税、地税或综合可升级版，有时分为全国可升级版（只有总局文库）和某省可升级版（总局文库＋某省局文库）。某些软件特点是：作为免安装的绿色软件，小巧、精致、功能强大，收集整理了数十年间的有关税收政策法规文件。很多的软件是每季升级一次，注册用户可免费升级，试用版则是功能有所限制且不能升级。这些软件不仅能为您快速地查找所需文件；更能为您进行涉税行业、项目、所在区域等税收政策的归集。特别是涉税行业、涉税项目及经营区域的各项税收优惠政策的归集，更能充分地显示专业软件的强大功能，成为您的得力助手。

应用案例——税收政策网络下载大比拼方案

一、比赛规则

1. 比赛时间一小时。

2. 在E盘建一文件夹名，以自己的队名（或姓名）作为文件夹名，把答案或查找的资料保存在该文件夹中。

3. 各队选派四名队员，其中必有一名女队员。

4. 参赛队员单人单机独立完成。

二、比赛内容

（一）请列举五个知名的税收法规网站。

（二）你最常浏览的税务培训教育网有哪几个？

（三）加密的网页如何下载并转换为Word文档？PDF格式如何转换为Word文档？

（四）如何解决下载网页文档资料的软回车（“↓”）表格等多余的符号？

（五）请下载国税〔2005〕13号令和国税发〔2000〕84号文。对该文件条款作出较大修改的后续文件有哪些？具体内容是什么？

（六）请从网络中寻找国税发〔2006〕31号与国税发〔2009〕31号对比分析表（对照表）。

（七）请下载三个与房地产行业有关的税收业务学习课件或视频。

（八）某税收管理员想了解美国如何监控房地产行业税源（方法和措施），请帮助从网络上寻找相关资料。

（九）请查找（即时）最新税收政策文件（以国税发为准）。

（十）请查找首届税收宣传月的年份以及历届税收宣传月的主题。

（十一）查找年终（分别企业和行政事业单位）一次性补发工资如何计算个人所得税的有关文章（附有实例说明）。

（十二）下载关于保险企业佣金收入如何征收个人所得税的最新文件。

由于搜索技巧，最基本同时也是最有效的，就是选择合适的查询词。选择查询词是一种经验积累，在一定程度上也有章可循，为此这里仅提供部分参考答案：

（一）知名税收网站有：1. 国家税务总局网站：www. chinatax. gov. cn；2. 中税网：Taxchina. cn；3. 中华税收信息网：www. chinesetax. net-laws；（有一个税法数据库）；4. 纳税服务网；5. 新知税收网；6. 中华税网；www. chinesetax. com. cn；7. 中国税收咨询网 www. tax. com. cn；8. 北京税收网站、地方税收网站——广州地税网站。

无处不在的税法服务网络。登录广东省广州地税网站法规库免费查阅税收法规文件。5 000条税收法规免费取；涉税疑问免费答，税收业务免费学。据了解，经过多年建设。广州市地税局通过网站建立了功能强大的“政策法规库”，截至三月底政策法规库共收录各类地方税收法规5 063条，网站还具备“分类检索”和“全文检索”功能。纳税人或读者包括税务人员只要登录广州地税网站，无须支付任何费用，就可以轻松查找、浏览、打印和下载

"政策法规库"中任何一个文件。

例如：中国税务报电子版的相关信息，百度搜索简单方便。您只需要在搜索框内输入需要查询的内容，敲回车键，或者鼠标点击搜索框右侧的百度搜索按钮，就可以得到最符合查询需求的网页内容。百度搜索，就是这么简单！

（十二）使用多个词语搜索。输入多个词语搜索（不同字词之间用一个空格隔开），可以获得更精确的搜索结果。例如：想了解保险企业佣金个人所得税的相关信息，在搜索框中输入"保险企业佣金个人所得税"获得的搜索效果会比输入"佣金个人所得税"得到的结果更好。输入多个搜索关键词，点击按钮得到搜索结果。

税收政策的搜索实际上与音乐爱好者下载歌曲一样。下载歌曲有两种方法：点击 MP3 后，一是在搜索框内输入需要查询的歌名，如《敖包相会》，敲回车键，或者鼠标点击搜索框右侧的百度搜索按钮，就可以得到各种版本的《敖包相会》演唱曲；是在搜索框内输入歌手，如刀朗，敲回车键，或者鼠标点击搜索框右侧的百度搜索按钮，则刀朗演唱的《敖包相会》MP3 歌曲就可以满足你的需求。

附录一：网上下载资料转换成 WORD 文档的处理技巧

从网上搜索并下载资料已成为工作学习的一种主要手段，但要将其转换为合适的 word 文档，就应当采取以下技巧。

1. 网页加密不用愁

在网上好不容易找到了急需的资料，却不能复制，也不能保存，主要表现为不能使用右键功能，很多人只能无奈地放弃它。可以采用以下办法：在你打开的网页上，鼠标点击"工具→Internet 选项"菜单，选择"安全"标签，点击"自定义级别"按钮，在出现的"安全设置"窗口中将"脚本"下所有选项选择"禁用"，然后按"F5"键刷新页面，这时所有的 JavaScript 代码都被禁用了，你现在就是它的主人了。

需要提醒的步骤是，在收集到需要的内容后，要记得给脚本解禁，即按上述操作进入"安全"标签，点击"默认级别"按钮，否则会影响你浏览其他网页。

2. 搞定 PDF 格式文件有办法

现在使用率最高的两种文档方式分别是 Microsoft Word 的 DOC 格式（WORD 文档）和 Adobe Acrobat 的 PDF 格式文件。但由于两者所处的公司不同，出于商业目的，互相不能直接打开使用。要将PDF格式文件向DOC文件转换相对比较难，如果你有兴趣，不妨一试：

（1）你如果稍微懂点英文的话，那就下载注册ScanSoft Pdf Converter或Adobe Acrobat软件，据说都不错。

（2）下面的办法较为麻烦，但值得一试。如果安装的是Office 2003的话，那就借助它的Microsoft Office Document Imaging组件：

第一步：首先使用Adobe Reader打开待转换的PDF文件，接下来选择“文件→打印”菜单，在打开的“打印”设置窗口中将“打印机”栏中的“名称”设置为“Microsoft Office Document Image Writer”，确定后，在弹出的“另存为”对话框中将该PDF文件的保存类型设为MDI格式（一般不需要你选择），按“保存”后，稍加等待。

提示：如果你在“名称”设置的下拉列表中没有找到“Microsoft Office Document Image Writer”项，那证明你在安装Office 2003的时候没有安装该组件，请使用Office 2003安装光盘中的“添加/删除组件”更新安装该组件。

第二步：保存完后会自动打开刚才保存的MDI文件，选择“工具→将文本发送到Word”菜单，并在弹出的窗口中勾选“在输出时保持图片版式不变”，并选好保存路途后，按“确定”，系统提示“必须在执行此操作前重新运行OCR。这可能需要一些时间”，再稍加等待（系统正在“使用OCR识别文本”如同用扫描仪处理这些资料一样费时费工）。

第三步：打开刚才保存的扫描文件（HTML Document格式），把它复制到Word文档中花时间进行校对编辑。

第四步：完成，取个好听的名字保存。

（3）如果PDF格式文件被加密了，除了坐下来慢慢阅读，你最好什么都不要做了。

3. 转换成WORD文档轻松到家

由于复制成功后，往往只是万里长征的第一步，接下来请按下面的步骤进行：

（1）利用表格转换功能，去除文字外的表格。

复制后经常会带着表格，那就消除它。方法是：选定要转换的内容，然后利用“表格”菜单中的“转换”下“表格转换成文本”的命令，在弹出的“表格转换成文字”的对话框中选择“段落标记”按钮（一般为默认），单击“确认”就行了。如果还有不少的表格需要转换，你就一直重复这一步骤直至完成。如果需要保留里面中的某一表格，那就用“文本转换成表格”的命令再反向操作一次。

(2) 会用替换功能，成为高效能人士。

一是解决文档资料的软回车。“软回车”即“↓”标记。由于软回车形成的段落与Word文档中的段落（按“Enter”键形成的“硬回车”）不同，它不服从于对该段落的格式设计的安排，会对整个文档的格式编辑造成麻烦，所以，编辑时往往需要将其转换成硬回车。

简易的方法绝非逐个地敲入硬回车以替代软回车，而是充分地利用“替换”功能进行段落转换。方法是：单击“编辑”菜单中的“替换”命令，在“查找和替换”对话框中单击“高级”按钮，从“特殊字符”下拉列表中选择“人工（手动）换行符”，这时“查找内容”文本框中显示“^1”（它就是软回车的标记）；接下来单击“替换为”文本框，从“特殊字符”下拉列表中选择“段落标记”，这时“替换为”文本框中显示“^p”（它就代表段落）；单击“全部替换”。这就大功告成了！

二是继续使用“替换”功能。一是行头有空格，就选择空格，将其复制到“查找内容”文本框中（要通过“Ctrl＋C”和“Ctrl＋V”进行复制和粘贴），然后按“全部替换”（注意“替换为”的文本框应为空）。二是文字中间有不需用的空格，就应在上述“特殊字符”下拉列表中选择“空白区域”（“查找内容”文本框中显示为“^w”），然后按“全部替换”（同样“替换为”的文本框还是为空）。如果操作对象是英文资料，请慎用之，否则你的英文资料没人看得懂了。三是删除多余行（每行后两个以上的硬回车）现象：就在“查找内容”文本框中选择两次“段落标记”，这时“查找内容”文本框中显示“^p^p”（代表两个段落），在“替换为”的文本框中选择一次“段落标记”，按“全部替换”。若还有多余行，再按“全部替换”一次，同理再按吧。

三是举一反三，将替换功能发扬光大。在编辑资料时，你会用它选择部分内容后进行全部替换，利用它将有些文字一下了就变成你要的文字。可谓“弃其糟粕，取其精华”。

(3) 解决好格式问题，大获全胜。

观察是否还存在字号偏小、字体带颜色、段前段后有间距等格式问题。一是通过“格式”下“字体”文体框进行编辑，特别应注意其中“字体颜色”选项，如果不是显示为“自动”，应将其改为“自动”，否则，打印出来后会出现字体偏浅或者看不清等情况。二是通过“段落”文本框进行编辑，特别是如果出现段落间距，要在“格式”菜单下“段落”命令中的“段前”和“段后”选项进行调整，将“自动”，改为“0”行。

附录二：如何下载税法知识讲座视频及相关文字资料

视频文字集成下载课件包括Media窄带讲座、课程讲义、练习中心、考试大纲等相关内容，并提供打印功能。下载后可直接双击运行，观看前强烈建议安装最新Windows Media播放器。包括视频文字集成下载、音频格式文件下载、Word格式文件下载。

下载步骤：

(1) 迅雷下载：直接点击“迅雷下载”，首次使用时系统会自动提示下载安装WEB迅雷软件，也可以直接点击此处下载并安装WEB迅雷软件；

(2) 服务器直接下载：用鼠标右键点击下表中的“下载”，在弹出菜单中点击“目标另存为……”，选择保存地址后点击“保存”。

五 提高税收政策水平的路径

一是参加高端培训及沙龙活动，二是不断思考与实践，三是要在应用中提升。

附：

关于审理行政案件适用法律规范问题的座谈会纪要

法〔2004〕96号

行政审判涉及的法律规范层级和门类较多，立法法施行以后有关法律适用规则亦发生了很大变化，在法律适用中经常遇到如何识别法律依据、解决法律规范冲突等各种疑难问题。这些问题能否妥当地加以解决，直接影响行政审判的公正和效率。而且，随着我国法治水平的提高和适应加入世贸组织的需要，行政审判在解决法律规范冲突、维护法制统一中的作用越来越突出。为准确适用法律规范，确保行政案件的公正审理，维护国家法制的统一和尊严，促进依法行政，最高人民法院行政审判庭曾就审理行政案件适用法律规范的突出问题进行专题调研，并征求有关部门意见。2003年10月，最高人民法院在上海召开全国法院行政审判工作座谈会期间，就审理行政案件适用法律规范问题进行了专题座谈。与会人员在总结审判经验的基础上，根据立法法、行政诉讼法及其他有关法律规定，对一些带有普遍性的问题形成了共识。现将有关内容纪要如下：

一、关于行政案件的审判依据

根据行政诉讼法和立法法有关规定，人民法院审理行政案件，依据法律、行政法规、地方性法规、自治条例和单行条例，参照规章。在参照规章时，应当对规章的规定是否合法有效进行判断，对于合法有效的规章应当适用。根据立法法、行政法规制定程序条例和规章制定程序条例关于法律、行政法规和规章的解释的规定，全国人大常委会的法律解释，国务院或者国务院授权的部门公布的行政法规解释，人民法院作为审理行政案件的法律依据；规章制定机关作出的与规章具有同等效力的规章解释，人民法院审理行政案件时参照适用。

考虑建国后我国立法程序的沿革情况，现行有效的行政法规有以下三种类型：一是国务院制定并公布的行政法规。二是立法法施行以前，按照当时有效的行政法规制定程序，经国务院批准、由国务院部门公布的行政法规。但在立法法施行以后，经国务院批准、由国务院部门公布的规范性文件，不再属于行政法规。三是在清理行政法规时由国务院确认的其他行政法规。

行政审判实践中，经常涉及有关部门为指导法律执行或者实施行政措施而作出的具体应用解释和制定的其他规范性文件，主要是：国务院部门以及省、市、自治区和较大的市的人民政府或其主管部门对于具体应用法律、法规或规章作出的解释；县级以上人民政府及其主管部门制定发布的具有普遍约束力的决定、命令或其他规范性文件。行政机关往往将这些具体应用解释和其他规范性文件作为具体行政行为的直接依据。这些具体应用解释和规范性文件不是正式的法律渊源，对人民法院不具有法律规范意义上的约束力。但是，人民法院经审查认为被诉具体行政行为依据的具体应用解释和其他规范性文件合法、有效并合理、适当的，在认定被诉具体行政行为合法性时应承认其效力；人民法院可以在裁判理由中对具体应用解释和其他规范性文件是否合法、有效、合理或适当进行评述。

二、关于法律规范冲突的适用规则

调整同一对象的两个或者两个以上的法律规范因规定不同的法律后果而产生冲突的，一般情况下应当按照立法法规定的上位法优于下位法、后法优于前法以及特别法优于一般法等法律适用规则，判断和选择所应适用的法律规范。冲突规范所涉及的事项比较重大、有关机关对是否存在冲突有不同意见、应当优先适用的法律规范的合法有效性尚有疑问或者按照法律适用规则不能确定如何适用时，依据立法法规定的程序逐级送请有权机关裁决。

（一）下位法不符合上位法的判断和适用

下位法的规定不符合上位法的，人民法院原则上应当适用上位法。当前许多具体行政行为是依据下位法作出的，并未援引和适用上位法。在这种情况下，为维护法制统一，人民法院审查具体行政行为的合法性时，应当对下位法是否符合上位法一并进行判断。经判断下位法与上位法相抵触的，应当依据上位法认定被诉具体行政行为的合法性。从审判实践看，下位法不符合上位法的常见情形有：下位法缩小上位法规定的权利主体范围，或者违反上位法立法目的扩大上位法规定的权利主体范围；下位法限制或者剥夺上位法规定的权利，或者违反上位法立法目的扩大上位法规定的权利范围；下位法扩大行政主体或其职权范围；下位法延长上位法规定的履行法定职责期限；下位法以参照、准用等方式扩大或者限缩上位法规定的义务或者义务主体的范围、性质或者条件；下位法增设或者限缩违反上位法规定的适用条件；下位法扩大或者限缩上位法规定的给予行政处罚的行为、种类和幅度的范围；下位法改变上位法已规定的违法行为的性质；下位法超出上位法规定的强制措施的适用范围、种类和方式，以及增设或者限缩其适用条件；法规、规章或者其他规范文件设定不符合行政许可法规定的行政许可，或者增设违反上位法的行政许可条件；其他相抵触的情形。

法律、行政法规或者地方性法规修改后，其实施性规定未被明文废止的，人民法院在适用时应当区分下列情形：实施性规定与修改后的法律、行政法规或者地方性法规相抵触的，不予适用；因法律、行政法规或者地方性法规的修改，相应的实施性规定丧失依据而不能单独施行的，不予适用；实施性规定与修改后的法律、行政法规或者地方性法规不相抵触的，可以适用。

（二）特别规定与一般规定的适用关系

同一法律、行政法规、地方性法规、自治条例和单行条例、规章内的不同条文对相同事项有一般规定和特别规定的，优先适用特别规定。

法律之间、行政法规之间或者地方性法规之间对同一事项的新的一般规定与旧的特别规定不一致的，人民法院原则上应按照下列情形适用：新的一般规定允许旧的特别规定继续适用的，适用旧的特别规定；新的一般规定废止旧的特别规定的，适用新的一般规定。不能确定新的一般规定是否允许旧的规定继续适用的，人民法院应当中止行政案件的审理，属于法律的，逐级上报最高人民法院送请全国人民代表大会常务委员会裁决；属于行政法规的，逐级上报最高人民法院送请国务院裁决；属于地方性法规的，由高级人民法院送请制定机关裁决。

（三）地方性法规与部门规章冲突的选择适用

地方性法规与部门规章之间对同一事项的规定不一致的，人民法院一般可以按照下列情形适用：（1）法律或者行政法规授权部门规章作出实施性规定的，其规定优先适用；（2）尚未制定法律、行政法规的，部门规章对于国务院决定、命令授权的事项，或者对于中央宏观调控的事项、需要全国统一的市场活动规则及对外贸易和外商投资等需要全国统一规定的事项作出的规定，应当优先适用；（3）地方性法规根据法律或者行政法规的授权，根据本行政区域的实际情况作出的具体规定，应当优先适用；（4）地方性法规对属于地方性事务的事项作出的规定，应当优先适用；（5）尚未制定法律、行政法规的，地方性法规根据本行政区域的具体情况，对需要全国统一规定以外的事项作出的规定，应当优先适用；（6）能够直接适用的其他情形。不能确定如何适用的，应当中止行政案件的审理，逐级上报最高人民法院按照立法法第八十六条第一款第（二）项的规定送请有权机关处理。

（四）规章冲突的选择适用

部门规章与地方政府规章之间对相同事项的规定不一致的，人民法院一般可以按照下列情形适用：（1）法律或者行政法规授权部门规章作出实施性规定的，其规定优先适用；（2）尚未制定法律、行政法规的，部门规章对于国务院决定、命令授权的事项，或者对属于中央宏观调控的事项、需要全国统一的市场活动规则及对外贸易和外商投资等事项作出的规定，应当优先适用；（3）地方政府规章根据法律或者行政法规的授权，根据本行政区域的实际情况作出的具体规定，应当优先适用；（4）地方政府规章对属于本行政区域的具体行政管理事项作出的规定，应当优先适用；（5）能够直接适用的其他情形。不能确定如何适用的，应当中止行政案件的审理，逐级上报最高人民法院送请国务院裁决。

国务院部门之间制定的规章对同一事项的规定不一致的，人民法院一般可以按照下列情形选择适用：（1）适用与上位法不相抵触的部门规章规定；（2）与上位法均不抵触的，优先适用根据专属职权制定的规章规定；（3）两个以上的国务院部门就涉及其职权范围的事项联合制定的规章规定，优先于其中一个部门单独作出的规定；（4）能够选择适用的其他情形。不能确定如何适用的，应当中止行政案件的审理，逐级上报最高人民法院送请国务院裁决。

国务院部门或者省、市、自治区人民政府制定的其他规范性文件对相同事项的规定不一致的，参照上列精神处理。

三、关于新旧法律规范的适用规则

根据行政审判中的普遍认识和做法，行政相对人的行为发生在新法施行以前，具体行政行为作出在新法施行以后，人民法院审查具体行政行为的合法性时，实体问题适用旧法规定，程序问题适用新法规定，但下列情形除外：(1) 法律、法规或规章另有规定的；(2) 适用新法对保护行政相对人的合法权更为有利的；(3) 按照具体行政行为的性质应当适用新法的实体规定的。

四、关于法律规范具体应用解释问题

在裁判案件中解释法律规范，是人民法院适用法律的重要组成部分。人民法院对于所适用的法律规范，一般按照其通常语义进行解释；有专业上的特殊含义的，该含义优先；语义不清楚或者有歧义的，可以根据上下文和立法宗旨、目的和原则等确定其涵义。法律规范在列举其适用的典型事项后，又以“等”、“其他”等词语进行表述的，属于不完全列举的例示性规定。以“等”、“其他”等概括性用语表示的事项，均为明文列举的事项以外的事项，且其所概括的情形应为与列举事项类似的事项。人民法院在解释和适用法律时，应当妥善处理法律效果与社会效果的关系，既要严格适用法律规定和维护法律规定的严肃性，确保法律适用的确定性、统一性和连续性，又要注意与时俱进，注意办案的社会效果，避免刻板僵化地理解和适用法律条文，在法律适用中维护国家利益和社会公共利益。

六 利用税收政策工具降低税负

利用税收政策工具降低税负在方法篇中有详细介绍，此处不再赘述。下面提供一个小案例予以说明。

[案例]

利用税收政策工具降低税负

A、B两家企业合作建房，A提供土地使用权，B提供资金，两企业约定，房屋建好后，双方均分。完工后，经有关部门评估，该建筑物价值

1 000 万元，于是 A、B 各分得 500 万元的房屋。根据现行税法规定及高院解释，A、B 名为合作建房，实为土地使用权转让及房屋买卖合同，各自应缴 5%的营业税。

若 A 企业通过巧妙订立合同进行税收筹划，则可以不缴营业税，具体操作过程如下：

A 企业以土地使用权、B 企业以货币资金合股成立合营企业合作建房，房屋建成后双方采取风险共担、利润共享的分配方式。现行营业税法规定：以无形资产投资入股，参与接受投资方的利润分配、共同承担投资风险的行为，不征收营业税。由于 A 企业投入的土地使用权是无形资产，因此，无须缴纳营业税。仅此一项 A 企业就少缴了 25 万元的税款，从而取得了很好的筹划效果。

第五章

涉税制度设计综合案例篇

——发票专项检查企业自查制度设计经典案例

一 税务机关连发两文剑指发票违规

为严厉打击发票违法犯罪活动，2011 年 2 月，国家税务局发布《关于认真做好 2011 年打击发票违法犯罪活动工作的通知》，继《通知》发布后相关部门再度出手，3 月，国家税务总局稽查局发布《关于印发〈重点企业发票使用情况检查方案〉的通知》（稽便函〔2011〕19 号），对于相关行业企业（包括建筑、金融、保险、通信、石油石化、房地产等）而言，发票专项检查活动已然“兵临城下”。在企业日常运营中，即便企业本身无主观发票违法行为，也难免会存在一些发票问题。基于这点认识，某上市集团公司——A 通信集团在上述两个文件出台后随即做出反应，采取了一系列措施将这场“发票专项检查活动”所带来的相关风险（税收风险、金融市场风险等）降至最低水平。如将 A 通信集团在应对“发票专项检查活动”中的相关模式、内容制度化，对企业涉税制度建设是一个极佳的借鉴。

附：

国家税务总局
关于认真做好 2011 年打击发票违法犯罪活动工作的通知

国税发〔2011〕25 号

各省、自治区、直辖市和计划单列市国家税务局、地方税务局：

为严厉打击发票违法犯罪活动，着力从加强制度建设和完善根本性措施上解决发票违法犯罪的突出问题，根据国务院领导批示精神，2010 年 12 月 16 日全国打击发票违法犯罪活动工作协调小组（以下简称协调小组）召开协调小组第四次会议。会议对加强打击发票违法犯罪活动的制度建设和根本性措施有关问题进行了研究，并对 2011 年开展打击发票违法犯罪活动工作做了统一部署。为贯彻落实《全国打击发票违法犯罪活动工作协调小组第四次会议纪要》（国阅〔2010〕124 号，以下简称《会议纪要》）精神，认真做好 2011 年打击发票违法犯罪活动工作，现就有关问题通知如下：

一、必须高度重视打击发票违法犯罪活动工作

2008 年 11 月以来，在国务院的正确领导下，在协调小组的统一部署下，在各级党委、政府的大力支持下，各地区、各部门精心组织，通力合作，打击发票违法犯罪活动工作取得显著成效。但是，目前发票违法犯罪活动的高发势头尚没有得到根本遏制，还没有从制度上和机制上解决引起发票违法犯罪活动的根本性和源头性问题，打击发票违法犯罪活动工作任务仍然十分艰巨，各级税务机关必须切实提高开展打击发票违法犯罪活动工作重要性、艰巨性和紧迫性的认识，高度重视，按照“打击与建设相结合、治标与治本相结合”的原则，立足实际、着眼长远、抓住要害、重点推进。对这项工作，主要领导要亲自抓，分管领导要具体抓，着力在加强制度建设和完善根本性措施上下功夫，着力在解决发票违法犯罪突出问题上下功夫，以更加有力的措施和更加积极的行动，扎实深入地推进打击发票违法犯罪活动工作，争取取得更大成效。

二、积极配合相关部门开展假发票“卖方市场”整治工作

（一）积极配合公安部门开展假发票“卖方市场”的打击整治工作。一是要积极配合公安部门，对发票犯罪问题突出的重点地区，采取有效措施打源头、端窝点，联合查办一批发票犯罪大要案件，严厉打击不法分子的嚣张气焰，深化巩固整治成果，确保重点地区发票违法犯罪势头得到有效遏制。二是要积极协同当地公安部门对车站、商场、集贸市场、商业街道等兜售、贩卖假发票问题严重的重点部位进行清理整顿，净化社会环境。三是要结合制售假发票案件查办工作，认真梳理假发票信息，循线追查，深入查处购买、使用假发票的纳税单位和个人，争取查处一批大要案件；对构成犯罪的，要及时依法移送公安部门。

（二）积极配合通信管理、公安、工商等部门开展发票违法信息的整治工作。一是要积极配合当地通信管理、公安等部门，进一步完善传播发票违法信息的社会监管和举报受理机制，建立健全发票违法短信关键词动态调整机制以及互联网发票违法信息监测与处置管理办法，进一步推动发票违法信息治理工作的深入开展。二是要积极配合当地工商、通信管理等部门，进一步做好对生产、销售非法短信群发器等设备的整治工作。

三、认真开展虚假发票“买方市场”整治工作

（一）进一步加强对纳税单位和个人发票使用情况的检查。各级税务机关要将发票检查作为税务检查的必查步骤和必查项目，将纳税单位和个人发票使用情况的检查与行业税收专项检查、区域税收专项整治、重点税源企业检查、专案检查工作一同布置、一同组织、一同进行，做到“查账必查票”、

"查案必查票"、"查税必查票"。2011年，广东、浙江、河南、安徽、江苏、山东、福建、辽宁、湖南、湖北、河北、山西等省国家税务局、地方税务局检查处理的违法受票企业应各不少于1 000户；北京、上海、天津、重庆、黑龙江、吉林、内蒙古、江西、广西、四川、陕西等省（区、市）国家税务局、地方税务局检查处理的违法受票企业应各不少于700户；其他地区（西藏自治区除外）国家税务局、地方税务局检查处理的违法受票企业应各不少于500户。对检查发现存在使用非法发票的企业，必须依法予以处理。

（二）专门部署对重点企业发票使用情况开展重点检查。根据国务院领导指示精神和《会议纪要》要求，2011年各级税务机关要专门部署对建筑、金融、保险、通讯、石油石化、房地产等重点企业发票使用情况开展重点检查工作。为确保此项工作取得实效，经研究，税务总局决定统一组织、部署对中国铁建股份有限公司、中国水利水电建设集团公司、中国石油天然气集团公司、中国建设银行股份有限公司、中国光大银行股份有限公司、中国联合网络通信集团有限公司、中国人寿保险（集团）公司、新华人寿保险股份有限公司、泰康人寿保险股份有限公司及其地（市）级以上分公司的发票使用情况进行重点检查。各地税务机关也可以根据本地实际，组织、部署对其他建筑、金融、保险、通信、石油石化、房地产等企业的发票使用情况开展重点检查。在开展上述检查工作中，应注意以下方面：

一是要全面检查被查纳税单位和个人发票领购、开具、取得、使用、缴销等情况，重点核查发票的真实性和业务的真实性。

二是对未按规定开具发票、开具假发票或虚开发票的、利用虚开发票等凭证虚增成本的、使用不符合税法规定的凭证列支成本费用的，要予以重点检查。

三是对开具金额较大、涉嫌虚假等发票，要进行逐笔查验比对，通过对资金、货物等流向和发票信息的分析，检查其业务的真实性，争取查办一批虚开发票和购买、使用虚假发票的典型案件。

四是对检查发现的虚假发票，一律不得用以税前扣除、抵扣税款、办理出口退税（包括免、抵、退税）和财务报销、财务核算。

五是在检查过程中，要注意做好税收政策宣传辅导、查前告知以及约谈等工作，积极引导纳税人查找问题、纠正过错、主动规范用票行为。同时要统一执法尺度和处理处罚原则，确实做到依法行政，依法处理，推进整治工作的顺利开展。

六是要加强税务系统内部的部门协作。检查开始前，要充分采集、分析、利用日常征管信息，制定具体检查方案，以使整治工作取得实效。对检查中发现的问题，要及时反馈有关税收管理部门；对使用虚假发票问题严重的企业，有关税收管理部门要采取措施对其进行整改；对检查中遇到的疑难问题，应及时向上级机关请示汇报；对列入重点检查的总局定点联系企业，与企业司要共同制定检查方案，统一部署。各地稽查部门要严格按照总局确定的方案开展工作，积极与同级大企业管理部门沟通情况。大企业管理部门要把发票违法违规作为风险防控的重要内容，积极配合稽查部门工作。

七是要合理调配稽查力量。在目前稽查工作任务繁重的情况下，各地国、地税稽查部门要合理调配稽查人员，充分调动稽查干部的工作积极性，合理布置，合理分工，确保完成各项稽查工作任务。

（三）积极配合相关部门做好对非纳税单位发票使用情况的检查工作。根据《会议纪要》要求，2011 年财政部门将会同审计、监察、税务等部门，加强对行政、事业单位发票使用情况的监督，严厉查处使用非法发票行为，切实遏制行政、事业单位使用非法发票的势头。各地税务机关要积极配合财政、审计、监察等相关部门加强对行政、事业等单位使用虚假发票情况的监督检查。

一是对相关部门在查处涉及发票案件的过程中请求鉴定发票真伪的，征管部门要予以积极配合，依法提供支持和帮助；

二是对查证、甄别为虚假发票的，稽查部门要积极协助查清发票来源，并会同公安等部门依法对提供虚假发票的单位和个人进行查处。

四、切实加强发票监督管理工作

各地税务机关要在认真贯彻落实新修订的《发票管理办法》的过程中，以逐步实现从“以票控税”向“信息管”的转变为目标，加强发票监督管理，拓展发票监控范围，有效解决当前发票监管中存在的突出问题，从源头上加强对发票违法行为的防范和监控能力。

（一）积极开展网络发票试点工作。2011 年有关网络发票试点单位要进一步做好相关工作，为网络发票的全国推行创造条件。要逐步改进现行发票管理方式，全面提升普通发票管理的规范化和信息化水平，便于发票开具信息采集和查询辨伪工作的开展。

（二）进一步落实机具开票制度。各地税务机关要严格扰行《国家税务总局关于进一步加强普通发票管理工作的通知》（国税发〔2008〕80 号）通过实施“机具开票，逐笔开具；有奖发票，鼓励索票；查询辨伪，防堵假票；票表比对，以票控税”的管理模式，切实加强普通发票的日常管理。

（三）加强发票监管体系建设。各地税务机关要充分利用现有资源和技术手段，加强与有关部门的协调配合，建立健全非纳税单位使用发票的管理、监控和查询系统，构建全方位的发票监管体系。

五、进一步加强部门协作

各级税务机关要切实加强与综治、立法、司法、银行等相关部门的沟通联系，强化部门协作，增进整治合力，广泛深入开展各项合作，认真做好打击发票违法犯罪活动相关工作。各省、自治区、直辖市国家税务局、地方税务局要积极配合当地综治部门做好打击发票违法犯罪活动的考评工作，建立系统内部绩效考核办法，加强对各地（市）打击发票违法犯罪活动工作的考核力度。

六、进一步做好宣传教育工作

各地税务机关要突出重点，强化导向，广泛宣传发票相关政策法规，在纳税单位、个人以及广大社会公众间营造依法抵制发票违法犯罪活动的良好氛围。

（一）积极开展宣传教育活动。各地税务机关要充分利用“税收宣传月”等时机，积极开展以“发票使用”查询和“辨伪”为主题的宣传教育活动，尤其在车站、商场、集贸市场、商业街道等兜售、贩卖假发票问题严重的区域，要经常开展发票知识的宣传教育活动，提高公众对假发票的辨识能力。

（二）集中曝光一批发票违法犯罪典型案件。在发票违法犯罪案件查结后，各地税务机关要选择一批典型案例予以曝光，以案释法、弘扬法制，震慑分化不法分子。同时要公开一批开具或者使用虚假发票的单位名单，做到查处一起、曝光一起、震慑一片，形成全社会共同抵制虚假发票的良好氛围。

（三）扩大打击发票违法犯罪活动工作的社会影响力。各地税务机关要积极协调当地主要媒体、行业报刊、门户网站，大力宣传打击发票违法犯罪活动工作开展情况。同时要落实对发票违法行为举报的奖励工作，对举报查证属实的，要按照规定给予奖励。

七、进一步发挥协调小组办公室的组织协调作用

各地承担打击发票违法犯罪活动工作协调小组办公室（以下简称协调小组办公室）职能的税务机关要充分发挥组织协调作用，认真做好情报沟通、信息反馈、报告反映、督办指导等工作，为打击发票违法犯罪活动工作的顺利开展提供保障。

（一）积极履行联系协调职能。对需要其他部门处理的发票违法线索和问题，各地协调小组办公室要及时移送相关部门处理；对涉及面广、影响恶劣的重大案件，各地协调小组办公室要协调相关部门共同查处。

（二）切实做好沟通反馈工作。各地协调小组办公室要定期向当地党政机关汇报和向相关部门通报打击发票违法犯罪活动开展情况和存在问题，争取党政机关的充分重视和相关部门的大力支持。

（三）充分发挥上情下达作用。各地协调小组办公室要及时向上级协调小组办公室报送工作简报、统计报表和大要案查处情况，加大对工作滞后、行动迟缓、成效较差单位的督导力度，确保工作取得实效。各地协调小组办公室要每月向全国协调小组办公室（设在国家税务总局稽查局）报送2篇以上的工作简报。

八、工作步骤和要求

（一）组织部署阶段（2011年2月）。各省、自治区、直辖市和计划单列市国家税务局、地方税务局要按照《会议纪要》和本通知的要求，结合本地实际，制定工作方案，明确工作重点、阶段目标、实施步骤和完成时限，于2011年3月15日前报告国家税务总局（稽查局）。

（二）实施阶段（2011年3月至10月）。各省、自治区、直辖市和计划单列市国家税务局、地方税务局要督促、指导本地区各级税务机关按照工作目标的要求完成任务，检查重点地区工作进展情况，并于每月15日前将上月《发票使用情况检查统计表》、《重点企业使用虚假发票整治工作情况统计表》及其他工作进展情况书面报送国家税务总局（稽查局）。

（三）总结阶段（2011年11月）。各省、自治区、直辖市和计划单列市国家税务局、地方税务局要针对工作开展情况进行认真总结，重点分析本地区发票违法犯罪活动的特点、动向、成因以及整改措施、效果等，并提出完善改进意见，于2011年11月30日前将总结报告报送国家税务总局（稽查局）。国家税务总局将按照组织部署阶段确定的要求，并结合中央社会治安综合治理委员会办公室印发的《2010年省、自治区、直辖市社会治安综合治理工作考核评比实施细则》（综治办〔2010〕130号）要求，对各地税务机关开展打击发票违法犯罪活动工作情况进行考核评比，并以适当方式对工作扎实、成效显著的单位予以表彰；对重视不够、组织不力、成效较差的单位予以通报批评。

二〇一一年二月十八日

国家税务总局稽查局关于印发《重点企业发票使用情况检查工作方案》的通知

稽便函〔2011〕19号

各省、自治区、直辖市和计划单列市国家税务局、地方税务局稽查局：

根据《全国打击发票违法犯罪活动工作协调小组第四次会议纪要》（国阅〔2010〕124号）精神，国家税务总局于2011年月2月18日印发《国家税务总局关于认真做好2011年打击发票违法犯罪活动工作的通知》（国税发〔2011〕25号），对税务系统开展重点企业发使用情况检查工作进行了统一部署。经与国家税务总局大企业税收管理司研究，我局制定了《重点企业发票使用情况检查工作方案》（见附件），现印发你们，请遵照执行。

附件：《重点企业发票使用情况检查工作方案》

二○一一年三月十八日

国家税务总局关于认真做好2011年打击发票违法犯罪活动工作的通知

国税发〔2011〕25号

各省、自治区、直辖市和计划单列市国家税务局、地方税务局：

为严厉打击发票违法犯罪活动，着力从加强制度建设和完善根本性措施上解决发票违法犯罪的突出问题，根据国务院领导批示精神，2010年12月16日全国打击发票违法犯罪活动工作协调小组（以下简称协调小组）召开协调小组第四次会议。会议对加强打击发票违法犯罪活动的制度建设和根本性措施有关问题进行了研究，并对2011年开展打击发票违法犯罪活动工作做了统一部署。为贯彻落实《全国打击发票违法犯罪活动工作协调小组第四次会议纪要》（国阅〔2010〕124号，以下简称《会议纪要》）精神，认真做好2011年打击发票违法犯罪活动工作，现就有关问题通知如下：

一、必须高度重视打击发票违法犯罪活动工作2008年11月以来，在国务院的正确领导下，在协调小组的统一部署下，在各级党委、政府的大力支持下，各地区、各部门精心组织，通力合作，打击发票违法犯罪活动工作取得显著成效。但是，目前发票违法犯罪活动的高发势头尚没有得到根本遏制，还没有从制度上和机制上解决引起发票违法犯罪活动的根本性和源头性问题，打击发票违法犯罪活动工作任务仍然十分艰巨，各级税务机关必须切实提高开展打击发票违法犯罪活动工作重要性、艰巨性和紧迫性的认识，高度重视，按照“打击与建设相结合、治标与治本相结合”的原则，立足实际、着眼长远、抓住要害、重点推进。对这项工作，主要领导要亲自抓，分管领导要具体抓，着力在加强制度建设和完善根本性措施上下功夫，着力在解决发票违法犯罪突出问题上下功夫，以更加有力的措施和更加积极的行动，扎实深入地推进打击发票违法犯罪活动工作，争取取得更大成效。

二、积极配合相关部门开展假发票“卖方市场”整治工作

（一）积极配合公安部门开展假发票“卖方市场”的打击整治工作。一是要积极配合公安部门，对发票犯罪问题突出的重点地区，采取有效措施打源头、端窝点，联合查办一批发票犯罪大要案件，严厉打击不法分子的嚣张气焰，深化巩固整治成果，确保重点地区发票违法犯罪势头得到有效遏制。二是要积极协同当地公安部门对车站、商场、集贸市场、商业街道等兜售、贩卖假发票问题严重的重点部位进行清理整顿，净化社会环境。三是要结合制售假发票案件查办工作，认真梳理假发票信息，循线追查，深入查处购买、使用假发票的纳税单位和个人，争取查处一批大要案件；对构成犯罪的：要及时依法移送公安部门。

（二）积极配合通信管理、公安、工商等部门开展发票违法信息的整治工作。一是要积极配合当地通信管理、公安等部门，进一步完善传播发票违法信息的社会监管和举报受理机制，建立健全发票违法短信关键词动态调整机制以及互联网发票违法信息监测与处置管理办法，进一步推动发票违法信息治理工作的深入开展。二是要积极配合当地工商、通信管理等部门，进一步做好对生产、销售非法短信群发器等设备的整治工作。

三、认真开展虚假发票“买方市场”整治工作

（一）进一步加强对纳税单位和个人发票使用情况的检查。各级税务机关要将发票检查作为税务检查的必查步骤和必查项目，将纳税单位和个人发票使用情况的检查与行业税收专项检查、区域税收专项整治、重点税源企业检查、专案检查工作一同布置、一同组织、一同进行，做到“查账必查票”、“查案必查票”、“查税必查票”。2011 年，广东、浙江、河南、安徽、江苏、山东、福建、辽宁、湖南、湖北、河北、山西等省国家税务局、地方税务局检查处理的违法受票企业应各不少于 1 000 户；北京、上海、天津、重庆、黑龙江、吉林、内蒙古、江西、广西、四川、陕西等省（区、市）国家税务局、地方税务局检查处理的违法受票企业应各不少于 700 户；其他地区（西藏自治区除外）国家税务局、地方税务局检查处理的违法受票企业应各不少

于500户。对检查发现存在使用非法发票的企业，必须依法予以处理。

（二）专门部署对重点企业发票使用情况开展重点检查。根据国务院领导指示精神和《会议纪要》要求，2011年各级税务机关要专门部署对建筑、金融、保险、通讯、石油石化、房地产等重点企业发票使用情况开展重点检查工作。为确保此项工作取得实效，经研究，税务总局决定统一组织、部署对中国铁建股份有限公司、中国水利水电建设集团公司、中国石油天然气集团公司、中国建设银行股份有限公司、中国光大银行股份有限公司、中国联合网络通信集团有限公司、中国人寿保险（集团）公司、新华人寿保险股份有限公司、泰康人寿保险股份有限公司及其地（市）级以上分公司的发票使用情况进行重点检查。各地税务机关也可以根据本地实际，组织、部署对其他建筑、金融、保险、通信、石油石化、房地产等企业的发票使用情况开展重点检查。在开展上述检查工作中，应注意以下方面：

一是要全面检查被查纳税单位和个人发票领购、开具、取得、使用、缴销等情况，重点核查发票的真实性和业务的真实性；

二是对未按规定开具发票、开具假发票或虚开发票的、利用虚开发票等凭证虚增成本的、使用不符合税法规定的凭证列支成本费用的，要予以重点检查；

三是对开具金额较大、涉嫌虚假等发票，要进行逐笔查验比对，通过对资金、货物等流向和发票信息的分析，检查其业务的真实性，争取查办一批虚开发票和购买、使用虚假发票的典型案件；

四是对检查发现的虚假发票，一律不得用以税前扣除、抵扣税款、办理出口退—税（包括免、抵、退税）和财务报销、财务核算；

五是在检查过程中，要注意做好税收政策宣传辅导、查前告知以及约谈等工作，积极引导纳税人查找问题、纠正过错、主动规范用票行为。同时要统一执法尺度和处理处罚原则，确实做到依法行政，依法处理，推进整治工作的顺利开展；

六是要加强税务系统内部的部门协作。检查开始前，要充分采集、分析、利用日常征管信息，制定具体检查方案，以使整治工作取得实效。对检查中发现的问题，要及时反馈有关税收管理部门；对使用虚假发票问题严重的企业，有关税收管理部门要采取措施对其进行整改；对检查中遇到的疑难问题，应及时向上级机关请示汇报；对列入重点检查的总局定点联系企业，与企业司要共同制定检查方案，统一部署。各地稽查部门要严格按照总局确定的方案开展工作，积极与同级大企业管理部门沟通情况。大企业管理部门要把发票违法违规作为风险防控的重要内容，积极配合稽查部门工作；

七是要合理调配稽查力量。在目前稽查工作任务繁重的情况下，各地国、地税稽查部门要合理调配稽查人员，充分调动稽查干部的工作积极性，合理布置，合理分工，确保完成各项稽查工作任务。

（三）积极配合相关部门做好对非纳税单位发票使用情况的检查工作。根据《会议纪要》要求，2011 年财政部门将会同审计、监察、税务等部门，加强对行政、事业单位发票使用情况的监督，严厉查处使用非法发票行为，切实遏制行政、事业单位使用非法发票的势头。各地税务机关要积极配合财政、审计、监察等相关部门加强对行政、事业等单位使用虚假发票情况的监督检查。一是对相关部门在查处涉及发票案件的过程中请求鉴定发票真伪的，征管部门要予以积极配合，依法提供支持和帮助；二是对查证、甄别为虚假发票的，稽查部门要积极协助查清发票来源，并会同公安等部门依法对提供虚假发票的单位和个人进行查处。

四、切实加强发票监督管理工作各地税务机关要在认真贯彻落实新修订的《发票管理办法》的过程中，以逐步实现从“以票控税”向“信息管”的转变为目标，加强发票监督管理，拓展发票监控范围，有效解决当前发票监管中存在的突出问题，从源头上加强对发票违法行为的防范和监控能力。

（一）积极开展网络发票试点工作。2011 年有关网络发票试点单位要进一步做好相关工作，为网络发票的全国推行创造条件。要逐步改进现行发票管理方式，全面提升普通发票管理的规范化和信息化水平，便于发票开具信息采集和查询辨伪工作的开展。

（二）进一步落实机具开票制度。各地税务机关要严格扰行《国家税务总局关于进一步加强普通发票管理工作的通知》（国税发〔2008〕80 号）通过实施“机具开票，逐笔开具；有奖发票，鼓励索票；查询辨伪，防堵假票；票表比对，以票控税”的管理模式，切实加强普通发票的日常管理。

（三）加强发票监管体系建设。各地税务机关要充分利用现有资源和技术手段，加强与有关部门的协调配合，建立健全非纳税单位使用发票的管理、监控和查询系统，构建全方位的发票监管体系。

五、进一步加强部门协作各级税务机关要切实加强与综治、立法、司法、银行等相关部门的沟通联系，强化部门协作，增进整治合力，广泛深入开展各项合作，认真做好打击发票违法犯罪活动相关工作。各省、自治区、直辖市国家税务局、地方税务局要积极配合当地综治部门做好打击发票违法犯罪活动的考评工作，建立系统内部绩效考核办法，加强对各地（市）打击发票违法犯罪活动工作的考核力度。

六、进一步做好宣传教育工作各地税务机关要突出重点，强化导向，广泛宣传发票相关政策法规，在纳税单位、个人以及广大社会公众间营造依法抵制发票违法犯罪活动的良好氛围。

（一）积极开展宣传教育活动。各地税务机关要充分利用“税收宣传月”等时机，积极开展以“发票使用”查询和“辨伪”为主题的宣传教育活动，尤其在车站、商场、集贸市场、商业街道等兜售、贩卖假发票问题严重的区域，要经常开展发票知识的宣传教育活动，提高公众对假发票的辨识能力。

（二）集中曝光一批发票违法犯罪典型案件。在发票违法犯罪案件查结后，各地税务机关要选择一批典型案例予以曝光，以案释法、弘扬法制，震慑分化不法分子。同时要公开一批开具或者使用虚假发票的单位名单，做到查处一起、曝光一起、震慑一片，形成全社会共同抵制虚假发票的良好氛围。

（三）扩大打击发票违法犯罪活动工作的社会影响力。各地税务机关要积极协调当地主要媒体、行业报刊、门户网站，大力宣传打击发票违法犯罪活动工作开展情况。同时要落实对发票违法行为举报的奖励工作，对举报查证属实的，要按照规定给予奖励。

七、进一步发挥协调小组办公室的组织协调作用各地承担打击发票违法犯罪活动工作协调小组办公室（以下简称协调小组办公室）职能的税务机关要充分发挥组织协调作用，认真做好情报沟通、信息反馈、报告反映、督办指导等工作，为打击发票违法犯罪活动工作的顺利开展提供保障。

（一）积极履行联系协调职能。对需要其他部门处理的发票违法线索和问题，各地协调小组办公室要及时移送相关部门处理；对涉及面广、影响恶劣的重大案件，各地协调小组办公室要协调相关部门共同查处。

（二）切实做好沟通反馈工作。各地协调小组办公室要定期向当地党政机关汇报和向相关部门通报打击发票违法犯罪活动开展情况和存在问题，争取党政机关的充分重视和相关部门的大力支持。

（三）充分发挥上情下达作用。各地协调小组办公室要及时向上级协调小组办公室报送工作简报、统计报表和大要案查处情况，加大对工作滞后、行动迟缓、成效较差单位的督导力度，确保工作取得实效。各地协调小组办公室要每月向全国协调小组办公室（设在国家税务总局稽查局）报送2篇以上的工作简报。

八、工作步骤和要求

（一）组织部署阶段（2011年2月）。各省、自治区、直辖市和计划单列市国家税务局、地方税务局要按照《会议纪要》和本通知的要求，结合本地实际，制定工作方案，明确工作重点、阶段目标、实施步骤和完成时限，于2011年3月15日前报告国家税务总局（稽查局）。

（二）实施阶段（2011年3月至10月）。备省、自治区、直辖市和计划单列市国家税务局、地方税务局要督促、指导本地区备级税务机关按照工作目标的要求完成任务，检查重点地区工作进展情况，并于每月15日前将上月《发票使用情况检查统计表》、《重点企业使用虚假发票整治工作情况统计表》及其他工作进展情况书面报送国家税务总局（稽查局）。

（三）总结阶段（2011年11月）。各省、自治区、直辖市和计划单列市国家税务局、地方税务局要针对工作开展情况进行认真总结，重点分析本地区发票违法犯罪活动的特点、动向、成因以及整改措施、效果等，并提出完善改进意见，于2011年11月30日前将总结报告报送国家税务总局（稽查局）。国家税务总局将按照组织部署阶段确定的要求，并结合中央社会治安综合治理委员会办公室印发的《2010年省、自治区、直辖市社会治安综合治理工作考核评比实施细则》（综治办〔2010〕130号）要求，对各地税务机关开展打击发票违法犯罪活动工作情况进行考核评比，并以适当方式对工作扎实、成效显著的单位予以表彰；对重视不够、组织不力、成效较差的单位予以通报批评。

国家税务总局

二〇一一年二月十八日

二 典型示例——A集团出“妙招”避险排难

（一）组织开展“布置发票专项检查工作”的电话会议

上述相关文件出台后引起A集团管理层高度重视，第一时间内召开了电话会议，以下会议文件记录了本次电话会议内容。

A集团有限公司
布置发票专项检查工作电话会议内容

近期，为加强发票管理和财务监督，保障国家税收收入，维护经济秩序，国务院、国家税务总局先后颁布了《国务院关于修改〈中华人民共和国发票管理办法〉的决定》（中华人民共和国国务院令第587号）、《中华人民共和国发票管理办法实施细则》（国家税务总局令第25号），加大了对发票违法行为的惩处力度。日前，国家税务总局印发了《关于认真做好2011年打击发票违法犯罪活动工作的通知》（国税发〔2011〕25号，以下简称“25号”文件，见附件），要求对包括A集团在内的多个重点企业及其地（市）级以上分公司的发票使用情况进行重点检查。本次会议，主要内容为通报前期发票自查情况及布置下一步税务机关发票专项检查配合工作。

一、前期发票自查情况通报

2010年以来，公司陆续发现外部发票不合规问题，公司上下高度重视，深刻认识到不合规发票对国家税收及公司管理带来的巨大危害和不良影响，根据国家税务总局要求，公司组织开展了外部发票合规性自查工作。自查工作开展以来，各级公司高度重视、精心组织，克服了时间短、任务重、情况复杂、发票时间跨度大、种类多、区域多、鉴别渠道有限等困难，有效完成了本次自查工作。自查结果显示：

（1）按发票经济事项分：金额上，以社会渠道代理类和设备、资产采购类发票居多，占77.14%；数量上，以社会渠道代理类和业务招待费、会议费类发票居多，占74.55%。

（2）按所属年度分：自2008年以来，随着税务官方发票验证系统的建设及公司发票管理方面的加强，不合规发票的流入得到初步控制，尤其是2010年公司出台一系列发票管理方面规定后，情况得到显著改善。

（3）按发票金额分：不合规发票小面额数量较多，金额小于500元的数量占45.35%，加大了防范难度，但从金额上看，5 000元以上的占97.12%，分布比较集中。

二、25号文件有关要求

25号文件第三条（认真开展虚假发票“买方市场”整治工作）要求：要专门部署对重点企业发票使用情况开展重点检查。2011年各级税务机关要专门部署对建筑、金融、保险、通讯、石油石化、房地产等重点企业发票使用情况开展重点检查工作。为确保此项工作取得实效，税务总局决定统一组织、部署对包括A集团在内的9个集团公司及其地（市）级以上分公司的发票使用情况进行重点检查。

各地税务机关也可以根据本地实际，组织、部署对其他建筑、金融、保险、通信、石油石化、房地产等企业的发票使用情况开展重点检查。2011年，广东、浙江、河南、安徽、江苏、山东、福建、辽宁、湖南、湖北、河北、山西等省国地税检查处理的违法受票企业应各不少于1 000户；北京、上海、天津、重庆、黑龙江、吉林、内蒙古、江西、广西、四川、陕西等省国地税检查处理的违法受票企业应各不少于700户；其他地区（西藏除外）国地税检查处理的违法受票企业应各不少于500户。

在开展上述检查工作中，应注意以下方面：一是要全面检查被查纳税单位和个人发票领购、开具、取得、使用、缴销等情况，重点核查发票的真实性和业务的真实性。二是对未按规定开具发票、开具假发票或虚开发票的、利用虚开发票等凭证虚增成本的、使用不符合税法规定的凭证列支成本费用的，要予以重点检查。三是对开具金额较大、涉嫌虚假等发票，要进行逐笔查验比对，通过对资金、货物等流向和发票信息的分析，检查其业务的真实性，争取查办一批虚开发票和购买、使用虚假发票的典型案件。四是对检查发现的虚假发票，一律不得用以税前扣除、抵扣税款、办理出口退税（包括免、抵、退税）和财务报销、财务核算。五是在检查过程中，要注意做好税收政策宣传辅导、查前告知以及约谈等工作，积极引导纳税人查找问题、纠正过错、主动规范用票行为。同时要统一执法尺度和处理处罚原则，确实做到依法行政，依法处理，推进整治工作的顺利开展。六是要加强税务系统内部的部门协作。检查开始前，要充分采集、分析、利用日常征管信息，制定具体检查方案，以使整治工作取得实效。对检查中发现的问题，要及时反馈有关税收管理部门；对使用虚假发票问题严重的企业，有关税收管理部门要采取措施对其进行整改；对检查中遇到的疑难问题，应及时向上级机关请示汇报；对列入重点检查的总局定点联系企业，总局稽查局和大企业司要共同制定检查方案，统一部署。各地稽查部门要严格按照总局确定的方案开展工作，积极与同级大企业管理部门沟通情况。大企业管理部门要把发票违法违规作为风险防控的重要内容，积极配合稽查部门工作。七是要合理调配稽查力量。在目前稽查工作任务繁重的情况下，各地国、地税稽查部门要合理调配稽查人员，充分调动稽查干部的工作积极性，合理布置，合理分工，确保完成各项稽查工作任务。

工作时限统一要求为2011年2—11月，其中：3月15日前为组织部署阶段，3—10月为具体实施阶段，11月为总结阶段。

三、下一步配合税务机关发票专项检查工作有关要求

根据25号文件有关要求，作为总局定点联系企业，A集团的发票专项检查方案，由总局稽查局会同大企业司共同制定，并统一组织部署。目前，总局初步确定的定点联系企业检查方案为“检查2007—2010年，由企业先行自查，税务机关根据自查结果选定部分分公司逐一进行复核验证，根据复

核结果判定处理决定"的方式，具体检查方案尚在制定中，集团公司将时时跟踪最新进展并通报各分公司。现将下一步配合税务机关发票专项检查工作有关要求明确如下：

（一）总局统一确定检查方案前，如各分公司了解到属地税务机关正在制定或接到属地税务机关检查通知，应尽量向税务机关说明A集团属于总局统一组织、部署、制定方案的被检查企业，尽量请税务机关待总局明确检查方案后再对公司进行检查，如税务机关坚持要求提前开展检查的，请及时与集团公司沟通有关情况。

（二）进一步深化发票自查工作

1. 开展非上市分公司、各子公司发票自查工作

2010年发票合规性自查工作，范围限于上市公司各分公司，根据25号文件要求，各省非上市分公司、各子公司（含北方10省分公司）也纳入税务机关本次发票专项检查工作，各省非上市分公司、各子公司应于2011年3月31日前，完成各单位自查工作。

2. 运营公司增加自查内容

运营公司2010年发票自查内容主要为历史年度外部取得发票的真实性。根据25号文件要求，本次自查，各单位应在上次自查范围的基础上，增加以下内容：

(1) 本单位发票领购、开具、取得、使用、缴销等情况；

(2) 发票的真实性和业务的真实性，是否存在业务虚假，利用虚开发票等凭证虚增成本费用、套取资金等不法行为；

(3) 2010年10—12月发票；

(4) 对所有单张面额5 000元及以上的发票，全部进行重点复核；

(5) 加强对2010年自查结果的复核。

参加2010年自查的各级公司，应以省内交叉互查、抽查等方式，再次对自查结果进行复核，力争自查结果真实反映公司不合规发票情况。

上述工作应于2011年4月30日前完成。

3. 加大不合规发票替换工作力度

截至2010年年底，不合规替换情况不容乐观，各公司仍需加大与出票方沟通力度，说明总局本次发票检查工作的重要性及可能带来的严重后果，尽快替换不合规发票。

4. 各分公司应整理、保留好相关自查、发票替换工作底稿，以备将来公司总部及税务机关查验。

（三）前期已接受属地税务机关发票专项检查的公司，应尽量利用前期检查结果；其他公司在总局制定发票专项检查方案及集团各公司明确具体资料提供要求后，应及时提供有关资料。

（四）本次税务机关开展的发票专项检查工作，是国家税务总局为贯彻国务院精神开展的打击发票违法犯罪专项活动，请各公司高度重视，着力做好前期准备工作，积极配合税务机关开展工作。在配合税务机关检查工作中，各公司要注意积极与属地税务机关大企业管理部门沟通，向对方说明公司在发票管理方面存在的困难、认识及已经采取的改进措施（可参考附件《发票专项检查工作中与税务机关沟通要点》），争取税务机关的理解与支持。

A集团有限公司

2011年3月

（二）发布关于进一步明确发票专项检查工作有关要求的通知

以下为该通知原文：

A集团有限公司

关于进一步明确发票专项检查工作有关要求的通知

急件　财务〔2011〕16号

各市分公司：

2011年3月总部财务部组织召开了电话会议，会议向各省级公司通报了《国家税务总局关于认真做好2011年打击发票违法犯罪活动工作的通知》（附件一，国税发〔2011〕25号，以下简称“25号文件”），根据25号文件要求，A集团将作为国家税务总局定点联系企业，其发票专项检查方案由总局稽查局会同大企业司共同制定，并统一组织部署。目前具体方案总局仍在制定中，但据集团公司了解，本次发票检查重点为2007年到2010年企业开出的内部发票及取得的外部发票，专项检查方案设计较为严格，处罚较重，情况不容乐观，省公司本部及各市分公司应做好充分准备迎接专项检查工作。现结合本省前期发票自查工作的开展情况，就下一步工作明确要求如下：

一、总体要求

（一）高度重视，精心准备

A集团作为国资委管理的中央企业上市公司，严格执行国家财税法规、维护国家利益，既是公司的责任，也是公司的义务。各市分公司应充分认识不合规发票对市场经济运行秩序、国家税收管理及公司带来的巨大危害和不良影响、高度重视本次外部发票自查工作。各分公司财务部作为本次专项检查的牵头部门，应加强领导、精心组织，并将25号文件（附件一）及3月集团公司电话会议精神（附件二）及时向本公司领导进行汇报，并说明公司可能面临的检查及处罚等不利情况，同时应与其他部门加强协调沟通，做好发票专项检查配合工作。

（二）积极配合、统一解释、维护公司利益

各单位在配合税务机关检查工作中，应做到态度诚恳、资料提供及时，解释问题全面、困难说明充分，尽量争取税务机关的理解与支持。同时，结合《发票专项检查中与税务机关沟通要点》（另文下发），咬住“业务真实发生、费用支出合理，符合税务成本列支和扣除要求”，坚决不能认同真实业务补缴税款的处理，切实维护公司合理利益诉求。

（三）及时报告接受检查情况、公司上下形成合力

2010年以来，集团公司一直就公司接受部分不合规发票问题与国家税务总局稽查局、大企业司进行沟通汇报，在本次发票专项检查工作中，各单位应及时将税务机关检查情况（金额、税务机关拟处理意见、困难等）上报省公司，以便公司上下形成合力，争取最优处理结果。

二、具体工作开展安排

（一）工作开展范围及内容

1. 开展非上市分公司、各子公司发票自查工作

2010年发票合规性自查工作，范围限于上市公司各分公司，根据25号文件要求，各市非上市分公司，包括：B公司、C公司、D公司，也纳入税务机关本次发票专项检查工作，各市非上市分公司应于2011年4月15日前完成2007年到2010年期间发票的自查。

2. 运营公司增加自查内容

运营公司2010年发票自查内容主要为历史年度外部取得发票的真实性。根据25号文件要求，本次自查，各单位应在上次自查范围的基础上，增加以下内容：

（1）本单位发票领购、开具、取得、使用、缴销等情况；

（2）发票的真实性和业务的真实性，是否存在业务虚假，利用虚开发票等凭证虚增成本费用、套取资金等不法行为；

（3）2010年10—12月发票；

（4）对所有单张面额5 000元及以上的发票，全部进行重点复核；

(5) 加强对2010年自查结果的复核。

3. 加大不合规发票替换工作力度

截至2010年底，不合规替换情况不容乐观，各公司仍需积极开展整改工作，加大与出票方沟通力度，说明总局本次发票检查工作的重要性及可能带来的严重后果，尽快替换不合规发票。

4. 继续深化发票知识宣贯

请各市分公司财务部门牵头组织内部员工学习培训，并结合附件《广东某集团公司普通发票知识普及问答》在市公司范围内进行宣贯教育，提高全体员工对假发票的鉴别水平。

（二）工作机制

1. 各市分公司财务部经理应作为本次自查工作的第一责任人，牵头落实本次发票合规性自查的各项工作，并指定财务部日常工作接口人。

2. 省公司及地市分公司建立双周报制度，了解所属单位自查工作进度，对发现的问题及时提出解决建议。各市分公司应在4月15日及4月28日前分别填写《第二轮外部不合规发票自查明细表》（附件三）与《第二轮外部发票合规性自查工作报告》（附件四），并及时反馈至省公司财务部。

3. 各分公司应整理、保留好相关自查、发票替换工作底稿，以备将来公司总部及税务机关查验。

4. 省公司将以省内交叉互查、抽查等方式，再次对自查结果进行复核，力争自查结果真实反映公司不合规发票情况。

（三）工作安排

1. 4月5日前，地市分公司填写《2011年发票专项检查联系人名单》（附件五）报省公司财务部。

2. 4月15日前，完成各市非上市分公司2007年到2010年期间发票的自查。

3. 4月28日前，完成本次公司增加自查的内容。

省公司联系人　财务部：××　电话：×××　邮箱：×××

附件一：国家税务总局关于认真做好2011年打击发票违法犯罪活动工作的通知

附件二：集团电话会议布置（3月）

附件三：第二轮外部不合规发票明细表

附件四：第二轮外部发票合规性自查工作报告

附件五：2011年发票专项检查联系人名单

（附件一、二、五略）

附件三：

外部不合规发票明细表（维护、维修费）

编制单位：

序号	收票单位	年	月	开票单位	发票实际归属单位	发票代码	发票号码	发票金额（单位：元）	记账凭证编号	发票真伪	发票问题类别	发票替换情况	备注

外部不合规发票明细表（设备、资产采购类）

编制单位：

序号	收票单位	年	月	开票单位	发票实际归属单位	发票代码	发票号码	发票金额（单位：元）	记账凭证编号	发票真伪	发票问题类别	发票替换情况	备注

外部不合规发票明细表（其他）

编制单位：

序号	收票单位	年	月	开票单位	发票实际归属单位	发票代码	发票号码	发票金额（单位：元）	记账凭证编号	发票真伪	发票问题类别	发票替换情况	备注

填表说明：

1. 外部不合规发票明细表分为：表1—社会渠道代理商代理服务类；表2—业务招待费、会议费；表3—办公费；表4—广告、宣传费；表5—维护、维修费；表6—设备、资产采购类；表7—其他。对于发现的不合规发票按照类别相应填入各表。
2. 收票单位：A集团公司，B、C、D分公司。
3. 年、月：按照开票日期填写，若开票日期不确定，按入账日期填写。
4. 开票单位：按照印章单位（收款单位）填写。
5. 发票实际归属单位：通过网络和电话鉴别等方法，按照查询的发票实际归属单位填写。
6. 发票代码、发票号码、发票金额：按照发票上反映的信息填写。
7. 记账凭证编号：按照发票所属公司记账凭证编号填写。
8. 发票真伪：按照是否为税务机关监制、发售的发票情况填写。
9. 发票问题类别：按照不合规票据的类别填写。(1) 假发票；(2) 过期及作废发票；(3) 真票假开——违规提供第三方发票；(4) 真票假开——与其他联次不符；(5) 其他。
10. 发票替换情况：按照自查过程中发现的不合规发票替换情况填写。(1) 已经替换；(2) 对方承诺近期替换；(3) 对方拒绝替换；(4) 对方公司变动，无法替换；(5) 其他。

附件四：

外部发票合规性自查工作报告（提纲）

一、发票等外部票据管理现状

包括制度、部门职责、管理流程、内部控制、鉴别方法等。

二、自查组织情况

包括工作布置、人员安排（动用人数）、时间安排、鉴别方法等。

三、自查结果及分析

（一）自查结果

包括不合规发票总量（张）、金额、问题分类情况、年度情况、涉及的社会渠道代理商数量、发票替换情况。

（二）分析

分析不合规发票的发展趋势；不合规发票总量、金额占同类费用发票总量、金额的比例；不合规发票的分布，如平均金额、高发区间等；存在问题的社会渠道代理商数量占总代理商数量的比例，及其共同特性等。

四、发票等外部票据管理及自查工作中存在的困难

五、针对发票等外部票据管理现状及自查情况，下一步措施及建议

（三）策划与税务机关的沟通要点

在完成工作部署后，A 集团开始着手策划与税务机关的沟通要点，准备迎接发票专项检查活动。以下为所策划的沟通要点具体内容：

1. A 集团发票管理特点

(1) 出票单位众多、发票数量海量使得检查难度较大。

A 集团每年资本支出近千亿元，成本支出同样近千亿元，巨额的资本支出及成本支出形成了出票单位数量众多及发票数量海量的客观情况。面对众多的设备供应商、社会渠道代理商（全国仅社会渠道代理商即达几十万家）、维修商、宾馆酒店、出租行业、办公用品供应商，每年接受的外部发票数量达千万张，若单凭税务机关的力量一一鉴别，其检查难度较大。

(2) A 集团也是发票违法犯罪的受害者。

A 集团作为国资委控股的国有特大型中央企业，其本身不存在虚构经济行为列支成本的动力。通过自查我们也发现，公司开展的相关业务均为实际发生的正常经济事项，均签署了正式协议，有关款项也均按照协议约定支付，成本费用据实列支，经营活动真实有效，公司本身不存在弄虚作假问题，只是受识别能力和鉴别手段所限，非主观故意接受了部分不合规发票。A 集团作为深受违法票据之害的中央企业，也希望能参与到本次打击发票违法犯罪活动中来。

(3) 发票鉴别渠道的开通，为公司提供了重要的参与手段。

据了解，目前全国 300 多个地市中，大部分地市已开通发票官方网站及电话验证渠道，同时近年新版发票物理防伪手段明显加强，以上税务发票管理的加强，大大增强了公司发票真伪鉴别能力，为公司自身开展发票检查工作，保证发票检查工作质量，提供了有力保障。

(4) 发票自查工作锻炼了员工队伍，提升了发票管理水平。

发票自查工作中，通过学习各种发票法规、辨别发票真伪，公司发票管理人员专业水平得到显著提高。同时，通过本次自查，公司掌握了电信企业不合规发票的主要类型、分布特点、分布区域等情况，并对其成因进行了深入分析，相关控制点已找到，有关控制措施也已建立。上述工作的开展，为下一步鉴别发票真伪工作，提升发票管理水平打下了坚实的基础。

2. A 集团不断加强税务、发票管理，效果显著

A 集团成立以来，为提高集团税务管理水平，公司建立了总部、省分公司、地市公司三级税务管理体系，并根据税收相关法律法规，结合公司实际，印发了《A 集团税务管理办法》，即将印发《A 集团税务操作手册》，为规范、高效地开展税务管理工作提供了制度保证。

2010 年以来，A 集团在配合审计署审计及个别分公司接受当地税务稽查过程中，陆续发现部分外部发票不合规问题。在发现上述问题后，公司上下高度重视，深刻认识到不合规发票对国家税收管理及公司带来的巨大危害和不良影响，专门印发了《关于进一步加强税务管理工作的通知》、《关于进一步加强发票等外部票据管理的通知》加强发票管理，针对发现的历史年度取得的不合规发票，公司已要求开票单位限期替换合规票据，同时进一步严肃业务部门和财务部门审查票据责任制度，并通过内部审计和财务检查工作进行督查。目前，公司取得不合规发票的情况已得到有效遏制。

3. 外部监管机关审查提升了公司税务管理水平

自重组上市以来，A集团接受了一系列监管机关的检查和审计工作，包括：作为国家税务总局定点联系企业，在国家税务总局大企业司指导下，组织开展的纳税风险评估和税务自查工作（2006至2008年）；财政部专员办对A集团开展的税务审计工作（2007至2008年）；国家审计署对原A集团、原××公司开展的经济责任及财务收支审计工作等。上述检查和审计工作发现的相关税款已经全部缴纳入库，公司在此基础上不断完善税务内控管理制度，有效控制了税务风险。

4. 公司非主观故意接受不合规发票，建议慎重处理

A集团是国资委控股的国有特大型企业，是一家同时在纽约、香港、上海三地上市的企业。近年来，社会上制售假发票和非法代开发票违法犯罪活动猖獗，若公司因识别能力和鉴别手段所限，非主观故意接受了部分不合规发票而受到严厉处罚，可能会引发国内外资本市场对类似上市公司及国内税务监管环境的质疑，引起资本市场波动，不利于维护国家权益，造成恶劣影响。A集团作为国资委管理的中央企业以及总局定点联系企业，严格执行国家财税法规、维护国家利益，既是公司的责任，也是公司的义务，公司有信心在税务机关的领导下，积极开展工作，配合税务机关做好2011年度打击发票违法犯罪活动工作，并主动做好不合规发票的替换工作。

（四）举办"发票检查专题"的内部培训

除了策划与税务机关的沟通要点外，A集团公司还做了另外一个准备工作——举办"发票检查专题"的内部培训，这样对外沟通、对内培训，做到双管齐下。以下是A集团关于举办"发票检查专题"内部培训的通知原文。

关于举办发票检查专题培训的通知

各市分公司：

根据《国家税务总局关于认真做好2011年打击发票违法犯罪活动工

作的通知》（国税发〔2011〕25号）及《国家税务总局稽查局关于印发〈重点企业发票使用情况检查工作方案〉的通知》（稽便函〔2011〕19号），A集团是国家税务总局本次统一部署的9户重点企业之一，地市分公司接受检查的比例不低于50%，其检查方案由国家税务总局制定，目前深圳、佛山、江门、汕头等地市分公司已经接到国、地税联合发文的检查通知，专项检查方案设计较为严格，处罚较重，情况不容乐观。

针对以上情况，省公司财务部决定举办《2011年发票检查专题培训》会议，特邀××财税网高级税务顾问××老师主讲。现将相关事宜通知如下：

一、培训时间：4月11日上午09:00—下午4:30

二、培训方式：现场培训

三、培训地点：省公司2404会议室

四、培训对象：本次培训面对全省财务人员举行，各市分公司至少两人参加现场培训（建议由财务部主管税务领导及税务会计参加），其他成员可通过视频会议参与。

五、培训内容：

（一）企业发票存在的普遍性问题

1. 非法购买、使用假发票。

2. 不按规定开具发票，隐瞒收入。

3. 发票填写不规范的情况较普遍。

4. 接受的发票不规范。

（二）关于违章发票处罚规定（包括新发票管理办法新内容）

1. 税务稽查出的未开发票的销售额怎样处理？

2. 假票、虚票、无票税务如何处理？

（三）税务机关发现发票问题技巧与方法

1. 十大技巧与方法。

2. 税务稽查风暴中10大发票违法案例分析与教训吸取。

（四）税务检查的突破口及依据

1. 税务检查的突破口。

2. 税务检查的依据。

（五）如何正确应对税务稽查

1. 税务稽查各环节应对。

2. 正确行使陈述申辩权。

（六）企业应对税务检查的工作的标准

1. 税务稽查应对预案。

2. 建立税务风险管控机制。

（七）企业发票风险控制措施

1. 识别方法。

2. 查询方法。

3. 处理办法。

4. 控制办法。

5. 定期开展发票自查与互查。

6. 企业票据管理制度设计要点。

7. 企业票据管理与控制流程图。

（八）ICT 业务财务（税务）手册

1. ICT 收入确认的原则。

2. 收入确认各部门职责及管理流程。

3. 税务（发票）管理。

4. 其他需要注意事项。

（九）课堂同步练习——发票知识问答 100 题

六、培训目的：通过结合通信行业的特点与发票管理制度的变化，为财务人员分析各种票据风险的成因，传授处理票据、防范风险的各种技巧，以及税务检查的突破口、依据及化解方法。

七、培训讲师：国家税务总局讲师团名师成员，国内著名财税专家，某稽查局国家税务官员，税务税收专家××教授。

八、组织单位：省公司财务部

九、其他事宜：

1. 为了确保本次培训顺序举办，请各单位人员提前检测视频网络状况，确保网络连接正常，如果网络连接有问题，请直接与省公司综合部视频系统维护员联系。

2. 请各位学员提前 15 分钟进场，并做好考勤登记。

3. 请各市分公司填写《现场参会人员名单》，于 4 月 8 日前报省公司财务部。

附件一：

ICT业务财务（税务）手册

目录：

一、ICT收入确认的原则

（一）ICT业务的概念及分类

ICT业务是信息技术（IT）和通信技术（CT）的结合，对于集团而言，ICT业务主要是依托客户关系和基础业务优势，为客户提供系统集成、软件开发、IT外包、咨询服务等一揽子解决方案。

ICT业务按照向客户提供服务的内容分为系统集成、外包服务、软件服务、专业服务、知识服务、设备销售服务、其他服务。

（二）ICT收入确认的原则

1. 系统集成业务

系统集成服务就是将软件、硬件、网络集成起来给予客户的服务。

（1）由客户出资，委托我公司完成系统集成等ICT业务，完工后产权归客户所有。

a. 设备采购软、硬件部分：在设备到货，客户验收之后，根据合同协议在满足销售收入确认条件时确认收入及成本。

b. 软件开发及施工类集成部分：按照完工进度确认收入及成本。

c. 其他服务：按照实际服务提供的时间，分期或一次性确认收入。

向客户提供的系统集成服务中如果含有第三方软硬件销售服务，应明确区分第三方软硬件销售服务和提供劳务服务两类业务类型，分别确认收入。

（2）由我方出资，为客户专建系统集成项目，工程完工后产权归我方所有。

a. 固定资产投资部分，按固定资产投资相关核算规定处理。

b. 按照实际服务提供的时间，分期或一次性确认收入。

2. 纯粹第三方软、硬件销售

对于不含任何集成服务内容的，鉴于其业务实质为代理采购行为，不得确认为ICT业务收入，应列入“其他业务收入”科目。

对于为使设备达到可使用状态，由设备供应商提供的安装服务部分属于设备整体销售的辅助服务，应该将安装工程服务与设备销售视为一个整体，按纯粹第三方软、硬件销售处理。

（1）购销合同模式。

收入：按销售合同金额减增值税销项税金后的金额，列入“其他业务收入——销售材料（设备）”。

成本：按采购合同金额减去可以抵扣增值税进项税金后的金额，结转设备销售成本，列入“其他业务成本——销售材料（设备）”。

签订设备、软件购销合同的，提供增值税专用或普通增值税销售发票。

（2）代理合同模式。

签订代理采购服务合同的，按代理费确认为第三方销售代理收入，列入“其他业务收入——代办业务——销售代理”科目，提供代理采购服务业发票。

二、收入确认各部门职责及管理流程

（一）各部门职责

省、市分公司集团客户事业部为ICT业务管理部门，负责项目验收、提供相关收入确认依据及BSS系统收入审核工作。

省、市分公司客户服务部负责ICT收入BSS系统录入工作。

省、市分公司财务部负责ICT收入确认的审核及相应成本列账工作。

(二)管理流程及相关要求

1. 管理流程

省、市分公司集团客户事业部，应该根据项目进度，组织项目验收，完成ICT收入确认内部审批流程，并将《ICT收入、成本明细表》，连同项目验收证明等相关材料提交给省、市分公司财务部审核。

省、市财务部完成审核后，在《ICT收入、成本明细表》签署审核意见。

省、市客户服务部根据《ICT收入、成本明细表》，在BSS系统录入收入数据。

2. 资料及相关要求

收入确认依据：

(1) 设备部分：提供到货验收证明。

(2) 工程施工部分：提供工程验收等工程进度证明。

三、税务(发票)管理

1. 工程施工服务集成

工程施工服务项目，包括工程施工服务中含有第三方软硬件销售，双方(供应商对我方，我方对客户)均提供建安工程发票，按工程服务税目缴纳营业税及附加税费。

营业税税额＝(总承包合同金额－分包合同金额)×3%

2. 软件开发服务集成

软件开发类服务集成，主要是第三方软、硬件销售以及软件开发集成，双方(供应商对我方，我方对客户)应提供增值税发票，并按照增值税法要求缴纳增值税及附加税费。

增值税税额(一般纳税人)＝(销售收入－采购成本)×17%

增值税税额(小规模纳税人)＝销售合同金额×3%

其中：销售收入＝销售合同金额/0.17

采购成本＝采购合同金额/0.17

3. 维护及其他服务

对于维护及其他服务，应提供服务业发票，并缴纳营业税及附加税费。

营业税额＝服务收入×5%

4. 第三方软、硬件销售业务

双方（供应商对我方，我方对客户）应提供增值税发票，并按照增值税法要求缴纳增值税及附加税费。

增值税税额（一般纳税人）=（销售收入－采购成本）×17%

增值税税额（小规模纳税人）＝销售合同金额×3%

其中：销售收入＝销售合同金额/0.17

采购成本＝采购合同金额/0.17

对于ICT业务带来的CT收入，应该按通信服务业务，提供通服发票，缴纳营业税。

四、其他需要注意事项

(一) 与ICT业务相关收入的分类

从财务角度看，ICT业务是一种复杂的捆绑业务，包含CT收入，IT收入以及第三方软硬件销售收入。但目前报表披露的ICT收入，包括IT业务收入及系统集成中第三方软硬件销售收入，不包括CT业务收入。

例如：政府平安工程项目中，包含传输图像的线路出租业务（CT），系统集成业务（IT集成），设备及摄像头业务（第三方软硬件销售设备），科目核算如下：

CT部分收入　　“主营业务收入——非语音业务——电路出租”

系统集成　　“主营业务收入——IT业务——系统集成”

设备及摄像头　　“主营业务收入——第三方软硬件销售”（报表列入其他业务收入）

如合同总价包含以上收入类别，在确认收入时，应按照市场公允价值进行拆分，区分确认各项收入。

(二) ICT项目管理

ICT应按项目进行管理，项目管理应涵盖ICT项目实施的全过程。

1. ICT台账管理

各分公司必须建立ICT项目台账，跟踪各ICT项目收入、成本列账真实、配比情况，分析、监控各项目实际收益。

2. ICT项目利润要求及计算过程

ICT项目利润＝ICT项目直接收入（不含CT部分）－ICT项目直接成本－ICT项目资金占用成本 ICT间接投入的人工成本－各项税金（详细见ICT效益测算模板）

ICT 项目利润必须为正。

附件二

发票知识问答

不定项选择题（下列题目如没有特别说明，都出自《中华人民共和国发票管理办法》以及穗地税函〔2010〕110 号文件）

1. 下面对于发票的定义正确的有：ABCD

A. 一切单位和个人在购销商品、提供劳务或接受劳务、服务以及从事其他经营活动，所提供给对方的收付款的书面证明

B. 财务收支的法定凭证

C. 会计核算的原始依据

D. 审计机关、税务机关执法检查的重要依据

2. 发票的法定标志是什么？D

A. 发票监制章　　B. 税务局监制

C. 发票专用章　　D. 全国统一发票监制章

3. 全国统一发票的种类有几种？ABCD

A. 通用机打发票　　B. 通用手工发票

C. 通用定额发票　　D. 印有单位名称的发票

4. 下面对于通用类手工发票的描述，正确的是：A

A. 手工发票分为千元版和百元版 2 种，规格为 190 mm×105 mm

B. 手工发票分为千元版和五百元版 2 种，规格为 190 mm×105 mm

C. 手工发票分为千元版和百元版 2 种，规格为 190 mm×100 mm

D. 手工发票分为千元版和五百元版 2 种，规格为 190 mm×100 mm

5. 检查发票真伪的途径有哪些？ABCD

A. 发票查询系统电话热线：12366

B. 地方税收发票（如服务性发票）通过登录地税局网址查询

C. 国家税收发票（如增值税发票）通过登录国税局网址查询

D. 通过紫外光等功能鉴别仪验证

6. 现行新规定启用后，哪些行业的定额发票仍可以使用？ABD

A. 移动通信类发票

B. 中石油、中石化类加油发票

C. 餐饮服务类发票

D. 道路服务业发，如：铁路客运餐车发票

7. 以下关于发票开具范围的表述不正确的有：BC

A. 发票开具范围是指法律、法规的规定在何种情况下开具发票

B. 开具发票的范围与发票使用的范围可以不一致

C. 单位内部各部门间发生业务往来结算款项时需要开具发票

D. 特殊情况下由付款方向收款方开具发票

8. 以下对于发票填开内容的规定正确的有：ABD

A. 按照规定的时限、顺序、逐栏、全部联次一次性如实开具，并加盖单位财务印章或者国税发票专用章

B. 票面项目填写应完整，除了购货方地址，其他内容均要填写

C. 发票填错可以涂改

D. 不得转借、转让和为其他单位代开发票

9. 什么企业符合广东省电子在线开具机打发票的规定？A

A. 所有纳税人

B. 只使用100元以下定额发票纳税人除外

C. 只使用50元以下定额发票纳税人除外

D. 只使用500元以下定额发票纳税人

10. 以下对于发票的描述，正确的是：ABCD

A. 定额类发票是指100元以下的小额定额发票，主要供没有上网条件的非在线开票纳税人使用，同时也供在线开票纳税人应急使用

B. 电子发票包括电子通用发票和电子专用发票。电子通用发票即纳税人使用发票在线应用系统开具机打的发票，适用范围包括文化体育业、娱乐业、装卸搬运业、旅店业、饮食业、代理业、旅游业、仓储业、租赁业、广告业和其他服务业

C. 电子专用发票是指国家税务总局规定的全国统一式样、使用发票在线应用系统开具的特定行业发票，如“建筑业统一发票”、“销售不动产统一发票”等六种（“公路、内河货物运输统一发票（自开）”是由公路、内河货物运输发票系统开具）

D. 冠名发票是指印有单位名称的发票

11. 广东省地税新版发票（包括深圳）启用时间是：B

A. 2009年6月30日　　B. 2009年7月1日

C. 2010年3月1日　　D. 2010年1月1日

12. 停止使用的旧版广东国税（不含深圳）发票时限是：C

A. 2011年1月1日　　　B. 2010年9月30日

C. 2010年12月31日　　D. 2011年12月31日

13. 全国统一防伪措施有哪些？ABC

A. 手写版普通发票发票联采用水印纸印制，水印图案为菱形，中间标有SW字样，发票联不加印底纹

B. 部分普通发票使用干式复写纸印制，如公路、内河货物运输统一发票，不动产销售发票，建筑业统一发票，机动车销售统一发票等

C. 电脑发票尚未采取全国统一防伪措施，部分地区使用带有SW字样的水印纸，其他省市使用普通压感纸

D. 定额发票用纸暂由国务院决定

14. 真假发票鉴定机关是：ABC

A. 各市、县（市、区）国家税务局的发票管理部门

B. 用票单位和个人所在地的主管税务机关

C. 监制该发票的有关国家税务机关

D. 财政部

15. 以下对于开具发票的要求，正确的是：ABCD

A. 销售商品、提供服务以及从事其他经营活动的单位和个人，对外发生经营业务收取款项，收款方应向付款方开具发票；特殊情况下由付款方向收款方开具发票，如代开发票。

B. 所有单位和从事生产、经营活动的个人在购买商品、接受服务以及从事其他经营活动支付款项时，应当向收款方取得发票。取得发票时，不得要求变更品名和金额。

C. 不符合规定的发票，不得作为财务报销凭证，任何单位和个人有权拒收。

D. 开具发票应当按照规定的时限、顺序，逐栏、全部联次一次性如实开具，并加盖单位财务印章或者发票专用章。

16. 下面关于增值税发票使用范围的描述，正确的是：D

A. 小规模纳税人销售货物给一般纳税人只能开具普通发票

B. 一般纳税人销售货物给小规模纳税人只能开具专用发票

C. 一般纳税人销售货物给一般纳税人可以开具普通发票

D. 小规模纳税人销售货物给小规模纳税人可以开具普通发票

17. 目前根据国家税务总局规定，需要统一使用通用发票的票种有哪

些？A至G

A. 税务机关代开发票

B. 保险业发票（包括保险中介服务发票）

C. 国际货物运输代理业、国际海运船舶代理业和国际海运业发票

D. 国际航空旅客运输专用发票，并入航空运输电子客票行程单实施管理

E. 铁路客运餐车发票，采用通用定额发票

F. 银行代收费业务发票

G. 报关代理业发票

18. 根据广东省地方税务局穗地税函〔2010〕802号文件精神，同意以下单位（行业）在广东省范围内延长旧版冠名发票（非通用发票）的使用期限至2011年6月31日：ABCD

A. 中国联合网络通信有限公司广东省分公司

B. 中国移动通信集团广东有限公司

C. 中国电信股份有限公司广东分公司

D. 财产保险业务“保险业专用发票”

19. 发票改制后，除需要统一使用通用发票的票种外，还保留了哪几种票种？A至G

A. 航空运输电子客票行程单

B. 机动车销售统一发票

C. 二手车销售统一发票

D. 公路内河货物运输业统一发票

E. 建筑业统一发票

F. 不动产销售统一发票

G. 公园门票

20. 2011年1月1日起，取消了以下哪些发票种类？ABCDE

A. 社会医疗单位收费发票

B. 个人出租房屋发票

C. 支付个人劳务收入发票

D. 面额100元以上的广东省地方税收通用定额发票

E. 广东省道路客运（旅游）包车票

21. 对于电子发票领用的原则，以下描述正确的是：ABCD

A. 电子发票领购遵循“一户一票低成本”原则

B. 税务机关办理纳税人在线开票开户手续时，对纳税人同一行业类别只核定一种电子发票

C. 为避免混用票种产生发票库存差错，一户纳税人原则上核定一种票种

D. 除省局规定行业类别必须使用两联发票外，一般核定单联发票，减少纳税人用票成本

22. 如果丢失开票方已填开的发票，以下哪种处理才正确？BD

A. 要求开票方重开发票

B. 要求开票方提供所丢失发票的存根联或记账联复印件

C. 要求开票方把款退回

D. 要求开票方出具取得发票单位名称、购货或服务的单位数量、单价、规格、大小写金额、发票字轨、发票编码、发票号码等的书面证明

23. 目前仍可使用的通用手工发票有以下哪种？ABCD

A. 广东省国家税务局通用手工发票（百元）

B. 公路、内河货物运输业统一发票（自开，代开）

C. 广东省地方税务局通用手工发票（百元/千元）

D. 销售不动产统一发票（代开）

（五）发票管理制度流程图设计

杜绝假发票要从根源上进行管控，只有将所有相关防控措施制度化后，企业才会一劳永逸。以下是A集团拟建的发票管理制度范本，具体内容如下：

<table>
<tr><td rowspan="3">标题</td><td colspan="3" rowspan="3">1. 判断对外开具何种票据操作指引</td><td>版 本</td><td>第 版</td></tr>
<tr><td>版 次</td><td>第 次修改</td></tr>
<tr><td>编 号</td><td></td></tr>
<tr><td>编制/日期</td><td></td><td>审核/日期</td><td></td><td>指准/日期</td><td></td></tr>
</table>

适合对象：财务人员及开具发票的岗位

开票项目		开具票据类型	备　注
应税行为	取得的设计、科研成果转让、咨询、监理、勘察和地保收入	服务业发票	
	网业务收入、代理服务销售收入	增值税专用发票	代理业务以购买方购买价开具专用发票
	代理服务服务费收入	服务业发票	适用货物管理、仓储服务等非代购业务
	保洁收入、物业管理收入	服务业发票	
	绿化收入	建筑业发票	建筑业—其他工程作业税目
	电梯维修服务	增值税专用发票	
	咨询收入	服务发票	
	物业管理服务	服务发票或租赁发票等	
	民用通信维护收入	增值税发票	
	销售旧货物	普通销售发票	
	销售旧机动车、摩托车	到旧机动车交易中心开具专业发票	销售旧机动车、摩托车超过原值才需缴纳增值税
	广告收入	广告业发票	
	财产租赁、仓储收入	租赁业发票	
	超出注册经营地发生应税收入	到当地税务机关开具通用发票	

开票项目		开具票据类型	备注
	将不动产无偿赠予他人或超出公司开票范围、限定金额的业务	到税局开具通用发票	
	销售不动产	不动销售（转让）发票	
	向对方收取押金（应税行为）	与应税发票一起开具	单列一行
	各种价外费用	与应税项目开具相同发票	价外费用定义请看附注
非应税行为	向对方收取押金（非应税行为）	预收款凭证	
	向对方归还押金（对方为法人）	向对方收取非经营收入发票	退还押金可从当期计税营业额中扣减
	向对方归还押金（对方为自然人）	开具退款单（如：支付证明单等）	应写明退押金的项目、金额、原发票号码以及相关记账凭证号，并由收款人签字
	向对方收回押金	非经营收入发票、收款收据	
	获得赔偿款（应税）	开具应税项目发票	
	获得赔偿款（非应税）	非经营收入发票、收款收据	
	代收代垫的各种费用	非经营收入发票、收款收据	非价外费用部分
	接受无偿捐赠	非经营收入发票、收款收据	
	收取非广告性质的赞助费	非经营收入发票、收款收据	
	预收贷款	预收款凭证、收款收据	
	收到借款	预收款凭证、收款收据	
	收取定金	预收款凭证、收款收据	非押金性质

标题	2. 开具地税发票操作指引 A （地税定额服务发票）			版 本	第 版
				版 次	第 次修改
				编 号	
编制/日期		审核/日期		指准/日期	

适合对象：对外开具发票的业务岗位

发票启用前先检查有无少页、重号、少号、字迹模糊不清、漏章、错章等问题，如有问题及时向财务经理报告

↓

按本数、发票号顺序填开，不能跳本、跳号填开发票

↓

如实填写日期和顾客名称

↓

加盖单位发票专用章或财务专用章

↓

妥善保管存根联,月底将本月发票使用情况汇总到《广州市定额发票汇总凭证》，计算缴纳营业税

<table>
<tr><td rowspan="3">标题</td><td rowspan="3" colspan="2">3. 开具地税发票操作指引 B
（地税电脑版服务发票）</td><td>版 本</td><td colspan="2">第 版</td></tr>
<tr><td>版 次</td><td colspan="2">第 次修改</td></tr>
<tr><td>编 号</td><td colspan="2"></td></tr>
<tr><td>编制/日期</td><td></td><td>审核/日期</td><td></td><td>指准/日期</td><td></td></tr>
</table>

适合对象：对外开具发票的业务岗位

操作人员接受专业培训

↓

用中文开具服务发票

↓

填写须与实际业务相符，票面金额与实际收取的金额相符

↓

所有栏次都必须如实填写，不得漏填

↓

加盖单位财务专用章或发票专用章

↓

使用发票时，要核对电脑中的发票号码与所要用的空白发票的号码，两者要保持一致

↓

所有栏次不应偏离应在的位置

<table>
<tr><td rowspan="3">标题</td><td colspan="2" rowspan="3">4. 开具国税发票操作指引 B
（国税增值税专用发票）</td><td colspan="2">版 本</td><td>第 版</td></tr>
<tr><td colspan="2">版 次</td><td>第 次修改</td></tr>
<tr><td colspan="2">编 号</td><td></td></tr>
<tr><td>编制/日期</td><td></td><td>审核/日期</td><td></td><td>指准/日期</td><td></td></tr>
</table>

适合对象：对外开具发票的业务岗位

操作人员接受专业培训

↓

用中文开具服务发票

↓

按照所规定的事项开具专用发票

↓

票、物相符，票面金额与实际收取的金额相符，折扣额应与销售额开在同一张发票上

↓

专用发票所有栏次都必须如实填写，不得漏填

↓

所有联次统一加盖单位财产专用章或发票专用章，加盖在右下角，覆盖“开票单位”一栏，印章使用红色印泥

↓

销售货物品种较多时，可按适用税率相同汇总开具专用发票，开具时，税控机提示要开个附销货清单，其汇总金额应与专用发票“金额”栏数字一致，清单必须加盖财备专用章或发票专用章

↓

所有栏次不能偏离应在的位置，密文区等各项目不能打印在发票的栏目线外

↓

使用发票时，要核对电脑中的发票号码与所要用的空白发票的号码，两者要保持一致

↓

当月要作废的发票一定要于当月在系统中作废

标题	5. 开具国税发票操作指引 C（国税增值税红字发票）			版 本	第 版
				版 次	第 次修改
				编 号	
编制/日期		审核/日期		指准/日期	

适合对象：对外开具发票的业务岗位

如购买方将发票联、抵扣联退回时，抵扣联未进行扫描认证、双方未作账务处理 → 将发票联、抵扣联以及其他发票联次注明“作废”字样，并一次性粘贴在存根联后面，开具负数发票

↓

如购买方已将抵扣联扫描认证但未抵扣进项税、未作账务处理 → 向主管税务机关反映，经税务机关发函证实后，开具负数发票

↓

如购买方将发票联、抵扣联退回时，我方已将记账联作账务处理 → 开具相同内容的负数专用发票，将负数专用发票的记账联撕下作为抵扣当期销项税额的凭证，存根联、抵扣联和发票联不得撕下，将从购买方收到的抵扣联、发票联粘贴在负数专用发票的后面，并在上注明原发票记账联的负数专用发票记账联的存放地点，作为开具负数专用发票的依据；未收到购买方退还的专用发票前，我方不得扣减当期销项税额

↓

如购买方已作账务处理 → 在购买方取得其主管税务机关开具的《进货退出或索取折让证明单》，并交给我方后，我方才能根据证明单开具负数专用发票，负数专用发票的存根联、记账联作为我方扣减当期销项税的凭证

标题	6. 开具国税发票操作指引 D（国税普通红字发票）			版 本	第 版
				版 次	第 次修改
				编 号	
编制/日期		审核/日期		指准/日期	

适合对象：对外开具发票的业务岗位

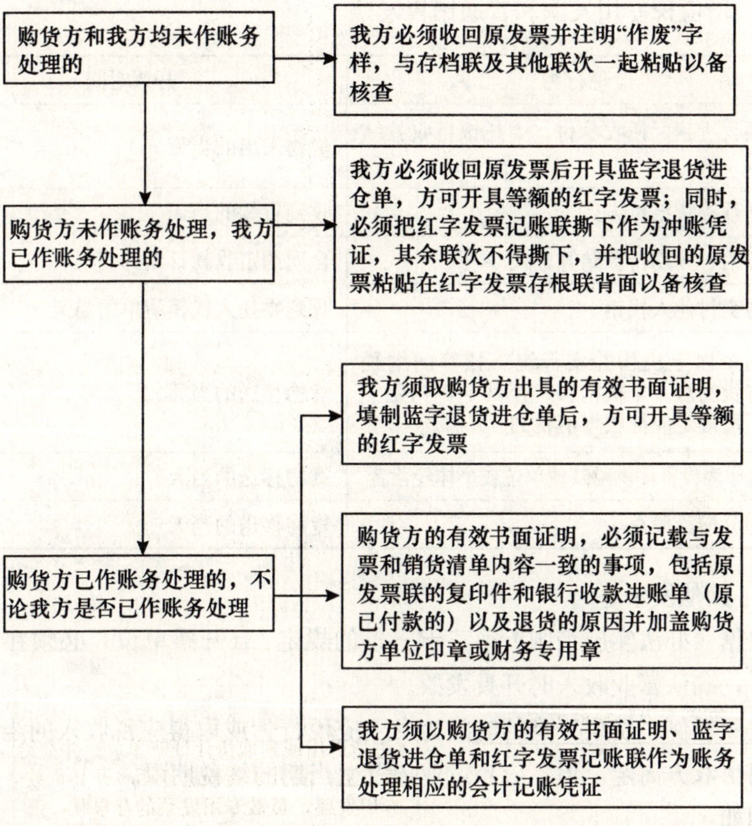

<table>
<tr><td rowspan="3">标题</td><td rowspan="3" colspan="3">7. 确定发票开具时间处理指引</td><td>版 本</td><td>第 版</td></tr>
<tr><td>版 次</td><td>第 次修改</td></tr>
<tr><td>编 号</td><td></td></tr>
<tr><td>编制/日期</td><td></td><td>审核/日期</td><td></td><td>批准/日期</td><td></td></tr>
</table>

适合对象：财务人员及开具发票的岗位

1. 增值税专用发票和普通销售发票

应税行为	开票时间
采取预收货款、托收承付、委托银行收款结算方式	货物发出的当天
采用交款提货结算方式	收到货款的当天
采用赊销、分期付款结算方式	合同约定收款日期的当天
将货物交付他人代销	收到委托人代销清单的当天
设有两个以上机构并实行统一核算的纳税人，将货物从一个机构移送至其他机构用于销售，按规定应征收增值税的	货物移送的当天
将货物作为投资提供给其他单位或个体经营者	货物移送的当天
将货物分配给股东	货物移送的当天

2. 其他发票

根据《办法实施细则》第三十三条的规定：（开票单位）必须在发生经营业务，确认营业收入时开具发票。

按照惯例，发票开具的时间为发生应税行为或取得应税收入的当天，具体时间由双方商定，但不应超过业务发生当期的纳税期限。

例如：

（1）咨询公司提供咨询服务，应在咨询项目完成、收取服务费或取得收款权限的当天开具服务发票，最迟也应在业务完成当月月底开出并缴纳有关纳税款。

（2）公司取得的广告收入，经双方协定，可按次或一次开出广告业发票。

标题	8. 企业发票保管操作指引			版本	第 版
				版次	第 次修改
				编号	
编制/日期		审核/日期		指准/日期	

适合对象：负责保管发票的岗位

1.购买后的入库

（1）购买人在购买的当天或次日移交给保管人
（2）保管人必须点验数量、检查发票的票面印刷情况，发现残次情况及时报告财务经理
（3）点验后登记发票库存明细账

2.发票的日常保管

（1）发票入库后必须存放在指定的专柜
（2）发票管理人要对发票的五防负责；五防：防火，防盗，防霉烂变质，防虫蛀鼠咬，防丢失
（3）发票管理中的异常情况必须当天报告财务经理
（4）月底盘点包括对发票的盘点，库存数量必须与账簿记录相符

3.发票的领用出库管理

（1）发票管理者必须核对领用者的身份，领用者必须是事先登记在册的领用者
（2）领用发票者必须填写发票领用表，并经主管经理批准
（3）领用者必须当面点验领用的发票，并在发票出库单签名
（4）领用者必须遵守发票管理的四不准：
不准转借、转卖发票
不准跨地区携带、运输、邮寄空白发票
不准擅自处理发票中的空白、残缺无效联
不准擅自核销未满保管期的发票存根联

4.发票存根联的保管

已经开具发票的存根联必须当月交回发票保管人，任何人不得擅自损坏发票存根联，发票存根联按规定保管5年，期限届满由财务部门向主管税务机关办理缴销手续

标题	9. 遗失取得的地方税务发票处理指引			版 本	第 版
				版 次	第 次修改
				编 号	
编制/日期		审核/日期		指准/日期	

适合对象：从其他单位取得地税发票的人员和财务部门管理人员

1.遗失取得的电脑、手写地税发票处理方法

向原发票提供方索要证明和发票存根联或记账联复印件；
对方证明要注明原来发票的号码、金额和内容等资料，加盖对方单位公章；
发票存根联或记账联复印件经提供原件的单位注明“此件是我单位提供，与原件相符”，并加盖公章

↓

经公司会计主管、财务经理审核，公司负责人批准，可用上述发票复印件代作原始凭证入账

如税务机关怀疑证明和发票复印件真伪

- 境内发票 → 待主管税务机关向对方税务机关发出《发票填写情况核对卡》（涉及普通发票时用）或《增值税空白发票检查单》（涉及专用发票时用）调查落实后，才予确认
- 境外发票 → 向主管税务机关提供境外公证机构或者注册会计师的确认证明，经税务机关审核认可后，方可代用原始凭证

2.遗失取得的地税定额发票处理方法

遗失定额地方税务发票

- 收款方有汇款银行、邮局凭证等旁证资料 → 由收款方出具曾开具有关发票的证明，并加盖对方单位公章
- 收款方没有汇款银行、邮局凭证等旁证资料 → 由付款方当事人写出详细情况，按本单位规定的程序审核批准后，才能代用原始凭证

3.遗失对方无法提供证明的地税发票处理办法

由遗失发票的当事人写出详细情况

↓

由财务部门审核，批准

↓

单位负责人批准

↓

以批准后的资料作为原始凭证入账

标题	10. 遗失取得的增值税专用发票处理指引			版 本	第 版
				版 次	第 次修改
				编 号	
编制/日期		审核/日期		指准/日期	

适合对象：增值税一般纳税人公司的财务管理人员

遗失防伪税控增值税发票抵扣联的纳税人，应将遗失的发票情况及时报主管税务机关

丢失发票已通过认证：

↓

向销售方索要丢失发票的存根联复印件,并要求其到所在地主管税务机关出具“增值税一般纳税人丢失防伪税控开具增值税专用发票已抄报税证明单”

↓

凭复印件和“证明单”向主管税务机关申请审核，经税务机关审核批准后，作为增值税进项税额抵扣的合法凭证抵扣进项税额

未通过认证：

↓

向销货单位索要丢失发票的存根联复印件，销货方所在地主管税务机关出具“增值税一般纳税人丢失防伪税控开具增值税专用发票已抄报税证明单”

↓

拿复印件到主管税务机关进行认证，认证通过后可凭该发票复印件及“证明单”，经主管税务机关审核批准后，作为增值税进项税额抵扣的合法凭证抵扣进项税额

<table>
<tr><td rowspan="3">标题</td><td rowspan="3" colspan="3">11. 遗失取得的普通销售发票处理指引</td><td>版 本</td><td>第 版</td></tr>
<tr><td>版 次</td><td>第 次修改</td></tr>
<tr><td>编 号</td><td></td></tr>
<tr><td>编制/日期</td><td></td><td>审核/日期</td><td></td><td>指准/日期</td><td></td></tr>
</table>

适合对象：增值税一般纳税人公司的财务管理人员

向原发票提供方索要证明和发票存根联或记账联复印件；
对方证明要注明原来发票的号码、金额和内容等资料，加盖对方单位公章；
发票存根联或记账联复印件经提供原件的单位注明“此件是我单位提供，与原件相符”，并加盖公章

↓

由经办人签署，财务部门审核，公司负责人批准，可代作原始凭证入账

如税务机关怀疑证明和发票复印件真伪

境内发票 → 待主管税务机关向对方税务机关发出《发票填写情况核对卡》（涉及普通发票时用）或《增值税空白发票检查单》（涉及专用发票时用）调查落实后，才予确认

境外发票 → 向主管税务机关提供境外公证机构或者注册会计师的确认证明，经税务机关审核认可后，方可代用原始凭证

<table>
<tr><td rowspan="3">标题</td><td rowspan="3" colspan="3">12. 遗失领购的普通销售发票处理指引</td><td>版 本</td><td>第 版</td></tr>
<tr><td>版 次</td><td>第 次修改</td></tr>
<tr><td>编 号</td><td></td></tr>
<tr><td>编制/日期</td><td></td><td>审核/日期</td><td></td><td>批准/日期</td><td></td></tr>
</table>

适合对象：财务管理岗位和发票保管岗位

财务部门向税务机关报告公司名称、丢失专用发票的份数、字轨号码、盖章与否等情况，向发票管理机构报失

↓

接受税务机关处罚

↓

财务部门到本市市级报刊上刊登发票的“遗失声明”

↓

持刊登“遗失声明”时取得的发票（发票的抬头必须有企业的名称）到区级税务局主管发票管理部门

↓

由主管税务机关办理在广东省国家税务局网站上登载遗失声明的手续

↓

如需验证和查询丢失、被盗发票的登载情况，可以登录广东省局广域网（http://86.16.16.24）或互联网（http://www.gd-n-tax）的“发票服务”，在“查找”栏键入相关的企业名称或声明内容后进行搜索

↓

如税务机关未作对公司停止领购发票的处罚，可继续领购发票；如被处停止领购发票，处罚期过后再领购发票

↓

根据公司制度追究相关人员责任

↓

遗失发票处理完毕

<table>
<tr><td rowspan="3">标题</td><td colspan="3" rowspan="3">13. 从其他单位取得发票
涉及的法律责任指引</td><td>版 本</td><td>第 版</td></tr>
<tr><td>版 次</td><td>第 次修改</td></tr>
<tr><td>编 号</td><td></td></tr>
<tr><td>编制/日期</td><td></td><td>审核/日期</td><td></td><td>指准/日期</td><td></td></tr>
</table>

适合对象：取得发票的业务人员和管理人员；负责审核会计凭证的财务人员

根据《会计法》应承担的责任

《会计法》第四十二条规定：

（1）取得的原始凭证不符合规定

（2）以未经审核的会计凭证为依据登记会计账簿的

对直接负责的主管人员和其他直接责任人员可以处两千元以上两万元以下的罚款

↓

根据《会计基础工作规范》应承担的责任

《会计基础工作规范》第七十五条规定：

（1）会计人员应当对原始凭证进行审核和监督

（2）对不真实、不合法的原始凭证，不予受理

（3）对弄虚作假、严重违法的原始凭证在不予受理的同时应当予以扣留

（4）对记载不准确、不完整的原始凭证，予以退回

↓

根据《发票管理办法》的法律责任

（1）《发票管理办法》第二十二条规定：

不符合规定的发票，不得作为财务报销凭证，任何单位和个人有权拒收

（2）《发票管理办法》第三十六条规定：

对未按规定取得发票的单位和个人，由税务机关责令限期改正，没收非法所得，可以并处一万元以下的罚款

<table>
<tr><td rowspan="3" colspan="1">标题</td><td rowspan="3" colspan="2">14. 发票与其他业务文件
核对操作指引</td><td colspan="1">版　本</td><td colspan="2">第　版</td></tr>
<tr><td>版　次</td><td colspan="2">第　次修改</td></tr>
<tr><td>编　号</td><td colspan="2"></td></tr>
<tr><td>编制/日期</td><td></td><td>审核/日期</td><td></td><td>指准/日期</td><td></td></tr>
</table>

适合对象：财务管理岗位和发票保管岗位

第一步：将取得的发票与业务合同核对
（没有合同的事项直接进行第二步）
（1）发票开具单位名称与签订合同的单位一致
（2）发票摘要的业务内容与合同签订的销售、服务内容一致
（3）发票开出日期与合同付款日期是否一致
（4）以上内容核对不一致者提交财务经理处理

↓

第二步：将购货发票与验收凭证核对
（不属于购货直接进行第三步）
（1）货物验收的品名、规格、数量与发票保持一致
（2）没有货物验收的有领用人员的领用单据，领用单据的品名、规格与发票保持一致
（3）以上内容不一致者由发票取得者负责追究、解释

↓

第三步：审核合同的发票条款（甲方合同适用）
（1）合同是否明确了对方有按税务规定提供发票的义务
（2）合同是否明确了在取得对方提供的发票以后才能支付款项（预付合同除外）

↓

第四步：发票与付款申请文件核对
（没有付款地申请直接进行第五步）
（1）发票金额与付款金额是否相符，是否属于分期付款
（2）付款理由与发票摘要内容是否一致
（3）付款单位与发票开具单位是否一致
（4）以上内容不一致者提交财务经理处理

↓

第五步：发票与费用报销单核对
（1）发票金额与报销金额是否相符
（2）费用报销理由与发票摘要一致
（3）费用报销日期不超过发票日期60天（根据企业财务制度确定）
（4）以上内容不符者交由财务经理处理

↓

发票核对完毕

标题	15. 审核人员判别发票真伪操作指引	版本	第 版
		版次	第 次修改
		编号	
编制/日期		审核/日期		指准/日期	

适合对象：负责审核费用报销和付款的财务岗位

第一步：观察法

观察发票的：

（1）监制章形状：监制章的开关是椭圆形的，长轴为3厘米，短轴为2厘米，边宽为0.1厘米，上环为“全国统一发票监制章”，下环为“国家税务局监制”或“地方税务局监制”，中间为印制税务机关所在地省市的全称或简称。如果是专用发票，内圆线由多组GJSHWZJJZH缩微字母组成

（2）监制章印制：监制章油墨均匀，椭圆形没有残缺、毛刺

（3）防伪荧光油墨：防伪油墨是按特定的比例调配而成红色荧光油墨，印出来的字体颜色是特定的，应与发票样本进行核对

（4）防伪水印：普通发票满版有“SW”字样的菱形标志

（5）发票的印制：发票的印刷颜色均匀，字迹清晰，字体与样本一致

↓

第二步：使用紫外光灯鉴别

使用荧光紫外灯照射发票，发票有以下特殊标志：

（1）发票监制章：在灯下呈现清晰的荧光图案

（2）防伪水印：在灯下呈现清晰均匀的“SW”荧光图案

↓

第三步：使用电话、短信查核或网上查核

对存在疑问的发票，可以通过电话、短信或上网查询发票的真伪。查询举例如下：

广州服务发票

拨打12366-3-1，输入待查发票的查询号

重庆定额专用发票

（1）电话查询：023-12366-2

（2）短信查询：移动012366、联通12366

（3）网上查询：www.cq-l-tax.gov.cn

深圳其他服务收入专用发票

查询电话：0755-96698

网上查询：www.9666.netorwww.szds.gov.cn

深圳饮食、娱乐业服务定额发票

短信查询；FP+种类号+发票号，移动到0958077，联通801877

网上查询：www.szds.gov.cn

东莞服务业定额发票

电话查询：0769-2419988

网上查询：www.dgds.gov.cnorwww.gddg-1-tax.gov.cn

对未举例的地区，首先进入该地区税务机关网站，查询核对方式，然后依据提示查询，查询以后做好查询记录

第四步：向税局申请进行发票鉴定

经过以上步骤审核还存在疑问的发票，经财务经理批准，可以向税务机关申请发票真伪鉴定。

（1）需要携带的资料：

申请鉴定普通发票的原件

单位的介绍信或证明及经办的身份证或工作证等有效证件

（2）鉴定结果：

原件为真发票，税务部门口头告知申请人，不开具鉴定证明，经办人应将曾经申请税务机关鉴定的资料附在原始凭证后

发票原件为假发票，税务部门须在发票原件上加盖“经鉴别，此票是假发票”字样的印章和“发票鉴定专用章”，对于假发票，经办人应在知道鉴定结果的当天通知财务经理

（3）注意事项：

税务机关不受理填开时间已经超过5年的发票鉴定申请

↓

税务机关不予受理发票复印件的鉴定申请

↓

发票真伪审核完毕

标题	16. 审核境外取得的发票操作指引			版本	第 版
				版次	第 次修改
				编号	
编制/日期		审核/日期		指准/日期	

适合对象：审核境外票据的财务人员

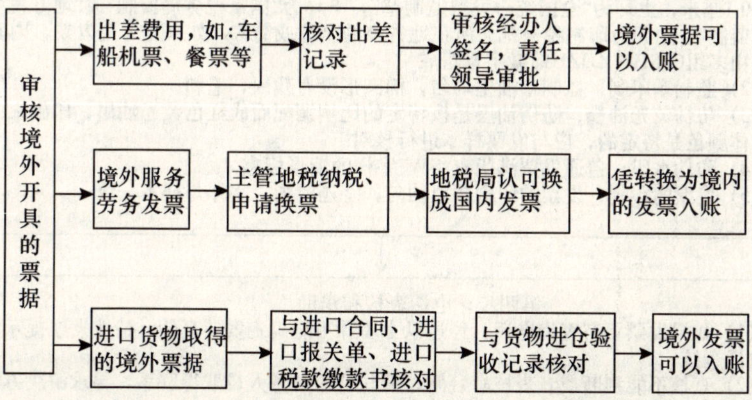

注：第二种情况涉及代扣代缴预提所得税和需要扣缴营业税。

<table>
<tr><td rowspan="3">标题</td><td colspan="3" rowspan="3">17. 业务人员判别发票真伪
操作指引</td><td>版 本</td><td>第 版</td></tr>
<tr><td>版 次</td><td>第 次修改</td></tr>
<tr><td>编 号</td><td></td></tr>
<tr><td>编制/日期</td><td></td><td>审核/日期</td><td></td><td>批准/日期</td><td></td></tr>
</table>

适合对象：从外单位取得发票的业务人员、管理人员

第一步：分析合法性

（1）公司、业务人员是否与发票开具单位存在业务关系

（2）发票开具单位是否提供了发票摘要注明的服务或销售的货物

↓

第二步：观察发票开具是否符合规定

（1）发票的抬头是否是本公司

（2）发票盖的章是开具单位的“财务专用章”或者“发票专用章”

（3）发票的摘要与接受的服务或者购买的货物一致

（4）发票金额与实际付款金额相符，如不符应与财务部门联系确定解决方法

（5）发票填写栏目清晰、各栏目没有涂改

↓

第三步：观察发票的防伪标志

观察发票下列内容

（1）监制章形状：监制章的开关是椭圆形的，长轴为3厘米，短轴为2厘米，边宽为0.1厘米，上环为“全国统一发票监制章”，下环为“国家税务局监制”或“地方税务局监制”，中间为印制税务机关所在地省市的全称或简称。如果是专用发票，内圆线由多组GJSHWZJJZH缩微字母组成

（2）监制章印制：监制章油墨均匀，椭圆形没有残缺、毛刺

（3）防伪荧光油墨：防伪油墨是按特定的比例调配而成红色荧光油墨，印出来的字体颜色是特定的，应与发票样本进行核对

（4）防伪水印：普通发票满版有“SW”字样的菱形标志

（5）发票的印制：发票的印刷颜色均匀，字迹清晰，字体与样本一致

↓

第四步：电话查核和求助

（1）如果发票上有查询电话，经过以上步骤不能确定发票真伪，请按发票提示的电话查核

（2）查核不能判断或者查核有疑问，请与公司财务人员取得联系，寻求解决方法

<table>
<tr><td rowspan="3">标题</td><td colspan="3" rowspan="3">18. 支付个人款项票据处理指引</td><td>版 本</td><td>第 版</td></tr>
<tr><td>版 次</td><td>第 次修改</td></tr>
<tr><td>编 号</td><td></td></tr>
<tr><td>编制/日期</td><td></td><td>审核/日期</td><td></td><td>指准/日期</td><td></td></tr>
</table>

适合对象：对外开具发票的业务岗位

1.向个人支付劳务报酬的票据处理

（1）向地方税务机关申请开具通用发票，凭通用发票支付个人劳务报酬
（2）经常发生支付个人劳务报酬的企业，可以购买广州市支付个人收入发票，在发生向个人支付劳务报酬时按规定开具

2.向个人支付房屋租金的票据处理

（1）向个人支付住宅租金，凭合同等资料到住宅所在地税务机关窗口代开票管理部门申请开具《个人出租房屋专用发票》
（2）向个人支付写字楼、商铺租金，凭合同等资料到所属地方税务局申请开具通用发票或者《税务机关代开统一发票》

3.向个人购买货物的票据处理

（1）凭双方签订的合同，对方的身份资料到所属国税机关申请开具普通通用销售发票或者《税务机关代开统一发票》
（2）如果是向个人购买汽车，还需要通过旧机动车交易中心办理手续开具发票

<table>
<tr><td rowspan="3">标题</td><td rowspan="3" colspan="2">19. 经济合同税务
风险防范指引</td><td>版 本</td><td colspan="2">第 版</td></tr>
<tr><td>版 次</td><td colspan="2">第 次修改</td></tr>
<tr><td>编 号</td><td colspan="2"></td></tr>
<tr><td>编制/日期</td><td></td><td>审核/日期</td><td></td><td>指准/日期</td><td></td></tr>
</table>

适合对象：对外签订合同、审核合同、批准合同的岗位

第一步：审核合同的价格条款

(1) 合同的价格是否包含税金，合同价格不包含税金必须清晰说明

(2) 合同收付款除合同订明价款以外，是否包括其他款项，如包括其他款项应送财务部门审核

↓

第二步：审核合同的结算时间条款

(1) 合同是否明确了收付款的方式

(2) 赊销合同是否有明确的赊销时间段或者赊销的天数

(3) 分期收款的合同是否有明确的付款期和每次付款金额或者百分比

(4) 按进度付款的合同是否明确了确定进度的方法

(5) 如果以上内容不明确，该合同需送财务部门审核

↓

第三步：审核合同的发票条款（甲方合同适用）

(1) 合同是否明确了对方有按税务规定提供发票的义务

(2) 合同是否明确了在取得对方提供的发票以后才能支付款项（预付合同除外）

↓

第四步：审核合同的税务责任条款

(1) 合同是否明确：由于对方提供的票据不符合规定给本公司造成的损失，由对方承担赔偿责任

(2) 没有上述条款的合同需经特别批准

↓

第五步：审核合同的其他条款

(1) 同一合同是否包括了销售和服务两项服务

(2) 同一合同是否包括了适用不同税率的服务

(3) 同一合同是否包括了非现金结算支付的方式

(4) 存在以上条款的合同或者对以上内容不清楚的合同需经财务部门审核

第六章

涉税制度范本及案例篇

第一节 税收预警制度指标

企业税收预警指标是指能够对税务危机发生提前发出警报的经济、金融指标，可以是定量的，也可以是定性的。这些指标在危机发生前，也就是涉税风险不断聚集的时候，就出现了某些异样变化，因此可以通过观测指标出现的异样变化衡量税务危机发生的可能性。主要包括总体合理性指标、二级分析指标、成本与费用分析指标及非正常损益分析指标。

一 总体合理性指标

本类指标分析企业所得税总体税负的合理性，是计算机自动预警选户的重要指标，此类指标出现异常的，评估分析目的是找出其主要异常因素，从而可以结合其他类指标分析具体异常因素。

指标1 企业所得税税负率

数据来源：所属年度企业所得税入库数，年度利润表中“产品销售收入”或“主营业务收入”。

公式：

$$\text{企业所得税税负率}=\frac{\text{年度企业所得税入库数}}{\text{年度销售或主营业务收入总额}}\times 100\%$$

使用方法：本指标评析企业所得税税负情况，着重对指标值低于预警值的企业审核其企业所得税总体税负是否偏低。此指标出现异常时，应结合指标4进行分析，如指标4也出现异常，应着重从影响利润的因素分析税负影响因素；如指标4没有异常，应着重分析企业纳税调整项目是否合理，认真审核企业所得税年度申报表纳税调整项目是否存在异常。

指标2 销售或主营业务收入应税所得额比率

数据来源：企业所得税年度纳税申报表中“应纳税所得额”，利润表中“产品销售收入”或“主营业务收入”。

公式：

$$\text{销售或主营业务收入应税所得额比率}=\frac{\text{年度应纳税所得额}}{\text{销售或主营业务收入总和}}\times 100\%$$

使用方法：本指标评析企业所得税应税所得率，着重对指标值低于预警值的企业审核其企业所得税应税所得率是否偏低。分析方法与指标1相同。

指标3 本年申报税款与上年申报税款差异率

数据来源：本年及上年企业所得税年度申报表。

公式：

$$\text{本年申报税款与上年申报税款差异率}=\frac{\text{本年申报企业所得税款}-\text{上年申报企业所得税款}}{\text{上年申报企业所得税款}}\times 100\%$$

使用方法：本指标评析本年入库税款与上年入库税款是否出现突增突减现象。本指标出现异常的，应对本年度及上年度的财务数据和企业所得税申报表的相关数据进行对比分析，找出主营业务收入和成本、其他业务利润、管理费用、财务费用、投资收入、补贴收入、投资收益、营业外收支、纳税调整项目等影响企业所得税税额的因素之主要变动因素，以便有针对性地结合其他相关指标进行深入分析。

指标4 主营业务收入利润率

数据来源：利润表中“利润总额”、“主营业务收入”。

公式：

$$\text{主营业务收入利润率}=\frac{\text{利润总额}}{\text{年度主营业务收入}}\times 100\%$$

使用方法：本指标分析总体利润率的合理性，着重对指标值低于预警值的企业审核利润率偏低是否由于重要财务数据异常所造成。出现异常情况时要对影响利润的各个要素，包括主营业务利润、其他业务利润、管理费用、财务费用、投资收益、补贴收入、营业外收支等内容进行深入分析，找出主要异常因素。

二 二级分析指标

本类指标主要分析企业申报的企业所得税收入是否完整，是否存在递延收入发生时间的问题。

指标5 主营业务收入变动趋势

数据来源：利润表中“主营业务收入”。

公式：

$$\text{主营业务收入变动趋势}=\frac{\text{本年主营业务收入}-\text{上年主营业务收入}}{\text{上年主营业务收入}}\times 100\%$$

使用方法：本指标分析评估对象主营业务收入变动情况，着重对指标值低于预警值的企业审核其是否存在少计主营业务收入的问题。对本指标出现异常的，应要求企业说明收入异常变动的原因，如异常变动幅度或变动的金额不大的，可通过征管资料分析或电话询问方式简单了解变动原因；如异常变动幅度、变动金额较大，或通过电话询问方式企业无法清楚解释变动原因的，应要求企业进行约谈，并在约谈时提交企业本年和上年的主要产品单价变动表及变动原因、企业销售额前10名客户的本年和上年销售数量和销售额变动表及变动原因，通过互动式交谈详细分析收入变动原因，分析时应注意大客户与企业是否存在关联方关系，定价是否合理。本指标可结合指标6和指标7进行分析，对本指标显示主营业务收入大幅增加的，应特别注意企业通过少计应收账款和多计预收账款推迟收入发生时间的可能性。本指标还可结合成本费用项目相关指标进行分析，可查阅申报表资料或向企业了解其与产销量密切相关的原材料、用电量、燃料、运费等的变动情况，并进行相关性分析。

指标6 应收账款比率变动

数据来源：利润表中“主营业务收入”、资产负债表中“应收账款”。

指标公式：

应收账款比率＝应收账款/主营业务收入×100％

应收账款比率变动＝(本期比率－上期比率)/上期比率

使用方法：本指标反映企业销售收入资金回笼的变动情况，主要用于分析资金回笼率的异常变动是否由于企业收入未及时入账或应收账款未经审批列入坏账损失等情况。企业的赊账期限一般是稳定的，对销售人员的业绩考核中资金回笼率也是一个重要指标，而且一般按年考核，因此企业应收账款占年度销售收入的比例正常情况下有一定的稳定性。对应收账款占销售收入比例异常减少的，应要求通过电话方式说明原因，对企业说明原因是发生坏账的，应查阅坏账损失审批记录，审核是否有未经审批列入坏账损失的情况；对企业说明原因是属于应收账款减少的，应结合指标 5 分析是否有少计或推迟计收入的情况，可以要求企业进行约谈，并在约谈时提交企业销售额前 10 名客户的本年和上年销售数量和销售额变动表及变动原因、应收账款明细变动表，对应收账款余额明显减少的客户说明其应收账款减少的原因，对企业无法清楚解释的，可列入日常检查，在检查中对销售收入项目实施截止性测试，对 12 月份的出库单、发货单与发票、记账时间进行核对，检查是否有跨年度推迟收入发生时间的情况。

指标 7　年末预收账款与年初预收账款比率

数据来源：年末和年初资产负债表中“预收账款”。

公式：

$$年末预收账款与年初预收账款比率=\frac{年末预收账款金额}{年初预收账款金额}\times 100\%$$

使用方法：本指标主要分析大额预收账款是否属于销售已实现、未及时结算收入。资产负债表中“预收账款”根据预收账款和应收账款明细科目的贷方余额分析填列，如年末预收账款余额较大，应要求企业提交预收账款余额前 10 名客户清单，并说明前 10 名客户预收账款收取金额、收取时间、业务内容、劳务或销售发货的发生时间、开具发票时间（由于纳税评估是在年度纳税申报后进行，这些内容在评估时一般已经确定），分析是否存在未及时结算收入的情况，对企业无法清楚解释的，可列入日常检查，在检查中对销售收入项目实施截止性测试，对 12 月份的出库单、发货单与发票、记账时间进行核对，检查是否有跨年度推迟收入发生时间的情况。

指标 8　其他业务利润变动率

数据来源：利润表中“其他业务利润”。

公式：

$$其他业务利润变动率=\frac{其他业务利润-上年其他业务利润}{上年其他业务利润}\times 100\%$$

使用方法：本指标分析企业出售边角料、原材料、资产出租等其他业务是否全额计入其他业务收入。对其他业务利润异常减少的，应认真审核其年度企业所得税申报表，分析其他业务变动的具体项目，要求企业说明原因，并结合日常征管对企业生产流程和资产状况的了解分析是否存在少计其他业务收入的情况。

二 成本与费用分析指标

本类指标主要分析企业申报的成本费用税前扣除是否符合税法的规定，购货方返还的收入是否计入收入，利用配比原则通过成本费用分析收入是否完整。

指标9 主营业务收入毛利率变动率

数据来源：利润表中“产品销售收入”或“主营业务收入”，“产品销售成本”或“主营业务成本”。

公式：

$$主营业务毛利率=\frac{主营业务收入-主营业务成本}{主营业务收入}\times100\%$$

$$主营业务毛利率变动率=\frac{主营业务毛利率-上年主营业务毛利率}{上年主营业务毛利率}\times100\%$$

使用方法：本指标主要评析销售毛利率下降时企业是否存在资本性支出列入制造费用或营业成本、成本与收入不配（如自用或捐赠计入主营业务成本）、结转成本计算错误等情况，本指标不易受季节性因素影响，也可作为月份指标评估。企业毛利率下降可能是由于销售单价和单位成本两种因素的变化，对指标异常的，应通过向企业了解及查阅申报资料了解导致毛利率变化的因素。对企业说明属于单价变动因素的，应结合指标5进行分析，并向企业了解其主要产品单价变动的幅度及变动的原因，进一步分析是否足够证实毛利率的变动幅度。对企业说明属于成本变动因素的，应通过本年度和上年度企业所得税年度申报表附表“销售（营业）成本明细表”分析企业成本的主要变动因素，并要求企业配合对具体项目进一步分析。以工业制造业为例：对属于直接原材料或辅助材料成本变动的，应要求企业说明材料的单价变动幅度及变动的原因，进一步分析是否足够证实毛利率的变动幅度，进而分析单位材料耗用量是否存在结转错误，对原材料、用电量、燃料耗用量增加的，结合指标5分析企业少计收入的可能性；对直接人工费变动的，应要求企业说明工人数量、工资标准变动情况等，结合对工资纳税调整项目进行分析；对制造费用变动的，应要求企业说明制造费用本年及上年分项目具体金额，对变动额较大的，分析其合理性和合法性，特别应注意是否存在固定资产改良支出等资本性支出列入制造费用、未使用的机器设备提取折旧等不可税前扣除项目未纳税调整的情况。

指标 10　年末应付账款与年初应付账款比率

数据来源：年度资产负债表中“应付账款”。

公式：

$$年末应付账款与年初应付账款比率=\frac{年末应付账款余额}{年初应付账款余额}\times 100\%$$

使用方法：本指标主要分析应付账款大幅增长时是否存在虚构进货成本、销货方返利未入账长期挂应付账款、无法支付的应付账款长期挂账等情况。本指标表示应付账款不同时期的变动情况，由于供货方的赊销策略有一定的稳定性，当企业生产情况较稳定时，其应付账款余额应比较稳定。本指标出现异常时，可要求企业说明变动的主要原因，对变动比例或变动金额较大的，可要求企业进行约谈，在约谈时提供前 10 名主要供货商应付账款余额变动情况表，列明主要供货商应付账款余额、进货时间、赊销期限、供货项目、价格变动等情况并说明变动原因。

指标 11　年末预付账款与年初预付账款比率

数据来源：资产负债表中“预付账款”。

公式：

$$年末预付账款与年初预付账款比率=\frac{年末应付账款余额}{年初应付账款余额}\times 100\%$$

使用方法：本指标主要分析预付账款大幅增长是否存在虚构供应商转移资金账外经营或对外投资分配利润、存货未及时入账等情况。本指标出现异常时，可要求企业说明变动的主要原因，对变动比例或变动金额较大的，可要求企业进行约谈，在约谈时提供前 10 名主要供货商预付账款余额变动情况表，列明主要供货商预付账款余额、到货时间、赊销期限、供货项目、价格变动等情况并说明变动原因。

指标 12　营业费用变动率

数据来源：利润表中“营业费用”。

公式：

$$营业费用变动率=\frac{营业费用-上年营业费用}{上年营业费用}\times 100\%$$

使用方法：本指标分析营业费用大幅增加时是否有资本性支出等不可扣除项目列入营业费用、广告费用等限额扣除费用未正确纳税调整的情况，以及一些销售费用跨年度扣除的情况，也可结合指标5分析主营业务收入的完整性。本指标出现异常时，应认真审核本年度和上年度的企业所得税纳税申报表销售费用的具体项目金额变动（旧表为主表第34行广告支出（附表七），37行差旅费，第39行运输、装卸、包装、保险、展览费等销售费用（附明细表）），对广告费扣除限额、业务宣传费扣除应按税法规定审核是否超过限额，也可要求企业列明本年度和上年度销售费用分项目发生金额并说明变动原因，审核其税前扣除的合法性，对运输、装卸、包装费等与经营销售规模密切相关的项目异常增长的，应结合指标5分析主营业务收入的完整性。

指标13　管理费用变动率

数据来源：利润表中“管理费用”。

公式：

$$管理费用变动率=\frac{管理费用-上年管理费用}{上年管理费用}\times 100\%$$

使用方法：本指标分析管理费用大幅增加时是否有资本性支出等不可扣除费用列入管理费用的情况，以及一些管理费用跨年度扣除的情况。本指标出现异常时，应认真审核本年度和上年度的企业所得税纳税申报表管理费用的具体项目金额变动，也可要求企业列明本年度和上年度管理费用分项目发生金额并说明变动原因，审核其税前扣除的合法性，对租金等可能跨期支付的项目应要求企业说明所属年度。对业务招待费、开办费摊销额、技术开发费加计扣除额、财产损失扣除、坏账损失扣除、总机构管理费扣除、社会保险费扣除、无形资产摊销额、递延资产摊销额等会计与税法扣除口径存在差异的，应审核是否按税法规定限额扣除。

指标14　财务费用变动率

数据来源：利润表中“财务费用”。

公式：

$$财务费用变动率=\frac{财务费用-上年财务费用}{上年财务费用}\times 100\%$$

使用方法：本指标分析企业财务费用大幅增加时是否存在税前扣除的利息超过银行同期贷款利率以及在建工程的利息进行税前扣除的情况。本指标出现异常时，应结合长期借款、在建工程的变化进行综合分析，可要求企业说明本年度贷款的金额、利率、用途、实际支付的利息支出。对企业存在在建工程的，由于会计处理中在建工程借款利息资本化的条件与税法存在差异，因此应深入分析利息税前扣除的金额，可要求企业说明在建工程金额、资金来源、利息支出的会计处理方式，审核其是否对不可扣除的利息支出进行纳税调整。

指标 15 综合折旧率变动率

数据来源：资产负债表中“累计折旧”、“固定资产原值”。

公式：

$$综合折旧率=\frac{年末累计折旧余额-年初累计折旧余额}{(年末固定资产原值+年初固定资产原值)/2}\times100\%$$

$$综合折旧率变动率=\frac{本年综合折旧率-上年综合折旧率}{上年综合折旧率}\times100\%$$

使用方法：本指标分析综合折旧率提高时是否存在折旧年限低于税法规定年限的情况。本指标发生异常时，应结合本年度和上年度企业所得税年度申报表中的“资产折旧、摊销明细表”分析企业的折旧年限是否正确，两个年度的折旧年限是否一致，不一致的要求企业说明原因。

指标 16 预提费用变动分析

数据来源：资产负债表中的“预提费用”。

公式：

预提费用＞设定限额

使用方法：本指标审核预提费用余额较大时，是否存在虚增费用扣除项目的问题。预提费用一般年底不留余额，对预提费用年底余额较大的，应要求企业说明预提费用的项目、金额、未支付原因，并根据税法判定是否可以税前扣除。

四 非正常损益分析指标

本类指标主要分析非企业正常业务范围的非正常支出税前扣除是否正

确，非正常收入是否计入应税收入。

指标 17 营业外支出变动率

数据来源：利润表中“营业外支出”。

公式：

$$营业外支出变动率=\frac{营业外支出-上年营业外支出}{上年营业外支出}\times 100\%$$

使用方法：本指标分析营业外支出大幅增加时是否存在不允许企业所得税税前扣除的项目。本指标出现异常时，应要求企业说明营业外支出的项目、发生金额，并与企业所得税申报表中的相关项目进行核对，重点审核：资产净损失是否已审批，提取资产减值准备、非公益性捐赠支出、滞纳金罚款等不可列支项目是否进行了纳税调整，公益性救济性超过税前扣除限额的部分是否进行了纳税调整。

指标 18 年末其他应付款与年初其他应付款比率

数据来源：资产负债表中“其他应付款”。

公式：

$$\begin{array}{c}年末其他应付款与\\年初其他应付款比率\end{array}=\frac{年末其他应付款金额}{年初其他应付款金额}\times 100\%$$

使用方法：其他应付款表示非购销活动的债务，本指标主要分析年末其他应付款金额大幅增长时，是否有应税收入、营业外收入等挂在其他应付款科目，未实际发生的应付款项虚列支出等情况。本指标出现异常时，可要求企业说明变动的主要原因，对变动比例或变动金额较大的，可要求企业进行约谈，在约谈时提供其他应付款余额前 10 名情况表，列明其他应付款债权人、发生的时间、原因、金额、拟支付时间。

指标 19 年末其他应收款与年初其他应收款比率

数据来源：资产负债表中“其他应收款”。

公式：

$$\begin{array}{c}年末其他应收款与\\年初其他应收款比率\end{array}=\frac{年末其他应收款金额}{年初其他应收款金额}\times 100\%$$

使用方法：其他应收款表示非购销活动的债权，本指标主要分析年末其他应收款金额大幅增长时，是否有转移资金、账外经营等情况。指标出现异常时，可要求企业说明变动的主要原因，对变动比例或变动金额较大的，可要求企业进行约谈，在约谈时提供其他应收款余额前 10 名情况表，列明其他应收款债务人、发生的时间、原因、金额、拟支付时间。

指标 20 资本公积变动率

数据来源：资产负债表中“资本公积”

指标公式：

$$资本公积变动率=\frac{年末资本公积-年初资本公积}{年初资本公积}\times 100\%$$

使用方法：本指标主要分析资本公积大幅增加时，是否有应税收入记入资本公积且未纳税调整的情况。企业会计制度规定资本公积核算的内容包括接受捐赠、股权投资准备、拨款转入、外币资本折算差额、关联交易差价、债务重组收益、无法支付的应付款项、资本公积准备转入其他资本公积等内容，除了股权投资准备和外币资本折算差额会计与税法都不计收益、拨款转入项目应分析具体情况判定税法上是否计收益外，其他项目税法都要计算应税收入。本指标出现异常时，可要求企业提供资本公积变动的项目内容、金额，逐项分析是否属于应税收益。

指标 21 电耗指标

数据来源：利润表中“主营业务收入”、耗电量。

指标公式：

$$电耗指标=\frac{主营业务收入}{耗电量}\times 100\%$$

使用方法：本指标主要用于电能为主要生产能源的制造业，预警值须根据细分行业设定。本指标中的电耗量应在日常巡查时进行核实，查看企业电表或缴交电费记录。对单位耗电量的营业收入明显低于同行业水平的，应通过进一步了解企业的生产设备能力、厂房规模、员工人数等分析企业是否存在少计收入的情况。

指标 22 工资指标

数据来源：利润表中“主营业务收入”、企业所得税申报表中的“工资总额”。

指标公式：

$$工资指标=\frac{主营业务收入}{工资总额}\times 100\%$$

使用方法：本指标主要用于劳动密集型的制造业，预警值须根据细分行业设定。本指标中的工资总额应在日常巡查时结合实地查看工人人数、出勤记录、工资表等进行核实。对营业收入工资比明显低于同行业水平的，应通过进一步了解企业的生产设备能力、厂房规模、员工人数等分析企业是否存在少计收入的情况。

第二节 税收安全检测工具及应用案例

目前可运用的税收安全检测工具主要包括：企业纳税管理测评软件系统、办公软件 Excel、数据仓库和数据挖掘技术、会计核算工具及财务比率。借助这些工具可以高效地实施税收风险检测与控制。

一 QNC 纳税管理测评系统

企业纳税管理测评软件系统（简称 QNC），是北京税收与市场调查研究中心在深入研究和总结目前税务部门纳税评估系统运行经验和不足的基础上，独创性地提出企业自行评估的思路和框架，会同国内著名 IT 专家共同开发的，它以《大成方略集团设想》为指导，按照“统一规划，需求牵引、应用驱动、先易后难、稳步推进”的工作思路以及充分利用样本企业单位的数据，为广大纳税人提供前期数据审核，以提高纳税质量为目标的辅助工具，切实服务于纳税企业。

该系统操作简单，只要掌握电脑基本操作技能，就可以熟练操作。企业将系统规定的财务报表、纳税报表等数据输入到 QNC 系统后，系统就会迅速检测数十项指标，评估结果一目了然。

本系统根据企业实际需要设置了四大功能：报表的自动化导入功能；报表数据的预警功能；报表数据的比较功能；综合分析和说明功能。可以解决两大问题：一是实时监控企业目前主要税种纳税可能存在的问题；二是了解企业主要财务和纳税指标与全国、省、市同行业之比较。通过该系统检测，可以清楚企业的纳税管理水平以及与同行业的对比，做到心中有数，以便及时加强纳税管理工作和做出相应的经营战略调整。

使用该系统要求用户尽量多地输入上年度和上期财务资料。否则，仅输入当期资料将影响评估指标的全面性。但随着用户的不断使用和填充资料，这一问题将会解决。

QNC 纳税管理测评系统是目前企业进行纳税申报控制的一个主流工具，企业应该创造条件导入并使用该工具。

二 巧用办公软件 Excel

Excel 是微软公司出品的 Office 系列办公软件中的一个组件，确切地说，它是一个电子表格软件，可以用来制作电子表格、完成许多复杂的数据运算，进行数据的分析和预测并且具有强大的制作图表的功能。传统的会计报表分析，依赖于手工计算，不仅工作量较大，并且容易出错，而利用计算机软件实现会计报表分析就方便多了。进行财务分析，选用 Excel 比较有利。一是 Excel 具有上述的功能和使用上的优势，二是它不需要企业另外购买专业会计软件而支付额外开支。总的来说，Excel 对于企业而言是一个平凡但却有效的工具。

[案例]

运用 Excel 分析会计报表实例

下面以一个具体实例来说明如何利用 Excel 软件自动计算财务比率，以实现高效分析。

假如甲公司 2004 年的资产负债表、利润表的数据如表 1 和表 2 所示。

1. 数据准备

新建“财务分析”工作簿，将工作表 sheet1、sheet2、Sheet3 分别重命名为“资产负债表”、“利润表”、“分析表”。已实现会计核算电算化的单位，将在计算机中已生成的资产负债表和利润表直接导入到相应的 Excel 工作表中；没有实现会计核算电算化的单位，则需将资产负债表和利润表的数据录入到相应的 Excel 工作表中，如表 1 和表 2 所示。

2. 定义自动计算公式

利用会计报表中大量的数据，可以计算出有意义的涉及企业经营管理多个方面的财务比率。最常用的财务比率有四类：变现能力比率、资产管理（运营效率）比率、负债比率和盈利能力比率。借助于Excel数据处理的强大功能，定义好相应的计算公式，可以将所有的计算甚至分析工作交由计算机去自动处理。

在表3所示的B4至B25单元中一一地定义好相应的公式。以定义“分析表”（工作表名）中B4单元公式为例，具体操作方法如下：

用鼠标单击“分析表”工作表标签，接着鼠标选中B4单元，使其成为活动单元，然后通过键盘录入等号符“=”，再单击“资产负债表”工作表标签，再接着选中D19单元，再通过键盘录入除号付“/”紧接着单击“资产负债表”工作表的H21单元，最后按回车键，即可得到B4单元的公式“=资产负债表！D19/资产负债表！H21”。其余公式的定义，照此方法进行操作。

3. 分析结果显示和应用说明

随着公式定义的完成，即可立即出现如表4所示的分析结果。如果下一个会计期因新业务发生而改变了资产负债表和利润表中的数据，财务比率的计算结果就会随着报表数据的变化而自动变化。本例为年度数据，如果是月度报表数据，应根据情况变化而改变相应公式。如此，既可以大大减轻会计人员的工作强度，提高劳动效率，又可减少差错的发生，还及时地实现了对数据的处理。

会计报表分析的方法有比较分析法和趋势分析法，比率分析是比较分析法中的一种，也是最基本的分析方法。会计报表分析的内容也非常广泛，不同的报表使用人，不同的数据范围，不同的目的，其要求的侧重点和方法也不相同。理解和掌握了利用Excel快速进行会计报表比率自动计算的基本方法，再进行所需计算和分析也就不会存在什么问题了。

表1　　资产负债表

	A	B	C	D	E	F	G	H
1	资产负债表							
2	会企01表							
3	编制单位：甲公司		2004年12月31日				单位：万元	
4	资产	行次	年初数	期末数	负债产股东权益	行次	年初数	期末数
5	流动资产				流动负债			

续表

	A	B	C	D	E	F	G	H
6	货币资金	1	25	50	短期借款	68	45	60
7	短期投资	2	12	6	应付票据	69	4	5
8	应收票据	3	11	8	应付账款	70	109	100
9	应收股利	4	0	0	预收账款	71	4	10
10	应收利息	5	0	0	应付工资	72	1	2
11	应收账款	6	199	398	应付福利费	73	16	12
12	其他应收款	7	22	12	应付股利	74	10	28
13	预付账款	8	4	22	应交税金	75	8	7
14	应收补贴款	9	0	0	其他应交款	80	1	7
15	存货	10	330	127	其他应付款	81	12	7
16	待摊费用	11	7	32	预提费用	82	5	9
17	一年内到期的长期债权投资	21	0	45	预计负债	83	0	0
18	其他流动资产	24	0	0	一年内到期的长期负债	86	0	50
19	流动资产合计	31	610	700	其他流动负债	90	5	3
20	长期投资：							
21	长期股权投资	32	45	30	流动负债合计	100	215	300
22	长期债权投资	34	0	0	长期负债：			
23	长期投资合计	38	45	30	长期借款	101	245	450
24	固定资产：				应付债券	102	260	240
25	固定资产原价	39	1 627	2 008	长期应付款	103	60	50
26	减：累计折旧	40	662	762	专项应付款	106	0	0
27	固定资产净值	41	965	1 246	其他长期负债	108	15	20
28	减：固定资产减值准备	42	0	0	长期负债合计	110	580	760
29	固定资产净额	43	965	1 246	递延税项：			
30	工程物资	44	0	0	递延税款贷项	111	0	0
31	在建工程	45	25	10	负债合计	114	800	1 060
32	固定资产清理	46	12	0				
33	固定资产合计	50	1 002	1 256	所有者权益：			
34	无形资产及其他资产：				实收资本	115	100	100
35	无形资产	51	8	6	减：已归还投资	116	0	0
36	长期待摊费用	52	15	5	实收资本净额	117	100	100
37	其他长期资产	53	0	3	资本公积	118	10	16

续表

	A	B	C	D	E	F	G	H
38	无形资产及其他资产合计	60	23	14	盈余公积	119	40	74
39					其中：法定公益金	120	0	24
40	递延税项：				未分配利润	121	730	750
41	递延税款借项	61	0	0	所有者权益合计	122	880	940
42	资产总计	67	1 680	2 000	负债和所有者权益总计	135	1 680	2 000

表 2　　　　　　　　　　利润表

	A	B	C	D
1	利　润　表			
2				会企 02 表
3	编制单位：甲公司　　2004 年度			单位：万元
4	项目	行次	上年数	本年累计数
5	一、主营业务收入	1	2 850	4 000
6	减：主营业务成本	4	2 503	3 644
7	主营业务税金及附加	5	28	28
8	二、主营业务利润（亏损以“—”号填列）	10	319	328
9	加：其他业务利润（亏损以“—”，号填列）	11	36	20
10	减：营业费用	14	20	22
11	管理费用	15	40	46
12	财务费用	16	96	110
13	三、营业利润（亏损以“—”号填列）	18	199	170
14	加：投资收益（损失以“—”号填列）	19	24	40
15	补贴收入	22	0	0
16	营业外收入	23	17	10
17	减：营业外支出	25	5	20
18	四、利润总额（亏损总额以“—”号填列）	27	235	200
19	减：所得税	28	75	64
20	五、净利润（净亏损以“—”号填列）	30	160	136

表3　　　　　　　　财务比率计算公式

	A	B
1		基本财务比率定量分析表
2	分析指标	取数公式
3	一、变现能力比率	
4	流动比率	=资产负债表！D19/资产负债表！H21
5	速动比率	=(资产负债表！D19－资产负债表！D15)/资产负债表！H21
6	二、资产管理比率	
7	存货周转次数	=利润表！D6/((资产负债表！C15＋资产负债表！D15)/2)
8	存货周转天数	=360/B7
9	应收账款周转次数	=利润表！D6/((资产负债表！C15＋资产负债表！D15)/2)
10	应收账款周转天数	=360/B9
11	营业周期	=B8＋B10
12	流动资产周转次数	=利润表！D5/((资产负债表！C19＋资产负债表！D19)/2)
13	流动资产转转天数	=360/B12
14	总资产周转次数	=利润表！D5/((资产负债表！C42＋资产负债表！D42)/2)
15	总资产周转天数	=360/B14
16	三、负债比率	
17	资产负债率	=资产负债表！H31/资产负债表！D42
18	产权比率	=资产负债表！H31/资产负债表！H41
19	有形净值债务率	=资产负债表！H31/(资产负债表！H41－资产负债表！D35)
20	已获利息倍数	=(利润表！D18＋80)/80
21	四、盈利能力比率	
22	销售净利率	=利润表！D20/利润表！D5
23	销售毛利率	=(利润表！D5－利润表！D6)/利润表！D5
24	资产净利率	=利润表！D20/((资产负债表！C42＋资产负债表！D42)/2)
25	净资产收益率	=利润表！D20/((资产负债表！G41＋资产负债表！H41)/2)
26	财务费用中利息费用为	80

表 4　　自动计算的财务比率结果

	A	B		A	B		A	B
1	基本财务比率定量分析表							
2	分析指标	结果数据		分析指标	结果数据		分析指标	结果数据
3	一、变现能力比率		11	营业周期	67	19	有形净值债务率	113.49%
4	流动比率	2.33	12	流动资产周转次数	4.58	20	已获利息倍数	3.50
5	速动比率	1.91	13	流动资产周转天数	79	21	四、盈利能力比率	
6	二、资产管理比率		14	总资产周转次数	1.63	22	销售净利率	4.53%
7	存货周转次数	11.57	15	总资产周转天数	221	23	销售毛利率	11.87%
8	存货周转天数	31	16	三、负债比率		24	资产净利率	7.39%
9	应收账款周转次数	10.05	17	资产负债率	53.33%	25	净资产收益率	14.95%
10	应收账款周转天数	36	18	产权比率	112.77%			

（三）数据仓库和数据挖掘技术

数据仓库领域的权威 W. H. Inmon 给出了数据仓库的一个简短而全面的定义：数据仓库是一个面向主题、集成、时变、非易失的数据集合，是支持管理部门的决策过程。对于数据仓库的概念我们可以从两个层次予以理解：首先，数据仓库用于支持决策，面向分析型数据处理，它不同于企业现有的操作型数据库；其次，数据仓库是对多个异构的数据源有效集成，集成后按照主题进行了重组，并包含历史数据，而且存放在数据仓库中的数据一般不再修改。总的来说，数据仓库是决策支持系统，它为企业的各层决策、分析人员所使用。

数据挖掘技术即数据挖掘（Data Mining），又称为数据库中的知识发现(Knowledge Discovery in Database，KDD)，就是从大量数据中提取隐含在其中的、人们事先不知道但又是潜在有用的信息的过程。简单地说，数据挖掘就是从大量数据中提取或“挖掘”知识。

数据挖掘萌芽于"情报深加工"，前身为知识发现（KDD），其实质就是发现"情报背后的情报"、"新闻背后的新闻"。如二战中，波兰军队根据一只波斯猫的出现推断德军的一个司令部的存在；20 世纪六七十年代，日本根据公开的信息推断大庆油田的方位、出油量等，都是通过简单信息推断深层信息的例子。当然，由于计算机技术和学习算法的限制，当时的情报加工主要靠人工分析完成。随着信息加工手段的计算机化和数据库技术的发展，情报由模拟信号变成了数据，情报深加工便发展为对已知数据的挖掘。

数据挖掘之所以被广泛运用于信息化战场，就在于其具有预测和描述两大功能。预测是从已知事件推测未知事件，用今天演绎未来的过程。描述是信息推演信息，揭示已有信息更深层的内在表达，是指从现实数据库中发现和抽取未知的、有价值的和可理解的模式。

数据仓库和数据挖掘技术在企业管理工作中是协同工作的，企业可以通过建立并利用数据仓库分析企业的财务情况及企业内外部的税收信息，用于纳税申报的"情报深加工"，即根据分析结果采取相应措施以发现纳税申报资料中的潜在问题，提高纳税申报的纠错能力，从而有效地提高纳税申报质量。

鉴于数据仓库建设与数据挖掘技术应用的专业性与复杂性，且须视企业决策者的需要和企业具体情况而定，本书在此仅以一个相关案例介绍，而不作详细的应用性说明。

趣味阅读

数据仓库与数据挖掘应用

——沃尔玛的"啤酒和尿布"经典案例

不少媒体都曾报道过，沃尔玛通过建立的数据仓库，按周期统计产品的销售信息，经过科学建模后提炼决策层数据。结果发现，每逢周末，位于某地区的沃尔玛连锁超市啤酒和尿布的销量很大。进一步调查表明，在美国有孩子的家庭中，太太经常嘱咐他们的丈夫下班以后要为孩子买尿布，而丈夫们在买完尿布以后又顺手带回了自己爱喝的啤酒，因此啤酒和尿布一起购买的机会是最多的。之后该店打破常规，将啤酒和尿布的货架放在了一起，使得啤酒和尿布的销量进一步增长。"买啤酒时也会买尿布"，这一规律的抽象表示就成了数据挖掘里的关联分析法，当然在实际应用中，这里面有“他有多大可能性同时买啤酒和尿布”和“他在买尿布后有多大可能性买啤酒”等问题需要考虑。从海量的原始数据中，找出隐含在其中的、我们事先不知道的、但又是潜在的有意义的知识和信息，从而利用这些知识来指导我们的活动，这便是数据挖掘的初衷。数据挖掘技术是数据库研究中最活跃的分支之一，它综合利用了人工智能、数据库等多个领域的理论和技术。目前，数据挖掘已经被广泛地运用于各种金融分析、市场分析等多个领域。比如在零售商日常的经营中，每天又会产生大量看似庞杂的信息，而在这些信息背后蕴藏了丰富的经营技巧和市场规律。通过数据挖掘的手段找出这些规律和知识，来直接指导我们的经营活动，给顾客提供最直接、最周到的服务，以及通过分析顾客消费和忠诚度的变化，据此对价格和商品的花样进行调整，从而留住老客户、吸引新客户。近年来传统的数据挖掘的思想在知识发现中也有了广泛的应用，即通过分析使用者访问网页的路径和在不同页面停留时间等原始资料的分析，提取出我们需要的模式，来规划网站的拓扑结构，给不同的用户群定制个性化的服务，这给电子商务的发展增加了不可低估的活力。

（四）借助会计核算工具及财务比率实施控制

财务比率和会计核算工具是分析企业财务状况最为广泛的使用方法和工具，它根据企业主要财务报表所提供的财务数据进行分类、归总、分析，从而得出企业决策者需要的财务信息。通过企业财务比率分析，还可以帮助我们了解企业在管理、市场营销、生产、研究和发展等其他方面的长处和短处。当然，财务比率在纳税申报控制中也具有普遍的应用。如“电耗指标”的运用，指标公式：

$$电耗指标=\frac{主营业务收入}{耗电量}\times 100\%$$

其分子“主营业务收入”数据来源于利润表，分母为“耗电量”。

使用方法：本指标主要用于以电能为主要生产能源的制造业（预警值须根据细分行业设定）。本指标中的电耗量应在日常巡查时进行核实，查看企业电表或缴交电费纪录。对单位耗电量的营业收入明显低于同行业水平的，应通过进一步了解企业的生产设备能力、厂房规模、员工人数等分析企业是否存在少计收入的情况。

第三节 台账制度范本

范本一：企业所得税台账制度范本

企业应根据税务管理需要，对跨年度的涉税事项制定有关台账。副表附后。

（一）为满足企业所得税台账（以下简称台账）登记工作需要，税务机关一般要求纳税人办理企业所得税年度纳税申报时，报送的资料一式两份，其中一份存档，一份由办税大厅转税收管理员开展汇算清缴后续管理，如广州市地方税务局《关于做好2006年度企业所得税汇算清缴工作的通知》（穗地税发〔2006〕288号）即有规定。纳税人应按规定要求办理申报。

（二）纳税人年度企业所得税申报结束后，办税员应根据纳税人年度企业所得税申报表的相关内容、税务机关的审批结果以及纳税人的备案等资料，按规定在工作平台上登记台账，由部门负责人进行复核。以下情况必须登记相应的台账：

1. 纳税人税前扣除的广告费存在“本年结转以后年度扣除额”、或“以前年度累计结转扣除额”、或“本年扣除的以前年度结转额”、或“累计结转以后年度扣除额”的，即企业所得税年度纳税申报表附表附表九《广告费和业务宣传费跨年度纳税调整表》第10、11、12、13行有数据的，应登记《广告费与业务宣传费税前扣除台账》（否则不须登记《广告费税前扣除台账》，以下原理相同）。

2. 企业所得税年度纳税申报表附表五《税收优惠明细表》有数据的，应登记《企业所得税亏损弥补台账》。

3. 企业所得税年度纳税申报表附表九《企业所得税年度纳税申报表资产折旧、摊销纳税调整明细表》有数据的，应登记《资产折旧、摊销纳税调整所得税台账》。

4. 企业所得税年度纳税申报表附表《税前弥补亏损明细表》有数据的，应登记《亏损及税前弥补亏损台账》。

5.《企业所得税年度纳税申报表》第21行“加计扣除额”有数据且核实属于技术开发费加计扣除的，应登记《技术开发费加计扣除台账》。

6. 企业所得税年度纳税申报表附表十《资产减值准备项目调整明细表》有数据的，应登记《资产减值准备项目调整台账》。

7. 企业所得税年度纳税申报表附表七《以公允价值计量资产纳税调整表》有数据的，应登记《以公允价值计量资产纳税调整调整台账》。

8. 企业所得税年度纳税申报表附表十一《长期股权投资所得（损失）明细表》有数据的，应登记《长期股权投资所得（损失）调整台账》。

9. 纳税人存在非货币性资产投资按规定确认的转让所得均匀计入应纳税所得额情形的［具体可审核相应的备案资料、以前年度相应的台账、企业所得税年度纳税申报表附表一（1）《销售（营业）收入及其他收入明细表》第 14 和 20 行的数据等资料］，应登记《非货币性资产投资按规定确认的转让所得均匀计入应纳税所得额台账》。

10. 纳税人存在取得非货币性资产捐赠收入均匀计入应纳税所得额情形的［具体可审核相应的备案资料、以前年度相应的台账、企业所得税年度纳税申报表附表一（1）《销售（营业）收入及其他收入明细表》第 27 行的数据等资料］，应登记《取得非货币性资产捐赠收入均匀计入应纳税所得额台账》。

11. 纳税人存在债务重组所得均匀计入应纳税所得额情形的［具体可审核相应的备案资料、以前年度相应的台账、企业所得税年度纳税申报表附表一（1）《销售（营业）收入及其他收入明细表》第 26 行的数据等资料］，应登记《债务重组所得均匀计入应纳税所得额台账》。

12. 股权形式将土地使用权投资房地产开发项目，土地使用权转让所得均匀计入应纳税所得额情形的［具体可审核相应的备案资料、以前年度相应的台账、企业所得税年度纳税申报表附表一（1）《销售（营业）收入及其他收入明细表》第 14 行的数据等资料］，应登记《以股权形式将土地使用权投资房地产开发项目，土地使用权转让所得均匀计入应纳税所得额台账》。

（三）办税员登记台账时，除审核减免税有没有取得相应的批文、有关税前扣除的计算、亏损认定的计算、弥补亏损的计算、非货币性收入均匀计入应纳税所得额的计算等是否符合税法规定以外，还要审核本期台账反映的“上期结转到本期的余额”是否等于上期台账相应反映的“期末余额”。凡税务机关作出的检查结论或纳税人自查的问题涉及以前年度台账内容的，办税员要对相应年度的台账及时进行修改完善。以前年度未建立台账的，凡本期台账反映有“上期结转到本期的余额”的，均要从对“上期结转到本期的余额”有影响的年度起，补充建立相应年度的台账，以保持数据审核的连续性。

（四）登记、审核台账的工作，应结合对参加年度内审工作一并进行，发现有少缴税款行为的，应根据少缴税款的性质自查补税处理。

（五）企业原则上应在每年 6 月底前完成对上年度（税款所属期）台账

的登记工作。

（六）企业要高度重视台账制度工作，建立健全监督、检查机制，保证按时按质完成台账登记工作，内审机构要对台账建立情况进行不定期检查。

（七）企业应积极创造条件加大投入建立企业所得税电子台账管理系统。

范本二：固定资产台账管理办法

第一章　总　则

第一条　为了加强企业固定资产的台账管理，规范台账管理行为，防止企业有资产流失，提高固定资产利用效率，根据国家有关规定和《企业管理办法》的相关要求，并结合企业实际情况，特制定本办法。

第二章　适用范围

第二条　企业纳入建账入账的固定资产是指属企业经费（不论经费来源及形式）购置的资产、投资入股形成的资产、接受社会捐赠的资产、无偿援助或调入的资产等，并符合下列标准：

1. 使用年限在一年以上，单位价值在500元以上、专用设备单位价值在800元以上，并在使用过程中基本保持原来形态的资产；

2. 单位价值虽然不足规定标准，但耐用时间在一年以上的两用物资和大批同类物资，按固定资产管理建账。

第三条　纳入企业固定资产建账入账管理的资产按类别分为：仪器仪表、计算机网络设备、电子设备、机电设备（包括电梯、中央空调、压力容器等附属设施）、印刷设备、卫生医疗器械、文体设备、标本模型（包括用于教学、科研、艺术、体育等方面的各种表示物、标志物及模型）、文物及陈列品（指古玩、字画、纪念品、装饰品、展品、收藏品等应列入“其他资产”项下）、工具量具（工具包括各种交通工具、通讯工具、加工工具等；量具包括各种计量工具、测量工具等）、家具、行政办公设备、被服装具、消耗材料（单价在500元以上的易耗品及材料）、其他固定资产（指未能包括在上述各项的固定资产）。

第三章　账管体制

第四条　企业固定资产账实行三级建账管理体制：

一级建账单位：企业（由企业资产管理处行使总账管理职能）；

二级建账单位：中层单位（按所使用的物资资产行使分账管理）；

三级建账单位：中层单位的下属单位（按所使用的物资资产行使分账管理）。

第五条 账目设置

一级账：总账、总分户账、总分类账、总明细账等；

二级账：设二级总账、二级总分户账、二级总分类账、二级总明细账（电子文档和蓝色的设备手工账本、红色的家具手工账本等）；

三级账：设三级固定资产明细账和分类账（电子文档和蓝色的设备手工账本、红色的家具手工账本等）。

第六条 账务管理员的设置

在二级、三级建账单位设立账务管理员，简称：账管员。各级账管员必须在企业资产管理处登记备案。

账管员的职责是：负责本单位固定资产分户账的保管、登记和变更，负责办理本单位固定资产的增减、调拨、报废等手续，负责督促本单位调动人员的物资催还，并与上级建账单位核对固定资产账目，每年核对一次账物，确保固定资产账账相符、账物相符。

各单位人事变动首先由账管员核实固定资产的借用情况，并签署意见报本部门领导审批；企业资产管理处见账管员和部门领导的意见并作出核实核销后，签署相关意见；人事处见资产管理处的相关意见方可办理调动手续。

账务管理员要保持相对稳定，如有变动需在本单位办理交接手续，保存交接记录，在企业资产管理处备案。

第四章 入账办法

第七条 实行账管员专人办理入账制度。凡纳入本办法范围的固定资产，一律由二级或三级账管员到企业资产管理处办理入账手续；企业资产管理处以发票及相关凭证（蓝色手工账本、红色手工账本）、物资计划执行表、验收表、购置合同书为依据办理入账；计划财务处见资产管理处的入账凭证后方可办理经费支出。

第八条 单台件单价在10万元以上大型仪器设备的入账除必须具备上述依据外还要附带《企业大型仪器设备购置论证报告》方可办理入账手续。

第九条 企业参照本办法制定适应本单位的具体管理办法，其资产总账及清单每年底报企业资产管理处备案。

第五章 账目变更

第十条 根据账随物变、确保准确的原则，当本单位固定资产发生变化时，账管员必须及时到企业资产管理处办理固定资产调拨、报废等处置手续，并同时修改或调整账目，确保真实准确。

第十一条 由专人保管的固定资产，当保管人发生变化时，应按物随人变、及时调整的原则办理交接手续，并到企业资产管理处变更保管人员的姓名等事宜。

第十二条 建立固定资产账与财务账核对制度，每年必须进行一次固定资产账和财务账的核对；每年度所发生的固定资产账目变更必须及时对相应财务账目作出调整，以此确保资财两账相符。

第六章 附 则

第十三条 本办法由企业资产管理处负责解释。

第十四条 本办法自发文之日起实行。

主题词：固定资产 台账管理 办法 通知

×××企业

二〇〇×年××月××日印

附件一

跨年度确认所得项目台账

企业名称： 单位：元

所得项目 / 所得额 / 年度	转让、处置持有5年以上的股权投资所得	非货币性资产投资转让所得	债务重组所得	捐赠所得	合计	合计占当年应纳税所得额比重	确认所得年度

附件二

无限期结转扣除项目台账

企业名称：　　　　　　　　　　　　　　　　　　　　　　　　单位：元

项目 年度	广告宣传费			职工教育经费			创业投资额抵扣应纳税所得额		
	本年结转额	本年抵扣以前年度结转额	累计结转额	本年结转额	本年抵扣以前年度结转额	累计结转额	本年结转额	本年抵扣以前年度结转额	累计结转额

附件三

长期股权投资管理台账

企业名称：　　　　　　　　　　　　　　　　　　　　　　　　单位：元

发生年度	本年度结转以后年度扣除的长期股权投资损失额	扣除年度					
		第一年	第二年	第三年	第四年	第五年	余额（一次性扣除）

附件四

企业弥补亏损台账

企业名称：　　　　　　　　　　　　　　　　　　　　单位：

亏损年度	亏损金额	弥补金额						
		第一年	第二年	第三年	第四年	第五年	合计	超期限未弥补亏损额

附件五

扣缴企业所得税管理台账

扣缴义务人名称		扣缴义务人纳税识别号		联系人		电话			地址		非居民企业名称				国别（地区）	
序号	合同项目名称	合同号	合同总价款	合同签订日期	合同执行期限	合同支付次数	付款金额			所得类型	应纳税额	减免税额	申报扣税日期	税款入库日期	完税证号码或减免税批文号	备注
							币种	外币金额	折合人民币							
项目合计																
年度合计																

附件六

外籍人员个人所得税台账

姓名（中文）		地税编码		国籍或区籍		积务		任职时间	
姓名（外文）		证件名称		证件号码				离职时间	
雇佣单位名称		单位地址		地税编码		联系人		联系电话	

所得项目	收入总额	申报收入额		税款所属期		境外工作天数	应纳税所得额	应纳税额	已纳税额	入库时间
		中国境内	中国境外	起始日期	终止日期					
合计										

附件七

房地产开发项目企业所得税管理台账

企业名称：　项目名称：　开工时间：　竣工时间：　开始销售时间：　单位：元

预售情况						销售收入结转情况											
预售时间	预售收入		当期毛利额	当期应纳税所得额	当期应纳所得税额	销售时间	销售面积	结转销售收入		可售总成本	可售面积	可售单位面积成本	结转销售成本	营业利润额	已计税的预计毛利额	当期应纳税所得额	当期应纳所得税额
	本期	累计						本期	累计								
1	2	3	4	5	6	7	8	9	10	11	12	13=11/12	14=8×13	15=9−14	16	17	18

注：1. 第4栏=第2栏×预计计税毛利率。

2. 第2栏、第9栏填列预售收入、销售收入按季度或按月（根据企业所得税预缴期）计算的本期数。

3. 第16栏=第10栏×预计计税毛利率。当第10栏“结转销售收入”累计数大于或等于第3栏“预售收入”累计计数时，则第16栏不应再填列。

第四节
集团薪酬管理制度范本

第一章 总 则

第一条 为了完善公司薪酬分配体系，规范员工工资的确定与调整，发挥薪酬的保健和激励功能，依据中华人民共和国有关法律法规和公司企业文化及董事会有关决议，特制定本办法。

第二条 薪酬管理程序为：

制定薪酬原则与战略

岗位分析与评价

地区行业薪酬调查

薪资制度结构确定

薪酬等级与标准

执行薪酬制度、控制和调整

第三条 原则：

1. 在保障员工最低生活水准的前提下奖勤罚懒，按贡献分配，兼顾企业发展与实际现状的需要；

2. 公平合理，充分体现价值和责任；

3. 员工收入与个人工作业绩和公司整体经济效益相联系；

4. 妥善处理积累与消费、长期利益与短期利益的关系，形成企业经营持续发展，员工生活不断改善的良性循环；

5. 参照劳动力市场工资指导价位合理确定岗位工资标准和工资差距，工资向高职位、高技术人才倾斜。

第四条 公司董事会负责批准年度利润分配方案，根据公司战略及劳动力市场工资确定年度工资方案调整或工资增长幅度。

第五条 在本制度规定工资种类和工资范围内，公司各级主管可依照各自权限，根据员工的学历、专业职称、业务知识和岗位技能、贡献与业绩核定员工职等和工资职级，或决定晋级和晋等。

第六条 员工薪资调整程序为：

部门填写调资申请表；

行政人事部复核；

总经理批准；

行政人事部通知财务部和员工本人；

行政人事部存档。

部门经理以上人员的工资调整按职位说明书所述权限办理。

第七条 本办法适用于公司在职在岗员工，生产工人、业务人员若实行计件制或佣金制等其他奖酬办法，可参照执行，公司聘请顾问、兼职人员、外借人员工资按有关协议办理。

第二章 薪酬结构

第一条 工资结构：基本工资＋岗位工资＋奖金＋工龄工资＋地区补贴。

第二条 基本工资（基本生活费）：是为保障员工最低生活需要而支付的工资，数值上接近公司所在地区最低工资标准。

第三条 岗位工资：根据员工岗位工作性质、学历要求、所需专业知识、技能、工作难度及行为对公司的影响程度和贡献而支付的工资。

第四条 奖金：是根据员工工作业绩的优良程度和公司经济效益状况而支付的工资，用于鼓励员工提高工作质量和效率，既与企业效益有关，又与个人绩效有关。

1. 月绩效奖金于每月随同月工资发放。

$$月绩效奖金\ J_m=X\times Km/Rm\times Em/(P\times N)$$

其中：Jm 为月绩效奖金；X 为员工岗位工资值；Em 为公司（或部门）可分配的月效益工资总额，由公司董事会依据总净利润和战略政策决定奖金所占比例；Km 为员工月绩效考核得分；Rm 为公司的月标准考核分；P 为公司（或部门）员工平均岗位工资值；N 为公司员工总人数。未实行员工绩效考核的单位或部门，人均按 $K/R=75\%$ 计算。

2. 年绩效奖金于每年春节发放。

$$年绩效奖金\ Jy=X\times Ky/Ry\times W\times Ey/12\ (P\times N)$$

其中，Jy 为年绩效奖（年终奖）；Ky 员工年终考核得分；Ry 为年度标准考核分；W 为员工当年实际工作月数；Ey 为公司（或部门）可分配的年绩效奖金总额，由公司董事会依据总净利润和战略政策决定奖金所占比例；X、P、N 同第 1 条。

3. 其他奖金：除绩效奖金外，公司视业绩增长及个人贡献程度而实施非例行奖励，如目标奖、季度奖、特殊贡献奖、项目浮动奖、先进奖、优惠选购股份等，届时由公司董事会或总裁办公会议决定。

第五条 工龄工资：员工在公司工作每满1年增加工龄工资10元，最多不超过100元。

第六条 地区补贴：公司为平衡不同地区物价水平、生活水准差异而支付的补贴。

单位：元

职务 / 地区	总裁（副）级	总经理（副）级	经理（副）级	职员级
一类地区	210	180	150	120
二类地区	175	150	125	100
三类地区	120	105	90	75
四类地区	100	75	60	45

地区类别划分标准同《差旅费用报销管理》。

第三章 职级划分

第一条 根据员工岗位工作性质、学历要求、所需专业知识、技能、所任职位难度及责任和贡献以及工作行为对公司的影响程度，结合劳动力市场，将公司所有职位划分为9等33级，各级职位岗位工资范围见下表。

职等	职级	岗位工资	岗位
A等（900元/级）	A1	8 530	总裁
	A2	7 630	
	A3	6 730	
	A4	5 830	
B等（600元/级）	B1	5 830	副总裁、总裁助理、总会计师、总审计师、总经济师、总工程师、总畜牧师、总兽医师、人力资源总监
	B2	5 230	
	B3	4 630	
	B4	4 030	
C等（400元/级）	C1	4 030	部长、分公司总经理
	C2	3 630	
	C3	3 230	
	C4	2 830	
D等（300元/级）	D1	2 830	副部长、部长助理、分公司副总经理、总经理助理、博士毕业生
	D2	2 530	
	D3	2 230	
	D4	1 930	

续表

职等	职级	岗位工资	岗位
E等（180元/级）	E1	1930	分公司部门经理、高级工程师、高级畜牧师、高级会计师、高级人力资源管理师
	E2	1 750	
	E3	1 570	
	E4	1 390	
	E5	1 210	
F等（110元/级）	F1	1 210	总裁办秘书、分公司部门副经理、经理助理、会计师、畜牧师、工程师、人力资源管理师、高级技师、高级厨师、硕士毕业生
	F2	1 100	
	F3	990	
	F4	880	
	F5	770	
G等（80元/级）	G1	770	科长（主办）、分公司总经理秘书、车间主任、片区经理、工段长、班长、助理工程师、助理会计师、助理人力资源管理师、助理政工师、助理畜牧师、技师、厨师
	G2	680	
	G3	590	
	G4	510	
	G5	430	
H等（60元/级）	H1	430	工程技术员（机械、工艺、品管）、业务代表、一般行政职员（人事、总务、会计员、出纳、统计、开票、文员、内勤、外勤）、司机、技术工人（总控、机修、电工、水处理、锅炉工、制粒）、保管、地磅、保安、大学毕业生等
	H2	370	
	H3	310	
	H4	250	
	H5	190	
I等（40元/级）	I1	190	一般操作工、饲养员、清洁工、炊事员、园林工、服务员、勤杂工、中专毕业生等
	I2	150	
	I3	110	
	I4	70	
	I5	30	

第二条 员工职等依据员工的岗位、职务、学历就高不就低，岗位新手或职务新任原则上都定在对应职等的最低职级，若员工在学历、同等职位工作经验、专业知识、业务水平等方面较为突出，可依下表按有关条款计算浮动级数，累计浮动级数之和大于0.7，可在对应职等范围内上浮1个职级。

1. 责任大小：指该岗位相对于此职等的其他岗位对所属部门的负责程度及其对公司安全、管理、经营、效率的影响程度。

提级 项目 程度	负责程度	安全	管理	经营
高	0.5	0.5	0.5	0.5
较高	0.3	0.3	0.3	0.3
稍高	0.1	0.1	0.1	0.1
一般	0.0	0.0	0.0	0.0

2. 工作难度：指该岗位相对于此职等其他岗位对上岗人员能力素质要求，工作协调处理难度。

提级 项目 程度	负责程度	安全	管理	经营
高	0.5	0.5	0.5	0.5
较高	0.3	0.3	0.3	0.3
稍高	0.1	0.1	0.1	0.1
一般	0.0	0.0	0.0	0.0

3. 学历、经历、综合素质：指上岗人员相对于所属职等其他岗位的学历、综合素质及相对于同岗位的专业水平。

提级 项目 程度	负责程度	安全	管理	经营
高	0.5	0.5（5年以上）	0.5	0.5
较高	0.3	0.3（2年以上）	0.3	0.3
稍高	0.1	0.1（1年以上）	0.1	0.1
一般	0.0	0.0	0.0	0.0

第四章 工资管理与支付

第一条 日工资（一周工作5天半，每日工作7:30），年工作日277天，日工资＝月工资（元）/23.08（天），时工资＝日工资（元）/7.5（时）。

第二条 确定岗位的试用员工月工资按所定职级享受基本工资＋岗位工资＋地区补贴，不享受绩效工资；未定岗位的试用员工（储备）享受基本工资＋岗位工资×50%＋地区补贴；实习生只发放基本生活费。

第三条 员工在法定工作时间内依法参加社会活动，公司当视同其提供了正常劳动而支付工资。

第四条 员工依法享受年休假、探亲假、婚假、丧假期间，公司按劳动合同规定的标准支付员工工资。

第五条 员工加班、夜班补贴、因病、工伤、事假、迟到、早退、旷工、产假期间工资按公司考勤管理制度计发。

第六条 因工作岗位变动而发生工资变动的员工，15日前变动当月按变动后工资计发，15日后变动当月工资按变动前工资计发。

第七条 按照统核统发的办法，全体员工月工资由公司行政人事部统一管理，每月5日前由行政人事部按员工考核情况、出勤情况造表交财务部复核后呈总经理批准；单独以其他形式计发工资的部门，由部门专人造工资表，交行政人事部和财务部复核后呈总经理核准。

第八条 工资计算时总额若有未达元之尾数，一律四舍五入为整元。

第九条 公司财务部（可委托银行）于每月8日前以法定货币形式（人民币）支付员工本人上月工资，若遇节假日或休息日，则应提前在最近的工作日支付。员工本人因故不能领取工资时，可由其亲属或委托他人代领。

第十条 工资发放书面记录（员工姓名、工资数额、时间、领取者姓名及签字）须保存3年以上备查。

第十一条 为利于公司高层管理人员的相对稳定，A、B等高级职员每月支付其工资总额的70%，其余30%于年底支付或于合同期满时一并支付。

第十二条 对完成一次性临时劳动或某项具体工作的临时用工，可按有关协议或合同规定在其完成任务后支付工资，工作时间超过1个月的，按上款时间支付工资。

第十三条 非常给付：员工或依靠员工收入耐以维持生计之家属，遇生产、受伤、疾病、死亡、结婚等非常状况时可以员工已出勤工资为限申请预领工资。

第十四条 特别给付：员工死亡、劳动关系双方依法解除或终止劳动合同时，应在劳动关系解除或终止时一次性付清员工工资。

第十五条 公司可以在发放员工工资时代扣代缴个人所得税、由员工负担的各项社会保险费用及其他法律、法规规定可以从工资中扣除的其他费用。

第十六条 因计算错误或业务过失而造成工资错发时，可立即结算差额部分，也可在下一个支薪日纠正差额。

第十七条 员工对工资产生疑义时，可于当月提出书面申请或到行政人事部查询，逾期视为弃权。

第五章 福利

第一条 公司除为员工提供法定保险、培训、节日、初婚、抚恤、带薪休假等福利项目外，将视其经济效益，临时增设其他福利。

第二条 本章各项福利，不得以同一事故而重复给付。如因战争或其他不可抗拒的天灾等变故或自杀、犯罪致残或死亡，均不适用于本章所列各事项的给付规定。

第三条 公司按国家有关法律法规，为员工办理社会基本保险，具体按公司有关规定执行。

第四条 公司为员工提供培训和发展，包括在职辅导、公司内脱产培训、公费外派培训或学费赞助、报刊订阅，它代表了学习与自我发展的一种思维方式，旨在为公司及员工提供帮助，所有员工都有接受培训的权利和义务，公司希望透过培训和发展，所有员工能茁壮成长。

第五条 法定节假日、员工结婚、生育、因病、因事、亲属死亡，可按规定休假，休假期间薪资给付按公司考勤管理制度执行。

第六条 公司为员工提供符合国家规定的劳动安全卫生条件和必要的劳动保护用品，对从事有职业危害作业的员工定期进行健康检查。

第七条 公司为当班员工提供免费工作餐、茶水或防暑降温用品。

第八条 员工在公司服务1年以上，可享受3天全薪年假，3年以上可享受5天全薪年假，5年以上可享受7天全薪年假。

第九条 公司提供交通车接送员工上下班，必要时为有关人员配备交通工具。

第十条 公司在新年、春节、劳动节、中秋节、国庆节以及厂庆（工历8月18日）分别给付员工过节费以示庆贺，具体金额根据界时确定。

第十一条 公司为员工提供免费单身宿舍、夜班宿舍或住房租赁补贴，具体按住宿有关规定执行。

第十二条 在公司服务2年以上的正式员工初婚，公司将给予200元贺金（员工须出示结婚证）。

第十三条 公司员工病故或因工伤、残、亡，其供养直系亲属或本人可享受伤残补助金或一次性抚恤金。

1. 员工病故，工龄在5年以下，发给3个月基本工资，工龄在5年以上，每超过1年，加发1个月基本工资，最高不超过18个月基本工资。

2. 员工执行公务或因工伤、残、亡，伤残补助金或抚恤金按国家有关工伤法律、法规办理。

3. 员工意外死亡，凡由公司为其办理人身保险者，其抚恤金等费用首先由保险公司赔偿金额中支付，差额由公司补足。

4. 工龄在2年以上的员工之父母或配偶死亡，一次性给予200元慰问金。

第六章　附　则

第一条　本制度解释权归公司行政人事部。

第二条　本制度经董事会批准后从颁布之日起执行。

第五节 企业经济合同管理办法范本

第一章　总　则

一、为了规范公司的合同管理，保障公司交易安全，减少和避免公司的经营风险，维护公司的合法权益和正常的经营秩序，根据《中华人民共和国合同法》和国家有关法律、法规，结合本公司实际制定本办法。

二、本办法所称合同是指本公司与自然人、法人或其他组织（以下称第三方）之间设立、变更、终止民事权利义务关系的协议。

三、公司订立、履行产品买卖、加工承揽、运输服务、建设工程承包、借贷、技术合同、合资、合作等各类合同，均适用本办法。

签署订、送货单、备忘录、对账记录、折扣让利、债务抵充等合同补充协议均按照本办法的规定执行。

四、签订和履行合同应坚持效益性与安全性兼顾的原则，认真预测和防范经营风险，防范欺诈或被恶意拖欠款项。不得订立有损国家利益、公司利益的合同，不得订立缺乏风险控制措施的合同。

五、公司对执行本规定实施奖惩制度，对执行本规定的绩效突出的部门和个人进行奖励；对造成公司风险或损失的部门和个人并负有失职责任的进行相应的惩处。

第二章　合同的订立

六、公司对外签订合同，除涉及金额在1 000元以下并能即时履行的外，应当订立书面合同。对公司的经常性业务，按公司提供的规范合同文本签订。

按本规定不订立书面合同的，应当由业务经办人收集、保管合同履行的有关凭证。

七、订立合同可根据合同的性质、内容、标的额，由业务经办人或者由业务经办人、部门负责人等洽谈，重大合同应组成由公司主管负责人领导的合同评审（谈判）机构负责洽谈。

八、订立合同前，业务经办人必须认真了解对方当事人的情况，包括：主体资格、经营范围、履行能力、商业信誉等，并要求对方当事人提供相关证明文件或其复制、复印件。订立合同时，还要认真查验对方当事人签约代表的有关授权证明，确认其签约资格及授权范围，并妥善保存对方当事人提供的证明原件。

对方当事人或签约代表情况不明的，不得与之订立合同。为了解对方当事人的履约能力，必要时可由律师协助调查。

九、为签订合同的需要并应业务经办人的要求，可以向对方当事人提供相应的证明文件，如营业执照、授权委托书、介绍信等对本公司不构成风险的文件、资料，但授权委托书、介绍信等所记载的内容必须明确具体，不得使用能产生歧义的词句。

涉及公司商业秘密的文件资料或董事会决议等内部文件或资料，不得向对方当事人提供。

十、订立合同应与本公司的交易资格、履行能力、业务范围基本相适应。无营业执照的公司内部机构不得以自己的名义对外签订合同。

十一、合同的主要条款应当根据合同性质、法律法规的要求和具体的交易内容确定。对合同中的当事人、标的、品名、规格/型号、数量、质量、价格或者报酬、交货或付款的时间、地点、方式、违约责任等条款，必须明确具体。

公司根据业务需要，编制相关合同示范文本。

公司对外签订合同，应优先使用公司已制定的合同示范文本；公司没有制定示范文本的，可优先选用国家、行业示范文本，但要根据公司的经营特点及要求，对合同条款进行细化或补充。确需使用第三方提供的合同文本时，应对照示范文本，避免签订欠缺主要条款及加重我方义务的合同。

为了便于合同的履行，合同当事人可以约定认为有必要约定且不违反法律规定的内容，但不得因此扩大风险，增加隐患。

对公司提供的规范合同文本有重大修改或使用自行拟订的合同文本以及使用对方当事人提供的合同文本时，该合同的内容应当经过公司聘请的律师审核后方可签订。

为了督促对方当事人自觉履行合同，保护公司经济利益，提倡在合同中订立违约责任条款。违约责任条款的确立应当考虑本公司的履行能力，不得在履行能力不足的情况下对苛刻的违约责任作出承诺。

除法律另有特别规定外，应尽量在合同中订立能导致发生纠纷时由公司住所地人民法院或仲裁机构管辖的条款；禁止在合同中直接约定只由对方当事人所在地的人民法院或仲裁机构管辖的内容。但经公司负责人同意的除外。

合同文件用词要准确、规范，不得使用错误、含糊、易产生歧义的字、词、句。涉及计量的条款应当使用按国家标准确定的词语。涉及滚动发货或连续业务的，应当在合同条款中明确对方当事人以往的欠款金额和偿付时间。

十二、起草或修改合同应当充分考虑风险和风险防范，尽可能降低本公司的风险，并在合同中订立相应的防范风险的条款。

十三、为降低对方当事人不履行或瑕疵履行合同给本公司带来的风险，合同标的在10万元以上或对本公司经济利益有重大影响的合同，除了必须约定违约责任的内容以外，公司负责人认为必要时，可以要求对方当事人使用信用证付款，或依据《担保法》的规定提供有效担保，或采取所有权保留、支付定金、保证金等方式合理降低履约风险。

十四、合同草案形成后，业务经办人应当认真填写《合同签订审批表》中“业务经办人”一栏内容，填写完后，与合同一起送交有关人员进行审查。负责审查合同的有关人员应审查该合同是否具备合同应有的主要条款，如：对方人当事人的基本情况、合同标的、数量、质量、价格价款、有关技术性指标、履行期限、付款方式、担保、履行能力和资信情况、合同主要风险和防范措施、对方当事人提供的有关证明等。合同审查完后，按审批权限送审批人审批。

审批人应对合同内容进行认真审查并签署明确意见，审查的重点主要是订立该项合同的必要性、合同内容的可行性、合同履行的安全性等。

十五、合同签订的权限：

1. 对外签订合同，除公司法定代表人外，必须是在授权范围内签订合同，但经法定代表人特别授权并发给委托证明的例外。签约者必须对企业负责，对本企业工作负责，超越代理权限无权对外签约。

2. 合同标的金额≤5 000元，由所在部门负责人对合同初稿审核并签署。

3. 5 000 元＜合同标的金额≤20 万元，合同初稿由所在编制部门和相关部门负责人审核并在“合同评审表”中签署意见和签名，由公司分管的副总经理审批。

4. 20 万元＜合同标的金额≤50 万元，合同初稿分别由所在编制部门和相关部门负责人、分管的副总经理审核并在“合同评审表”中签署意见和签名，公司总经理审批。

5. 50 万元＜合同标的金额≤100 万元，合同初稿由所在编制部门和相关部门负责人、分管的副总经理、总经理审核并在“合同评审表”中签署意见和签名，公司副董事长审批。

6. 合同标的金额＞100 万元，合同初稿由所在编制部门和相关部门负责人、分管的副总经理、总经理审核并在“合同评审表”中签署意见和签名，公司董事长审批。

7. “借款合同”、“担保合同”无论标的金额大小，均由计财部门负责人提出，总经理审核并在合同背面签署意见和签名，公司董事长签署。

8. 公司签约“采购合同”、“货运合同”、“建设工程合同”等合同时，应同时与第三方签订“商业操守协议”。

9. 负责审批合同的公司领导根据法律规定及认为有必要时，可将合同内容提交董事会讨论决定，形成董事会决议。涉及公司对外提供担保的，必须经董事会批准后方可实施。

审批人认为有必要时，可以通知公司聘请的律师审核。

十六、合同经本公司加盖印章或经法定代表人、授权代理人签字后即发生法律效力，任何合同必须按本办法的规定完成审批手续后，才可加盖合同专用章或由公司的法定代表人及委托代理人签字。

多页合同，应在每页合同文档上加盖骑缝章或签字确定，同时亦应要求对方当事人在每页合同文本上加盖骑缝章或签字确定。

在按本办法规定取得最终审批同意之前，任何人不得在合同文本（包括备忘录、对账记录、库存处理或折价让利、债务延期或对充协议等确认或变更、消灭权利义务关系的协议性文件）上签字或盖章。

在合同文本上签字或盖章时应尽可能避免本公司先盖章后将文本交给对方当事人，由对方当事人带回签字或盖章。必须由本公司先盖章或签字时，应经公司的主管副总经理或以上书面批准后方可实施，同时合同的业务经办人应将本公司已经盖章或签字的文本复印，并要求对方当事人的业务经办人在该复印件上签署姓名、时间，复印件留底备核。正式合同文本应由业务经办人在一周内收回。

严禁在空白的格式合同纸或其他纸张上预先加盖本公司印章。

十七、签订合同时，不得使用不具备法人资格的内部机构、分支机构的行政公章。

十八、合同签订后，法律、法规规定或双方在合同中约定需要进行鉴证、公证、第三方证明或须报国家有关部门批准的，应当及时完备上述手续。

十九、订立合同的业务经办人员在合同双方签字或盖章后三日内必须将合同原件、副本及有关附件资料交合同管理人员专门保管。业务经办人员应当保留合同及有关附件资料的复印件。

第三章 合同的履行、变更和解除

二十、合同依法成立后或生效后即具有约束力，合同业务经办人应当督促公司内部的其他部门认真、按时、全面履行合同规定的义务，避免承担不必要的违约责任。

履行合同的交货、托运、付款的凭证应当在发生时收集完备。涉及托运的货物，应当在2日内与承运公司确认对方当事人收货的情况。

二十一、合同履行过程中发出或接收的书信、传真件、交付或接收的票据等文件资料应由业务部门及时记录、整理，其原件应当在3日内交合同管理员妥善保管，同时业务经办人应将该些资料复印备查。

二十二、合同及相关履行凭证的保管期不得少于10年，若与对方当事人的业务仍在继续或与对方当事人有未清结的债权债务，则保管期应作相应的顺延。

二十三、公司财务部门对合同项下的付款和收款进行监督管理，并对结算方式是否符合国家规定，以及开出或接收的票据的规范性、有效性、安全性进行审查。

二十四、在合同履行过程中，业务经办人应对合同履行进行有效监控，遇有妨碍合同正常履行的情况，应及时向负责人汇报，负责人应及时处理。

二十五、在合同履行过程中，遇有需要变更或解除合同的情况，业务经办人员应及时向主管负责人或审批人汇报。合同变更或解除按订立合同的程序进行洽谈和报批。

二十六、合同生效后，如发现对合同内容有重大误解或其他意外情况而可能致本公司严重损失的，业务经办人应及时逐级向上汇报至批准同意该合同的审批人，并提出变更或解除合同的意见或建议。同意变更或解除合同的，应及时与对方当事人协商。协商不成时，可依据合同法的有关规定及时申请人民法院判决撤销。

二十七、要求变更或解除合同时，在新的协议达成以前原合同仍然有效。变更或解除合同的协议，应采用书面形式（包括文书、信函、电传、电报等），并按本办法所规定的要求和程序订立。

有关履行、变更或解除合同的信函应留有副本，并采用挂号、EMS 方式邮寄，妥善保存交寄凭证并及时查询对方当事人收寄情况，保存收寄凭证。

二十八、遇合同的变更、解除或申请撤销以及可能导致公司承担违约责任等事宜时，应会同公司聘请的律师处理。

二十九、合同约定的履行期限届至后，对方当事人未及时全面履行合同的，合同的业务经办人、公司财务部门应在 3 日内向合同的审批人员书面汇报并说明对方当事人未及时履约的原因和可能产生的风险，同时由公司的财务部门负责向对方当事人通过特快专递的方式向对方当事人发出催款通知（特快专递应注明催款函）。

三十、在对方当事人有欠款迟延履行达 30 天，合同业务经办人和财务部门应将合同履行的情况报公司的负责人，同时附处理建议及处理理由。

对暂不进行诉讼处理的债权，业务经办人及公司财务部门应定期催讨债权并收集债权催讨凭证，该些凭证原件交合同管理人员，业务经办人留存复印件备查。

三十一、合同的业务经办人未经公司的负责人同意，不得擅自作出同意对方当事人迟延履行、返利、广告费承担等导致公司产生义务的承诺。

三十二、对公司准备以起诉或申请仲裁的方式清理债权的，业务经办人应配合律师准备诉讼所需的合同文本、收货凭证、对方当事人的付款凭证、双方的对账纪要、对方当事人的银行账号和资产情况等资料。业务经办人应保守秘密。

三十三、公司建立客户信用评级制度，根据客户订立、履行合同的情况和总交易量确定其信用等级。对客户的信用评级每 12 个月调整一次，对不同信用等级的客户实行不同的销售政策、赊销额度、担保方式。客户信用评级的具体办法另行规定。

第四章　合同的管理与监督

三十四、合同管理人员主要责任如下：

1. 保管本公司使用的合同专用章、合同表格，做好合同专用章的使用登记；

2. 对业务经办人员送审的各类合同按本办法规定进行文字审查；

3. 对公司订立的合同及相关履行凭证、债权文书等建立台账，统一登记、编号并妥善保管；

4. 保持与公司负责人的联系，及时反映在合同管理中出现的问题，按时完成交办的有关事项；

5. 离岗时做好合同档案等文件的交接工作。

三十五、合同业务经办人员指根据公司授权或部门领导指派负责某一具体合同的签订、履行工作的人员，其主要职责如下：

1. 根据公司授权规定，依法签订、变更、解除合同，并对合同的实质性内容负责；

2. 认真执行签订的合同，及时汇报合同履行过程中出现的情况，离任、离岗时对未履行完毕的合同要明确向承接人交接；

3. 接受合同管理人员、合同审批人的指导、审查、监督；

4. 配合参加对合同纠纷的和解、调解、仲裁或诉讼；

5. 保管好合同签订、履行、变更、解除过程中的相关的文件、资料，需归档的及时交合同管理人员归档备案；

6. 及时催交应收款项并按时交财务入账，对到期债权应做好保持债权有效的工作。

三十六、合同审批人是指公司的负责人或公司的部门负责人并经规定授权审批合同的人员，其主要职责是：

1. 全面负责所属部门的合同管理工作，指导业务人员订立合同，必要时可直接参与合同谈判。

2. 对合同的实质内容承担审查责任，督促合同履行的相关事宜。

3. 在合同订立或履行过程中，协调与对方当事人及其他业务部门的关系。

4. 在对方当事人违约或可能导致公司承担违约责任时，及时采取相应的补救措施。

三十七、公司合同专用章必须统一刻制、编号、保管、使用。

合同专用章由负责合同管理的人员保管，只限公司对外签订合同使用，原则上不得携带外出。合同专用章的使用应建立相应的簿记制度。

公司合同专用章遗失与被盗时，要及时通知公司负责人进行处理，同时登报声明作废，给公司造成经济损失的，按有关规定追究当事人责任。

三十八、公司建立合同法知识的业务培训制度，业务人员和部门负责人应经培训并考核合格后方可进行业务操作。

三十九、合同的保管与存档

1. 合同签署完毕，由所在部门对合同进行编号。

2. 合同编号办法：部门＋合同类别（采购合同、销售合同等）＋年份＋序号，合同类别用汉语拼音的首个字母表示。如经营部制定的销售合同：经营 XS200701。

3. 已编号的合同一份交由合同管理员存档，一份提交计财部作为付款备查。

4. 一个年度结束后，合同管理人员应将公司一年所签合同编制合同汇总目录。

5. 合同的保管期限为 10 年；超过 10 年期限需要销毁的合同，由公司合同管理员提出销毁申请，各部门负责人会签，公司负责人签署后方可销毁；合同管理员应制作销毁记录，并由相关人员签名。

第五章　合同纠纷的处理

四十、合同纠纷是指，在订立和履行合同的过程中，发生涉及或可能涉及缔约过失、合同的变更、解除、撤消、无效、迟延履行、对方当事人信用状况恶化、一方当事人行使合同抗辩权、发生不可抗力事件等可能导致公司损失或合同利益无法实现的情况。

发生合同纠纷时，必须通知律师介入协助处理。

发生合同纠纷时，业务经办人员、审批人员及有关部门应高度重视，及时报告，不得隐瞒不报或置之不理。

四十一、发生合同纠纷，该合同业务经办人员应及时向本部门负责人如实汇报。在取得领导同意后及时与对方当事人协商解决。协商不成的，应提出解决问题的方案，及时向合同批准人汇报。

合同纠纷协商处理的方案应充分听取律师的意见。

四十二、未经合同审批人同意和授权，任何人不得就合同纠纷擅自与对方当事人订立有关解决纠纷的协议、对账记录或备忘录或以个人或公司名义出具书面承诺等。

四十三、解决合同纠纷需要达成谅解协议的，视为变更协议，应按本办法规定的订立合同的有关程序办理。

四十四、合同需通过诉讼或仲裁的方式解决的，由业务经办人出具合同订立和履行情况经过，情况经过应载明对方当事人的抗辩理由和我公司的理由和依据。由部门负责人报公司负责人同意后实施。在采取诉讼或仲裁措施前应做好相关资料的收集和保密工作。

诉讼或仲裁开始后，业务经办人应协助律师提供对方当事人的财产线索和证据线索。

第六章　奖惩制度

四十五、业务经办人有下列行为之一的，可对其处1 000元以下的罚款：

1. 未按本规定进行审批即签订（包括但不限于合同的订立、变更、解除等）合同的；

2. 合同的内容不符合本规定的基本要求的，但经公司负责人同意的除外；

3. 在对方当事人有发生合同纠纷后未按规定及时报告的；

4. 在订立和履行合同过程中未按本规定收集合同订立的单证或合同履行的单证或收集的单证不齐备的；

5. 因疏忽导致债权丧失诉讼时效的；

6. 在签订和履行合同过程中泄露公司商业秘密的；

7. 有其他过错导致公司在履约过程中损失或无法实现合同利益的。

本条除可以对业务经办人处罚款外，情节严重的还可以解除劳动合同。

四十六、合同的业务经办人及合同的审批人因判断失误或怠于催讨债权造成公司损失的，参照《南京爱德印刷有限公司质量奖惩规定》予以处理。

上述损失包括但不限于合同的直接损失及利息损失（利息损失从债权履行期限届至的次日起按国家贷款利率计算），为实现债权支付的差旅费、诉讼或仲裁费用、律师费等。

损失的确定时间为债权履行期限届满后3个月，或该期限虽未届满，但事实上已无法实现债权的。若以后债权实现的，公司根据实现的金额按比例返还业务经办人和合同审批人承担的部分。

四十七、因不可预测的市场风险或不可抗力造成公司损失的，合同的业务经办人或审批人不承担责任。

四十八、合同业务经办人或合同审批人故意或与对方当事人串通损害公司利益的，公司可以解除劳动合同并要求其全额赔偿损失，情节严重的将对其进行刑事举报。

四十九、公司的其他部门和个人不配合实施本规定，公司可对其处1 000 元以下的罚款，造成公司损失的，应当全额赔偿。

第七章 附 则

五十、采用招投标方式订立的合同，应遵守《招标投标法》规定。

五十一、在紧急情况下，公司董事长有临时决断权。

五十二、本规定于 年 月 日起实施。本规定由公司负责解释。

第六节
关联交易管理办法范本

第一章 总 则

第一条 为进一步加强本公司关联交易管理，明确管理职责和分工，维护公司股东和债权人的合法利益，特别是中小投资者的合法权益，保证公司与关联人之间订立的关联交易合同符合公平、公开、公允的原则，根据《中华人民共和国公司法》、中国人民共和国财政部颁布的《企业会计准则》、公司股票上市交易的证券交易所《股票上市规则》及《公司章程》中的相关规定，特制定本办法。

第二章 关联交易和关联人

第二条 公司关联交易，是指公司或者其控股子公司与公司关联人之间发生的转移资源或者义务的事项，包括但不限于下列交易：

（一）购买或者出售资产；

（二）对外投资（含委托理财、委托贷款等）；

（三）提供财务资助；

（四）提供担保；

（五）租入或者租出资产；

（六）委托或者受托管理资产和业务；

（七）赠与或者受赠资产；

（八）债权、债务重组；

（九）签订许可使用协议；

（十）转让或者受让研究与开发项目；

（十一）购买原材料、燃料、动力；

（十二）销售产品、商品；

（十三）提供或者接受劳务；

（十四）委托或者受托销售；

（十五）与关联人共同投资；

（十六）其他通过约定可能引致资源或者义务转移的事项；

（十七）公司股票上市交易的证券交易所认为应当属于关联交易的其他事项。

第三条 公司关联人包括关联法人和关联自然人。

（一）具有以下情形之一的法人，为公司的关联法人：

1. 直接或者间接控制本公司的法人；

2. 由上述第1项法人直接或者间接控制的除本公司及其控股子公司以外的法人；

3. 由公司的关联自然人直接或者间接控制的，或者由关联自然人担任董事、高级管理人员的除本公司及其控股子公司以外的法人；

4. 持有本公司5%以上股份的法人；

5. 中国证监会、公司股票上市交易的证券交易所或者本公司根据实质重于形式的原则认定的其他与本公司有特殊关系，可能导致本公司利益对其倾斜的法人。

（二）具有以下情形之一的自然人，为公司的关联自然人：

1. 直接或间接持有公司5%以上股份的自然人；

2. 公司董事、监事和高级管理人员；

3. 直接或者间接控制公司的法人的董事、监事和高级管理人员；

4. 本条第1项和第2项所述人士的关系密切的家庭成员，包括配偶、子女及其配偶、父母及配偶的父母、兄弟姐妹及其配偶、配偶的兄弟姐妹、子女配偶的父母；

5. 中国证监会、公司股票上市交易的证券交易所或者本公司根据实质重于形式的原则认定的其他与公本司有特殊关系，可能导致公司利益对其倾斜的自然人。

（三）具有以下情形之一的法人或者自然人，视同为公司的关联人：

1. 根据与公司或者其关联人签署的协议或者作出的安排，在协议或者安排生效后，或在未来十二个月内，将成为关联法人或关联自然人的情形之一；

2. 过去十二个月内，曾经成为关联法人或关联自然人的情形之一。

第四条 公司的关联交易应当遵循以下基本原则：

（一）符合诚实信用的原则；

（二）符合公平、公开、公允原则；

（三）关联人如享有股东大会表决权，应当回避表决；

（四）与关联人有任何利害关系的董事，在董事会就该事项进行表决时应当回避；

（五）公司董事会应当根据客观标准判断该关联交易是否对公司有利，必要时应当聘请专业评估师或独立财务顾问。

第五条 公司不得以下列方式将资金直接或间接地提供给控股股东及其他关联人使用：

1. 有偿或无偿地拆借公司的资金给控股股东及其他关联人使用；

2. 通过银行或非银行金融机构向关联人提供委托贷款；

3. 委托控股股东及其他关联人进行投资活动；

4. 为控股股东及其他关联人开具没有真实交易背景的商业承兑汇票；

5. 代控股股东及其他关联人偿还债务；

6. 中国证监会或公司股票上市交易的证券交易所认定的其他方式。

第六条 公司与关联人进行的下述交易，可以免予按照关联交易的方式进行审议和披露：

（一）一方以现金方式认购另一方公开发行的股票、公司债券或企业债券、可转换公司债券或者其他衍生品种；

（二）一方作为承销团成员承销另一方公开发行的股票、公司债券或企业债券、可转换公司债券或者其他衍生品种；

（三）一方依据另一方股东大会决议领取股息、红利或者报酬；

（四）任何一方参与公开招标、公开拍卖等行为所导致的关联交易；

（五）公司股票上市交易的证券交易所认定的其他交易。

第三章　关联交易价格的确定和管理

第七条 关联交易价格是指公司与关联人之间发生的关联交易所涉及之商品或劳务的交易价格。

第八条 定价原则和定价方法

（一）关联交易的定价原则：如有国家定价，则执行国家定价；如没有国家定价，则执行行业之可比当地市场价；如既没有国家定价，也没有市场价，则执行推定价格；如没有国家定价、市场价和推定价格，则执行协议价；

（二）交易双方根据关联交易事项的具体情况确定定价方法，并在相关的关联交易协议中予以明确；

（三）国家定价：指中华人民共和国中央或省、市政府主管部门颁发或发出的仍生效的定价；

（四）市场价：以市场价为准确定商品或劳务的价格及费率；

（五）推定价格：系指在交易的商品或劳务的合理成本费用上加上合理的利润所构成的价格；

（六）协议价：由交易双方协商确定价格及费率。

第九条 关联交易价格的管理

（一）交易双方应依据本办法第八条规定的定价原则和定价方法确保关联交易的价格公平、公正、公允、合理。此外，交易双方应依据关联交易协议中约定的价格和实际交易数量计算交易价款，按关联交易协议当中约定的支付方式和支付时间支付。

（二）公司各种重大关联交易应依据本办法第十条、第十一条、第十二条、第十三条和第十四条的规定分别由总经理、董事会和股东大会批准。

（三）对于依据本办法第八条规定的定价原则和定价方法无法确定的关联交易价格，或公司的监事、独立董事就关联交易的价格是否公允提出置疑的，公司应当聘请独立财务顾问就该关联交易的价格对全体股东是否公平、合理发表意见。

第四章 关联交易的批准

第十条 公司与关联自然人发生的交易金额少于30万元的关联交易（公司提供担保除外），由总经理签署并加盖公章后生效。

第十一条 公司与关联自然人发生的交易金额在30万元以上的关联交易（公司提供担保除外），由总经理向董事会提交议案，经董事会批准后生效。

第十二条 公司与关联法人之间的关联交易（公司提供担保除外）金额少于人民币300万元（不含300万元），且少于公司最近经审计净资产值的0.5%（不含0.5%）的关联交易协议，由总经理签署并加盖公章后生效。

第十三条 公司与关联法人之间的关联交易（公司提供担保除外）金额在人民币300万元～3 000万元（含300万元，不含3 000万元）或占公司最近经审计净资产值的0.5%～5%（含0.5%，不含5%）之间的关联交易协议，由总经理向董事会提交议案，经董事会批准后生效。

第十四条 公司与关联人之间的关联交易（公司提供担保、受赠现金资产除外）金额在人民币3 000万元以上或占公司最近经审计净资产值的5%以上的关联交易协议，应当由董事会向股东大会提交预案，经股东大会批准后生效。

第十五条 董事会对涉及本办法第十一条、第十三条、第十四条之规定的关联交易应当先请独立董事以独立第三方身份发表意见，并经独立董事认可后提交董事会讨论。

第十六条 公司进行关联交易批准时，对相同交易类别下标的相关的各项交易，按照连续十二个月内累计计算的原则，确定交易金额。

第十七条 公司关联人与公司签署涉及关联交易的协议，应当采取必要的回避措施：

（一）任何个人只能代表一方签署协议；

（二）关联人不得以任何方式干预公司的决定；

（三）公司董事会审议关联交易事项时，关联董事应当回避表决，也不得代理其他董事行使表决权。

前款所称关联董事包括下列董事或者具有下列情形之一的董事：

1. 为交易对方；

2. 为交易对方的直接或者间接控制人；

3. 在交易对方任职，或者能直接或间接控制该交易对方的法人单位、该交易对方直接或间接控制的法人单位任职；

4. 为交易对方或者其直接或间接控制人的关系密切的家庭成员（具体范围参见本办法第三条第（二）项之4的规定）；

5. 为交易对方或者其直接或间接控制人的董事、监事或高级管理人员的关系密切的家庭成员（具体范围参见本办法第三条第（二）项之4的规定）；

6. 中国证监会、公司股票上市交易的证券交易所或者公司基于其他理由认定的，其独立商业判断可能受到影响的董事。

（四）公司股东大会审议关联交易事项时，关联股东应当回避表决。

前款所称关联股东包括下列股东或者具有下列情形之一的股东：

1. 为交易对方；

2. 为交易对方的直接或者间接控制人；

3. 被交易对方直接或者间接控制；

4. 与交易对方受同一法人或者自然人直接或间接控制；

5. 因与交易对方或者其关联人存在尚未履行完毕的股权转让协议或者其他协议而使其表决权受到限制和影响的股东；

6. 中国证监会或者公司股票上市交易的证券交易所认定的可能造成公司利益对其倾斜的股东。

第十八条 关联董事的回避和表决程序为：

（一）关联关系董事应主动提出回避申请，否则其他董事有权要求其回避。

（二）当出现是否为关联关系董事的争议时，由公司的所有独立董事对该交易是否构成关联交易和该关联董事是否需要回避进行表决。如有二分之一以上独立董事认为相关董事需要回避，则该关联董事应予回避。不服该决议的董事可以向有关部门申诉，申诉期间不影响该表决的执行。

（三）关联董事不得参与审议有关关联交易事项。

（四）董事会审议关联交易事项，会议由过半数的非关联董事出席即可举行，董事会会议所作决议须经非关联董事过半数通过。出席董事会会议的非关联董事人数不足三人的，公司应当将交易提交股东大会审议。

第十九条 关联股东的回避和表决程序为：

（一）关联股东应主动提出回避申请，否则其他股东有权向股东大会提出关联股东回避申请；

（二）当出现是否为关联股东的争议时，由股东大会过半数通过决议决定该股东是否属关联股东，并决定其是否回避，该决议为最终决定；

（三）股东大会对有关关联交易事项表决时，在扣除关联股东所代表的有表决权的股份后，由出席股东大会的非关联股东按照公司章程和股东大会议事规则的规定表决。

第五章 关联交易的信息披露

第二十条 本办法所称信息披露是指，将符合信息披露要求、而投资者尚未得知的关联交易信息，在规定时间内，通过规定的方式向社会公众公布。

第二十一条 公司与关联自然人发生的交易金额在30万元以上的关联

交易（公司提供担保除外），应当及时披露。公司不得直接或者通过子公司向董事、监事、高级管理人员提供借款。

第二十二条 公司与关联法人发生的交易金额在300万元以上，且占公司最近一期经审计净资产绝对值0.5%以上的关联交易（公司提供担保除外），应当及时披露。

第二十三条 公司与关联人发生的交易（公司提供担保、受赠现金资产除外）金额在3 000万元以上，且占公司最近一期经审计净资产绝对值5%以上的关联交易，除应当及时披露外，还应当依据公司股票上市交易的证券交易所《股票上市规则》中的相关规定，聘请具有执行证券、期货相关业务资格的中介机构，对交易标的进行审计或者评估，并将该交易提交股东大会审议。公司与关联人发生的与日常经营相关的下列关联交易所涉及的交易标的，可以不进行审计或者评估：

1. 购买原材料、燃料、动力；

2. 销售产品、商品；

3. 提供或者接受劳务；

4. 委托或者受托销售。

第二十四条 公司为关联人提供担保的，不论数额大小，均应当在董事会审议通过后及时披露，并提交股东大会审议。

公司为关联人提供担保的，应不参照本办法第三条的规定。公司为持股少于5%的股东提供担保的，参照前款规定执行。

在出现前两款规定的情况时，有关股东应当在股东大会上回避表决。

第二十五条 公司披露的关联交易公告应当包括以下内容：

（一）交易概述及交易标的的基本情况。

（二）独立董事的事前认可情况和发表的独立意见。

（三）董事会表决情况（如适用）。

（四）交易各方的关联关系和关联人基本情况。

（五）交易的定价政策及定价依据，成交价格与交易标的账面值或者评估值以及明确、公允的市场价格之间的关系，以及因交易标的的特殊性而需要说明的与定价有关的其他事项；若成交价格与账面值、评估值或者市场价格差异较大的，应当说明原因；交易有失公允的，还应当披露本次关联交易所产生的利益的转移方向。

（六）交易协议其他方面的主要内容，包括交易成交价格及结算方式，关联人在交易中所占权益的性质和比重，协议生效条件、生效时间和履行期限等：对于日常经营中发生的持续性或者经常性关联交易，还应当说明该项关联交易的全年预计交易总金额。

（七）交易目的及交易对公司的影响，包括进行此次关联交易的真实意图和必要性，对公司本期和未来财务状况及经营成果的影响等。

（八）从当年年初至披露日与该关联人累计已发生的各类关联交易的总金额。

（九）公司应当根据交易类型，披露下述所有适用其交易的有关内容：

1. 交易标的的基本情况，包括标的的名称、账面值、评估值、运营情况、有关资产上是否存在抵押、质押或者其他第三人权利、是否存在涉及有关资产的重大争议、诉讼或仲裁事项或者查封、冻结等司法措施；交易标的为股权的，还应当说明该股权对应的公司的基本情况和最近一年又一期的资产总额、负债总额、净资产、主营业务收入和税后利润等财务数据；出售控股子公司股权导致公司合并报表范围变更的，还应当说明公司是否存在为该子公司提供担保、委托该子公司理财，以及该子公司占用上市公司资金等方面的情况；如存在，应当披露前述事项涉及的金额、对公司的影响和解决措施；

2. 交易标的的交付状态、交付和过户时间；

3. 交易协议其他方面的主要内容，包括成交金额、支付方式（现金、股权、资产置换等）、支付期限或者分期付款的安排、协议生效条件和生效时间以及有效期间等；交易协议有任何形式的附加或者保留条款的，应当予以特别说明；交易需经股东大会或者有权部门批准的，还应当说明需履行的法定程序和进展情况；

4. 公司支出款项的资金来源；

5. 公司预计从交易中获得的利益（包括潜在利益）；

6. 关于交易对方履约能力的分析；

7. 交易涉及的人员安置、土地租赁、债务重组等情况；

8. 关于交易完成后可能产生关联交易的情况的说明；

9. 关于交易完成后可能产生同业竞争的情况及相关应对措施的说明；

10. 中介机构及其意见。

（十）中国证监会和公司股票上市交易的证券交易所要求的有助于说明交易真实情况的其他内容。

公司为关联人和持股少于5%的股东提供担保的，还应当披露截至披露日公司及其控股子公司对外担保总额、公司对控股子公司提供担保的总额、上述数额分别占公司最近一期经审计净资产的比例。

第二十六条 关联交易涉及本办法第二条规定的“提供财务资助”、“委托理财”等事项时，应当以发生额作为披露的计算标准，并按交易类别在连续十二个月内累计计算，经累计计算的发生额达到本办法第二十一条、第二十二条或者第二十三条规定标准的，分别适用以上各条的规定。已经按照本办法第二十一条、第二十二条或者第二十三条履行相关义务的，不再纳入相关的累计计算范围。

第二十七条 公司进行前条之外的其他关联交易时，应当对相同交易类别下标的相关的各项交易，按照连续十二个月内累计计算的原则，分别适用本办法第二十一条、第二十二条或者第二十三条的规定。已经按照本办法第二十一条、第二十二条或者第二十三条履行相关义务的，不再纳入相关的累计计算范围。

第二十八条 公司与关联人进行本办法第二条所列的“购买原材料、燃料、动力”、“销售产品、商品”、“提供或者接受劳务”、“委托或者受托销售”与日常经营相关的关联交易时，按照下述规定进行披露和履行相应审议程序：

（一）对于以前经股东大会或者董事会审议通过且正在执行的日常关联交易协议，如果执行过程中主要条款未发生重大变化的，公司应当在定期报告中按要求披露各协议的实际履行情况，并说明是否符合协议的规定；如果协议在执行过程中主要条款发生重大变化或者协议期满需要续签的，公司应当将新修订或者续签的日常关联交易协议，根据协议涉及的总交易金额提交股东大会或者董事会审议，协议没有具体总交易金额的，应当提交股东大会审议。

（二）对于前项规定之外新发生的日常关联交易，公司应当与关联人订立书面协议并及时披露，根据协议涉及的总交易金额提交股东大会或者董事会审议，协议没有具体总交易金额的，应当提交股东大会审议。该协议经审议通过并披露后，根据其进行的日常关联交易按照前项规定办理。

（三）公司每年新发生的各类日常关联交易数量较多，需要经常订立新的日常关联交易协议等，难以按照前项规定将每份协议提交股东大会或者董事会审议的，可以在披露上一年度报告之前，按类别对本公司当年度将发生的日常关联交易总金额进行合理预计，根据预计结果提交股东大会或者董事会审议并披露；对于预计范围内的日常关联交易，公司应当在定期报告中予以分类汇总披露。公司实际执行中超出预计总金额的，应当根据超出金额重新提请股东大会或者董事会审议并披露。

第二十九条 日常关联交易协议的内容应当至少包括定价原则和依据、交易价格、交易总量或者明确具体的总量确定方法、付款时间和方式等主要条款。协议未确定具体交易价格而仅说明参考市场价格的，公司在按照前条规定履行披露义务时，应当同时披露实际交易价格、市场价格及其确定方法、两种价格存在差异的原因。

第六章 附 则

第三十条 由公司控制或持有50%以上股份的子公司发生的关联交易，视同公司行为，公司的参股公司发生的关联交易，以其交易标的乘以参股比例或协议分红比例后的数额，比照本办法的有关规定执行。

第三十一条 有关关联交易决策记录、决议事项等文件，由董事会秘书负责保存，保存期限为15年。如表决事项影响超过15年，则相关的记录应继续保留，直至该事项的影响消失。

第三十二条 本办法所称“以上”含本数、“少于”不含本数。

第三十三条 本办法由公司董事会负责解释。

第三十四条 本办法同公司章程、国家的法律、法规及相关规定相抵触时，以公司章程、国家有关法律、法规和政府有关规定为准。

第三十五条 本办法由公司董事会制定，自公司股东大会批准后生效实施，修改时亦同。公司现行有效《关联交易管理办法》的历次修改版本为：

第一版 2004年1月5日股东大会批准

第二版 2005年3月2日股东大会批准

第三版 2006年11月14日股东大会批准

某电子股份有限公司

二〇一二年三月

第七节
成本分摊的协议原则及税务处理

成本分摊协议是企业间签订的一种契约性协议，签约各方约定在研发或劳务活动中共摊成本、共担风险，并按照预期收益与成本相配比的原则合理分享收益。企业与其关联方共同开发、受让无形资产，或者共同提供、接受劳务时，应预先在各参与方之间达成协议安排，采用合理方法分摊上述活动发生的成本，即必须遵循独立交易原则：在可比情形下没有关联关系的企业之间共同开发、受让无形资产，或者共同提供、接受劳务所能接受的协议分配方法分摊上述活动发生的成本。根据《特别纳税调整实施办法（试行）》的规定，企业与其关联方共同开发、受让无形资产，或者共同提供、接受劳务，是指企业与其关联方之间达成协议安排，共担无形资产研发或劳务活动的风险和成本，并分享由此产生的收益。涉及劳务的成本分摊协议一般适用于集团采购和集团营销策划。

根据上述定义，我们可以得知，在成本分摊协议中，至少有两个或两个以上的参与者，有至少一项确定可开发的无形资产，每个参与者要在该协议框架下承担一部分某项无形资产的研究开发费用，并相应地享有一定的使用该无形资产的权利。参与企业根据成本分摊协议使用所开发的无形资产，无需再为此支付特许权使用费。

成本分摊原则

成本分摊的一个重要原则就是参与方承担的分摊成本应与从共同研发的无形资产获得收益的比例相匹配。我国税法实施条例规定，企业分摊与其关联方共同开发、受让无形资产，或者共同提供、接受劳务所发生的成本的，应对实际发生的成本，按照与所有权、用益权和收益权相配比的原则，以协议的方式确定分摊比例及应分摊的数额。

成本分摊协议的达成和退出

当成本分摊协议中的某一参与方将其先前拥有的成果与参与方分享，或者有新的参与方加入到成本分摊协议中来，在这种情况下，原参与方实际上部分转让了原先拥有的成果。根据公平交易原则，其他参与方或新参与方应为此作出补偿，这种补偿通常被称为“买进支付”。

当成本分摊协议中的某一参与方想要退出时，退出方可能将其在成本分摊协议下的无形资产权利转让给其他参与方，也可能放弃其权利直接退出。在此情况下，受让权利的参与方或因某参与方退出而受益的其他参与方，应根据正常交易原则对退出方作出补偿，这一补偿被称为“卖出支付”。

买进或卖出支付通常有以下形式：一是一次性总付款；二是建立在总价值之上或未来销售收入之上的分期付款。

当某一成员新加入成本分摊协议或退出时，应根据预期收益比例的改变调整参加或退出后仍留在成本分摊协议中的参与方的出资、受益比例。

二、成本分摊的税务处理

企业应自成本分摊协议达成之日起30日内，层报国家税务总局备案。税务机关判定成本分摊协议是否符合独立交易原则须层报国家税务总局审核。根据《特别纳税调整实施办法（试行）》的规定，企业执行成本分摊协议期间，除遵照本办法第三章规定外，还应准备和保存以下成本分摊协议的同期资料：

（1）成本分摊协议副本；

（2）成本分摊协议各参与方之间达成的为实施该协议的其他协议；

（3）非参与方使用协议成果的情况、支付的金额及形式；

（4）本年度成本分摊协议的参与方加入或退出的情况，包括加入或退出的参与方名称、所在国家（地区）、关联关系，加入支付或退出补偿的金额及形式；

（5）成本分摊协议的变更或终止情况，包括变更或终止的原因、对已形成协议成果的处理或分配；

（6）本年度按照成本分摊协议发生的成本总额及构成情况；

（7）本年度各参与方成本分摊的情况，包括成本支付的金额、形式、对象，作出或接受补偿支付的金额、形式、对象；

（8）本年度协议预期收益与实际结果的比较及由此作出的调整。

企业执行成本分摊协议期间，无论成本分摊协议是否采取预约定价安排的方式，均应在本年度的次年6月20日之前向税务机关提供成本分摊协议的同期资料。

《特别纳税调整实施办法（试行）》规定，企业与其关联方签署成本分摊协议，有下列情形之一的，其自行分摊的成本不得税前扣除：

（1）不具有合理商业目的和经济实质；

（2）不符合独立交易原则；

（3）没有遵循成本与收益配比原则；

(4) 未按本办法有关规定备案或准备、保存和提供有关成本分摊协议的同期资料；

(5) 自签署成本分摊协议之日起经营期限少于20年。

[案例]

设施清单及费用分摊（合同附件）

本《设施清单及费用分摊》　　为（甲方）同　　（乙方）所签订的房屋租赁合同的附件。　甲方向乙方提供以下设施、设备：

1. 空调　型号及数量：LG挂式壹部。

2. 家具　型号及数量：三开衣柜，书桌，椅子，单/双人床，均为木质；落地窗帘、纱。

3. 电器　型号及数量：海尔冰箱、洗衣机，海信电视，微波炉，均为公用。

4. 水表现数：　　　　　电表现数：　　　　　燃气表现数：

5. 装修状况：中等装修。

6. 其他设施、设备：沙发、餐桌、电视柜、茶几，有线电视，1M宽带共享，电话可接听。

费用分摊方式

项目及金额

物　业　费：

宽　带　费：

有线电视费：

水电煤气费：水3.7元/吨，电0.48元/度，煤气1.9元/立方，月结。

分摊方式

按人数分摊其涉及的费用和，共五人，即每人分摊本人涉及费用的20%，分摊后尾数金额不足一元的部分四舍五入到整数。

费用支付时间

所有费用均由甲方提前垫付，每自然月的4日，读表确认总金额及分摊金额。甲方将垫付的费用单据统一放置某公共区域，供大家随时查阅。

甲方：　　　　　　　乙方：

签约日期：　　年　　月　　日

签约地点：

第八节
某企业发票管理办法范本

1. 范围

该办法适用于公司各部门。

2. 目的

为了进一步规范我公司经济活动，加强财务监督和管理，根据《中华人民共和国发票管理办法》的规定，结合我公司实际情况，特制定本办法。

3. 发票的领购、缴销、保管

3.1 公司所用发票由财务部按规定统一向税务部门购买，财务部按税务部门要求对发票进行管理。

3.2 公司所用发票由财务部专门人员保管并建立完整的发票登记簿，详细登记各种发票购买、领用和结存情况。

3.3 已缴销或使用完毕的发票，按会计档案管理规定进行保管。

3.4 若发票丢失，则由经办人承担造成的一切经济损失（不仅限于税务罚款）。

4. 发票的开具

4.1 公司需要开具发票（包含增值税专用发票和普通发票），首先由公司业务人员填写《销售发票开具申请单》（见附件一），经公司总经理或总经理授权人员审批后，连同相应的与合同原件相符的复印件、发货单和购货单位开票信息（必须加盖企业公章或者财务专用章），提交财务部开票人员开具发票。

4.2 已开好的发票，经业务人员复核无误后，在发票登记簿上签字领取发票相应联次；财务人员依据记账联登记入账。

4.3 发票填写规定：开发票时，应按顺序号全份复写，并加盖单位发票或财务专用章；各项目内容应填写清晰、真实、完整，包括客户名称、产品名称、规格型号、数量、单位、金额；作废的发票应整份保存，并注明“作废”字样（或依照税务当前规定进行处理）。严禁超范围或携往外市使用发票；严禁伪造、涂改、撕毁、挖补、转借、代开、买卖、拆本和单联填写。

5. 发票的取得

5.1 经办人员取得各类发票时，包括增值税专用发票、普通发票、特殊收据，应严格审核其真伪、内容开具是否合规（详见附件二、附件三）。

5.2 经济业务发生后，业务人员取得发票时，应向对方索取发票及税务登记证复印件，以确定其是否具有发票开具的资格。若其经营范围中不包含此业务，则其不具备开具发票的资格，需要到税务部门代开发票。

5.3 业务人员取得发票后应及时送交财务部门入账。日常经营活动取得的发票应在取得日后15天内（不超过发票开具日期30日内）提交财务入账。若出现发票滞后入账，使增值税进项不能抵扣（一般发票抵扣期为90天），不能税前列支的问题，应追究有关当事人的责任。

5.4 差旅费、招待费发票必须在出差返回后或业务发生的15天内到财务办理报销手续。

5.5 本年度发票应在本年度结束之前提交财务挂账或付款，每年1月1日起不再报销以前年度各类发票及票据。

5.6 财务部门在进行账务处理时将发现的假发票，退回经办人员，由经办人负责联系客户进行发票的更换。如不能更换，财务部拒绝付款，并提请总经理追究相关人员的责任。

6. 本办法从下达之日起执行，此前规定同时废止。

7. 本办法解释权归财务部。

附件一

销售发票开具申请单

申请人：

编号：　　　　　　　　　　　　　　　　　　　　　申请时间：年　月　日

<table>
<tr><td rowspan="10">开票内容</td><td>购货单位名称</td><td colspan="2"></td><td colspan="2">纳税人识别号</td><td></td></tr>
<tr><td>购货单位地址、电话</td><td colspan="2"></td><td colspan="2">开户行及账号</td><td></td></tr>
<tr><td>产品名称</td><td>规格</td><td>单位</td><td>数量</td><td>单价</td><td>金额</td></tr>
<tr><td></td><td></td><td></td><td></td><td></td><td></td></tr>
<tr><td></td><td></td><td></td><td></td><td></td><td></td></tr>
<tr><td></td><td></td><td></td><td></td><td></td><td></td></tr>
<tr><td></td><td></td><td></td><td></td><td></td><td></td></tr>
<tr><td></td><td></td><td></td><td></td><td></td><td></td></tr>
<tr><td colspan="3">合计金额</td><td colspan="3"></td></tr>
<tr><td>备注</td><td colspan="2">合同序号：
合同编号：</td><td colspan="3">说明：</td></tr>
<tr><td rowspan="2">销售确认</td><td colspan="3">1. □发票内容经审核无误</td><td>部门长：</td><td colspan="2">确认时间：</td></tr>
<tr><td colspan="3">2. □发票已经领取</td><td>发票领取人：</td><td colspan="2">确认时间：</td></tr>
<tr><td>总经理审批</td><td colspan="3"></td><td>日期</td><td colspan="2"></td></tr>
<tr><td>财务确认</td><td colspan="3">1. □发票登入合同统计</td><td>确认人：
复核人：</td><td colspan="2">确认时间：
复核时间：</td></tr>
</table>

备注：申请人应同时提供销售合同复印件、发货单和购货单位开票信息。

附件二：

鉴别审查发票真伪、合规的方法

1. 发票真伪鉴别

1.1 普通发票真伪鉴别方法：

1.1.1 发票监制章是识别发票真伪的重要法定标志。全国统一启用的新版发票“发票监制章”，其形状为椭圆形，上环刻制“全国统一发票监制章”字样，下环刻制“**税务局监制”字样，中间刻制国税、地税机关所在地的省、市全称或简称，字体为正楷，印色为大红色，紫外线灯下，呈桔黄色，荧光反映，套印在发票联的票头正中央。从发票联采用有“SW”字样防伪专用纸等方面识别，用发票防伪监别仪器识别防伪油墨，看其是否是统一的防伪油墨。

1.1.2 伪造的普通发票纸质粗糙、较脆、或薄或厚，水印图案用无色油墨盖在纸张表面，背光水印无透光性，凭视觉或触觉即可鉴别。

1.1.3 审查发票的有效性。不同时期有不同的发票版式，发票实行不定期换版制度，审查比较同期发票的新旧程度，看是否属于使用早已废弃不用的发票版式。对发票要看其印制是否清晰，有无错漏，辨明真伪。

1.1.4 看被撕下的痕迹，假发票一般会拆本使用，因此没有被撕的痕迹，真发票是一本一本装订好的有撕的痕迹。

1.1.5 刮奖区不易刮，奖区字迹不清楚的一般为假票。

1.2 增值税专用发票真伪鉴别方法：

1.2.1 为鉴别增值税专用发票的真伪，首先应了解其防伪措施，然后采取特定的审查方法来鉴别其真伪。对照光线审查增值税专用发票的发票联和抵扣联，看是否使用国家税务总局统一规定带有水印图案的防伪专用纸印制。用紫外线灯、发票鉴别仪鉴别无色和有色荧光防伪标志“SW”。

1.2.2 增值税专用发票要做到认证抵扣相符，票、款、物三统一。

1.3 对XX国税局发售的发票，可到XX国税局网站进行发票真伪查询。

1.4 打电话到12366税务热线查询。

2. 审查发票的开具

要求取得的发票填写项目齐全、内容真实、字迹清楚、不得涂改，物品名称详细。

2.1 审查发票的开具项目：普通发票按税种、税率来分类。增值税项目用营业税发票就不行。营业税发票，由于税率的不同，分别进行分类。各税目应使用对应发票，如服务业、建筑业、娱乐业、广告业、运输业、邮政电信、文化事业等。

2.2　审查发票的笔迹。看发票台照、日期、品名、数量、单价、大小写金额的字迹、笔体、笔画的精细、压痕是否一致。有无用药剂退色、用橡皮擦、小刀刮等涂改痕迹。

2.3　审查发票的复写情况。看复写的字迹颜色是否相同。发票的正面和反面都应仔细看一看，本应一式多份复写的是否符合复写的实际情况。背面有无局部复写的痕迹。发票的第二联如果不是复写的而是用钢笔或圆珠笔填写的，就说明存在问题。

2.4　审查发票的填写字迹是否位移。税务机关指定的企业在印制装订发票时，各联次的纵横行列都是对齐的，有固定位置。如果发票各联填写的字迹有不正常的位移，就可能存在问题。

2.5　审查发票的填写内容。看发票报销联的台照、时间、数量、单价、金额是否填写齐全；看发票物品名称是否具体、正确、清楚，不允许填写物品类别，如名称为“生产用品、办公用品、交电、礼品、日杂、土产”的，应附发票明细表，详细列明物品名称、规格、单价、金额等内容。

2.6　审查物品名称是否为用票单位的经销范围。如家电维修部、加工门市部的发票，物品名称却是煤炭，显然存在问题。

2.7　审查用票单位同发货单位、收款单位的名称是否相符。

2.8　审查发票台照写的购货单位同实际收货单位、付款单位的名称是否相符。

2.9　审查同一供货单位，特别是个体工商户，是否使用了不同单位的发票。

2.10　货物运输劳务须注意，提供运输发票单位须具有开票的合法身份。可以领购并自行开具货物运输业发票（不包括个人、承包人、承租人以及挂靠人)，审查：

其一，具有工商行政管理部门核发的营业执照，地方税务局核发的税务登记证，交通管理部门核发的道路运输经营许可证、水路运输许可证；

其二，具有自备运输工具，并提供货物运输劳务，查验车辆行车证明；从事货物运输的承包人、承租人、挂靠人和个体运输户，应取得主管地方税务局代开的货物运输业发票。

2.11　建筑业发票。建筑业涉税属于属地管理，应取得劳务发生地主管税务机关发售或开具的建筑业发票，审查其：工商行政管理部门核发的营业执照，地方税务局核发的税务登记证；若为异地队伍承包工程，应取得劳务所在地主管税务机关代开的发票。

3. 其他

3.1 发票上必须加盖单位财务专用章或发票专用章。

3.2 若根据以上情况，不能判断发票真伪，应向主管税务机关咨询或查验其发票领购、完税凭证。

附件三:

几种特殊情况的规定

1. 行政收据，事业单位收据、非税收入收据

1.1 上述收据收费项目都应该有收费许可证，并且公示。事业单位比如学校一般可以开具的只能是学费、培训费。

1.2 一般很容易将行政事业收费收据和结算凭证混淆，结算凭证只能在其内部运作，只是收付款证明。

1.3 对于应税收入部分应严格使用税务发票，对于技术收入应开具技术交易发票，对捐赠收入应开具捐赠收据，对房屋出租用于经营用应使用租赁业发票。

2. 军队收据

2.1 目前军队收据除部分队列单位可以开具租金，别的涉及税收项目必须使用国税、地税发票，但目前涉及财政部，总后勤部共同监制的票据也准予列账。

2.2 军队结算凭证，企业不允许列支。

3. 特殊行业

3.1 金融行业、正规邮政部门的收据允许列支;

3.2 铁路行业铁路运费货票，铁路行包费允许列支。

4. 境外发票

一般为自制发票，部分国家没有采取发票的管理方式，具体的为负责人签名的自制收费凭证，其鉴别方式目前还是通过资金往来结合业务真实性考虑（海外包括港澳台地区的 Invoice、收银小票、其他商业票据可以接受）。